古代歷史文化^{研究}輯刊

十四編

王明蓀 主編

第19冊

南宋文人飲食文化之研究（上）

施靜宜 著

國家圖書館出版品預行編目資料

南宋文人飲食文化之研究（上）／施靜宜 著 -- 初版 -- 新北市：
花木蘭文化出版社，2015〔民104〕
目 4+178 面；19×26 公分
（古代歷史文化研究輯刊 十四編；第 19 冊）
ISBN 978-986-404-327-9（精裝）
1. 飲食風俗 2. 文化研究 3. 南宋
618   104014382

ISBN-978-986-404-327-9

9 789864 043279

古代歷史文化研究輯刊
十四編　第十九冊　　　　　ISBN：978-986-404-327-9

南宋文人飲食文化之研究（上）

作　　　者　施靜宜
主　　　編　王明蓀
總 編 輯　杜潔祥
副總編輯　楊嘉樂
編　　　輯　許郁翎
出　　　版　花木蘭文化出版社
社　　　長　高小娟
聯絡地址　235 新北市中和區中安街七二號十三樓
　　　　　　電話：02-2923-1455／傳眞：02-2923-1452
網　　　址　http://www.huamulan.tw 信箱 hml 810518@gmail.com
印　　　刷　普羅文化出版廣告事業
初　　　版　2015 年 9 月
全書字數　355012 字
定　　　價　十四編 28 冊（精裝）台幣 52,000 元　　　版權所有・請勿翻印

南宋文人飲食文化之研究（上）

施靜宜　著

作者簡介

施靜宜，一九七四年生，高雄人。中國文化大學中國文學系文藝創作組畢業，中國文化大學中國文學碩士、博士。研究涉及現代詩、漢代詩歌、民間文學、飲食文學等領域。著有《餐芳譜──拈花作料理，古人與花的千古韻事》一書。現任稻江科技暨管理學院傳播藝術學系助理教授。

提　　要

　　本論文以「南宋文人飲食文化之研究」為題，主要探討南宋（1127～1279）文人的飲食觀、飲食內容、飲食行為、飲食文學與其所欲建構的飲食美學等飲食文化，使人們對南宋飲食文學的文化意義有更全面的認知與評價。本論文共分八章，第一章緒論，說明研究動機、研究現況、研究範圍與研究方法；第二章傳統飲食觀，主要是探討南宋之所以能開創出獨樹一幟之文人飲食的文化根源，即士大夫意識深處所內化的傳統飲食思想；第三章南宋飲食書寫之風興起的因素，旨在探討南宋飲食文化與飲食書寫的興起，背後之主客觀與內外在的因素；第四章南宋三大詩人的飲食書寫，旨在探討南宋最具代表性的詩人如陸游、楊萬里與范成大的飲食觀與書寫特色；第五章南宋文人的飲食譜錄，旨在探討南宋飲食譜錄的撰著與文人食譜的內容與思想；第六章南宋文學的飲食結構，乃是從南宋文人的飲食書寫探索其飲食風貌，共分為主食、蔬菜、水果、肉食、海產、飲品與點心等七大類；第七章南宋飲食書寫的特色及影響，旨在探討南宋文人飲食的核心精神與對後世文人飲食的影響；第八章結論，則將本論文的研究成果予以扼要整理說明。

目次

第一章　緒　論

第一節　研究動機與目的

　　自古以來，飲食就與人們最實際的生活脫離不了關係。原因無他，正因飲食是生存之基本，養民之首要，因此自古以來所有的統治者與思想家莫不倡言飲食的重要性，從「民以食為天」到「食色性也」，在在說明了飲食的意義與重要性。然而卻也因為如此，飲食多半停留在現實的功能層面，因此雖說歷來文學不乏對飲食盛美的形容與歌頌，卻始終不是文人意識關注的焦點，更別說是引發詩興的審美對象。再加上先秦儒道思想對於精神品德與人格修養的崇尚與追求，以致有將飲食貶低為嗜欲層次的感官享樂，孔子提出「君子謀道不謀食」、孟子嚴辨「大體與小體之養」以及「君子遠庖廚」、老子認為「五味令人口爽」、莊子說「耆欲深者其天機淺」。無論儒道，大體都在貶抑個人追求飲食之美的價值。漢代（前 202～220）以來佛教傳入，道教興起，更是從修行禁欲的觀點來禁制飲食，因而導致中國士大夫對於每日三餐所接觸的飲食始終抱著一種疏離的態度，使得豐富多元的中國文學在漫漫歷史長河的流蕩中竟缺乏以飲食為主題的文學。

　　這種對於飲食刻意迴避的態度，一直到了北宋（960～1127）才開始有了顯著的變化。隨著科技的進步，不僅食物的產能增加，廚具的進步也形成新

的烹飪技術；加上經濟商業的發展、水陸交通的便捷，讓各地的物資能夠迅速匯聚於都城；還有為了應付城市人口的飲食消費而出現的各式飲食店，無不讓宋代社會的飲食活動充斥著前所未有的繁華富盛。從《東京夢華錄》、《都城記勝》、《西湖老人繁勝錄》、《夢粱錄》和《武林舊事》等一系列宋代京城名著對飲食的描寫，就可一窺當時飲食風尚的風起雲湧，這種多元的飲食環境無疑為宋代的飲食書寫提供豐厚的土壤。不過宋代飲食書寫興起最重要的因素，最主要的還是宋代士大夫對於飲食態度的根本改變。自從中唐（766～835）以來，隨著科舉取士的實施，士子有了較公平的晉身管道之後，這群由平民出身的士大夫，也將民間的生活文化搬到了文學書寫的檯面，形成了「以俗為雅」的書寫風氣，這時飲食的書寫才得到充分發展的空間。

從宋代各類飲食著作與飲食資料的文獻可以發現：許多文人精於饌事，甚至親下廚房，以廚事為樂，乃至形諸翰墨、吟詠成章，一時之間飲食著作大增，這跟前代大量食經及飲食著作失傳的情形是截然不同的。南宋著名的目錄學家鄭樵（1104～1162）即在《通志・藝文略》將食經單獨作一門類列出，使得食經在浩瀚的文獻當中堂然占有一席之地。更重要的是，宋代士大夫不僅是將普通的生活飲食當作書寫題材而已，他們對於飲食的品鑑、養生、審美、興寄、修養等各個方面都注入了豐富的文人意識，將飲食之事從低層次的口腹嗜欲，提昇成具有高度人文意涵的雅文化。至此，得到文人價值意識的灌注之後，使得飲食的品鑑格外具有文人的自覺意識，真正實踐了《中庸》所云：「人莫不飲食，鮮能知味」的審味精神。

以上大致描述了宋代飲食書寫興起的因素，不過飲食書寫與文人入廚的現象，其實還有相當值得探究的地方。正如前所述及，飲食是最不符合傳統價值觀的嗜欲之事，為何竟然興起於理學盛行——特別強調「存天理，去人欲」之修養價值的時代？此外，文人竟毫不忌諱自稱老饕，並描寫自己貪饞到流口水的樣貌，此種極端矛盾的文化現象實在值得探索。當代對於飲食的研究雖然如雨後春筍，不過多數的研究主要是針對飲食興盛的物質基礎，亦即以外緣的政經、社會等文化現象的探究為主，不然就是局限於特定時代的飲食現象與個人生命際遇之下的飲食行為。大體而言並沒有從整體飲食觀的發展脈絡與士大夫價值意識的變遷，來看待宋代飲食書寫與文人入廚這個劃時代的特殊變化。因此透過宋代飲食研究，實可了解中國文人飲食態度轉變與解放的關鍵發展過程。另外，一般研究者亦鮮少針對文人吟詠的食物題材，

去解析該食物之文化意涵的歷史變化歷程，以及宋人在吟詠時的意義。因此本論文不僅從傳統飲食觀的發展脈絡來看待宋代飲食的興起以及對於後世的影響，也從宋人喜愛吟詠的食物題材中，去研究歷代文學吟詠的特色，以凸顯宋人與前人書寫的差異，進而抉發宋人的審美與價值觀。

有鑒於北宋（960～1127）飲食文學已有學者專書論述〔註1〕，本研究論文遂將重心放在南宋（1127～1279）飲食文學的發展與特色上，檢視其在繼承北宋飲食文學的經驗與開創明清食藝專著之間的關鍵轉折意義。一般而言，談到宋代飲食文學，人們多半是把焦點集中在北宋，一方面固然是北宋的富庶強盛，大家輩出，特別是出現了一位影響深遠的飲食大家蘇東坡；而南宋偏安江南，國祚較短，所出現的大家的影響力遠遠不如北宋，因此南宋的飲食文學經常被輕忽、甚至略而不談。但如果站在時代思潮的演變上來看，即能發現南宋的飲食文學實具有特殊的轉承與開創的意義。它一方面繼承了北宋飲食書寫所開創的自覺審美意識，然而在特殊的地理與人文環境底下，卻展現了與北宋飲食文學不同的殊異面向；另一方面，北宋理學之風發展到了南宋，有了進一步的建制化，從「存天理，去人欲」的角度來考察南宋的飲食之風與文人汲汲於食事的作為，便有著相當耐人尋味之處；而之後的明清兩代，是一個追求情性與嗜欲的解放時代，從人欲的禁制到人欲的解放，這二者之間的轉折，南宋無疑是處在一個居中的位置，南宋飲食文學所透顯出來的內涵與意義，無疑也可以幫助我們更了解時代思潮的轉變。因此本論文的研究重心，旨在建構南宋飲食文化的意義，使人們對南宋文人的飲食文化有更全面的認知與評價。

第二節　文獻回顧與研究現況

飲食是中國文化相當重要的傳統，因此很早就吸引許多學者從事與飲食相關的如風俗、地域、時代、交通等各方面的研究。但研究中國飲食這個領域的專家，多半是歷史學者，因此多半是著眼於外在客觀性的飲食文化與相關的歷史背景的研究，是故他們雖然亦經常使用文學作品作為其研究的資料或題材，但其用途卻往往只是做為了解該時代飲食現象的文獻資料。將文人

〔註1〕陳素貞：《北宋文人的飲食書寫——以詩歌為例的考察》（台北：大安出版社，2007年）。

及其文學作品當作研究主體，並以呈現文人內在思想與心態的研究方式，大體上是最近才興起的研究風潮。

回顧飲食文學的研究發展歷程，大致如下：從三〇年代開始，已有學者利用文學素材來研究飲食現象，如全漢昇以筆記小說研究宋代的飲食，寫了〈宋代都市的夜生活〉〔註2〕、〈南宋杭州的外來食料與食法〉〔註3〕。六〇年代劉伯驥《宋代政教史》〔註4〕，是透過陸游《入蜀記》一書考察南宋長江流域的飲食商品販運與飲食狀況。七〇年代香港學者龐德新《從話本及擬話本所見之宋代兩京市民生活》〔註5〕，則是以話本小說爲資料研究宋代兩京的食衣住行。八〇年代鄭培凱《〈金瓶梅詞話〉與明人飲酒風尚》〔註6〕，則是透過《金瓶梅》來研究明代的酒類與飲酒的禮俗。到了九〇年代更大量出現以《金瓶梅》爲對象的相關飲食研究，如陳偉明〈《金瓶梅》與明代飲食文化〉〔註7〕、趙建民〈《金瓶梅》飲食烹飪之美學風〉〔註8〕、李志剛〈金瓶梅宴與《金瓶梅》宴飲風貌〉〔註9〕等。上述所列的研究，大體都是以文學素材當作歷史研究的材料，文本中與飲食相關的文人心理及思想內涵，基本上都不是研究的焦點。一九九三年鍾明玉所撰寫的《紅樓夢飲食情境研究》這部碩士論文，算是最早以文本中的文學書寫作爲研究重心的學術論文。不過這種以飲食文學爲研究主體的方式，並沒有立即形成寫作的熱潮。一直要到兩千年之後，這種研究方式才掀起寫作熱潮。茲將歷年來與飲食文化相關的研究論文表列於下，以明歷來的研究概況。

〔註2〕 全漢昇：〈宋代都市的夜生活〉〉，《食貨半月刊》第1卷第1期（1934年），頁23～28。

〔註3〕 全漢昇：〈南宋杭州的外來食料與食法〉，《食貨半月刊》第2卷第2期（1935年），頁42～44。

〔註4〕 劉伯驥：《宋代政教史》（台北：中華書局，1971年）。

〔註5〕 龐德新：《從話本及擬話本所見之宋代兩京市民生活》（香港：龍門書店，1974年）。

〔註6〕 鄭培凱：〈〈金瓶梅詞話〉與明人飲酒風尚〉，《中外文學》第12卷第6期，1983年11月，頁4～44。

〔註7〕 陳偉明：〈《金瓶梅》與明代飲食文化〉，《中國飲食文化基金會會訊》第5卷第3期，1999年8月，頁4～13。

〔註8〕 趙建民：〈《金瓶梅》飲食烹飪之美學風〉，《中國飲食文化基金會會訊》第5卷第3期，1999年8月，頁19～22。

〔註9〕 李志剛：〈金瓶梅宴與《金瓶梅》宴飲風貌〉，《中國飲食文化基金會會訊》第5卷第3期，1999年8月，頁14～18。

年度	作　者	論　文　題　目	學　位　名　稱
1993	鍾明玉	《紅樓夢飲食情境研究》	國立清華大學　中文研究所　碩士論文
2001	胡衍南	《食、色交歡的文本——《金瓶梅》飲食文化與性愛文化研究》	國立清華大學　中文研究所　博士論文
2003	蔡秀敏	《唐代敦煌飲食文化研究》	國立中正大學　中國文學系　碩士論文
2005	陳元朋	《舉箸常如服藥——本草史與飲食史視野下的「藥食如一」變遷史》	臺灣大學　歷史學研究所　博士論文
2005	吳安安	《《儀禮》飲食品物研究》	國立臺灣師範大學　中國文學系　博士論文
2006	陳素貞	《北宋文人的飲食書寫——以詩歌爲例的考察》	東海大學　中國文學系　博士論文
2006	李彩燕	《初期佛教飲食觀之研究——以阿含經爲主》	輔仁大學　宗教學系　碩士論文
2007	林鴻偉	《北宋文人飲食觀流變》	淡江大學　歷史學系　碩士論文
2008	鄭雅文	《唐代庶民飲食文化研究》	中興大學　歷史學系　碩士論文
2008	賴亮吟	《袁枚《隨園食單》與盛清江南飲食文化》	東吳大學　歷史學系　碩士論文
2009	江雅茹	《《詩經》飲食品類研究》	國立東華大學　中國語文學系　碩士論文
2010	周亞青	《蘇軾飲食書寫研究》	高雄師範大學　國文教學碩士班　碩士論文
2011	謝瓊儀	《《山海經》飲食養生醫療觀研究》	高雄師範大學　國文研究所　碩士論文
2011	汪育正	《從〈劍南詩稿〉論陸游的飲食生活》	東吳大學　歷史學系　碩士論文
2011	許馨文	《花與清代飲食之研究》	國立中央大學　歷史研究所　碩士論文
2012	徐嫈媜	《蘇東坡文集之飲食文化研究》	玄奘大學　中國語文學系碩士在職專班　碩士論文
2012	張曉月	《蘇軾貶謫時期飲食書寫之道家思想研究》	國立屏東教育大學　中國語文學系　碩士論文

從上表所羅列的論文題目可以歸納出以下的研究方向：

（一）特定文學家的飲食書寫：如周亞青《蘇軾飲食書寫研究》、汪育正《從《劍南詩稿》論陸游的飲食生活》、徐嫈娟《蘇東坡文集之飲食文化研究》、張曉月《蘇軾貶謫時期飲食書寫之道家思想研究》。從這些研究可發現，蘇軾是最熱門的研究對象，顯見其飲食書寫的影響力。

（二）專書中飲食文化的研究：如陳元朋《舉箸常如服藥——本草史與飲食史視野下的「藥食如一」變遷史》、吳安安《《儀禮》飲食品物研究》、江雅茹《《詩經》飲食品類研究》、謝瓊儀《《山海經》飲食養生醫療觀研究》等。

（三）明清小說中的飲食描寫：如鍾明玉《紅樓夢飲食情境研究》、胡衍南《食、色交歡的文本——《金瓶梅》飲食文化與性愛文化研究》。

（四）特定時代飲食文化的研究：如蔡秀敏《唐代敦煌飲食文化研究》、陳素貞《北宋文人的飲食書寫——以詩歌為例的考察》、林鴻偉《北宋文人飲食觀流變》、鄭雅文《唐代庶民飲食文化研究》、賴亮吟《袁枚《隨園食單》與盛清江南飲食文化》。

（五）特定飲食觀的研究：如李彩燕《初期佛教飲食觀之研究——以阿含經為主》。

由上述的研究方向可發現，對經典與古典文學中的飲食文化研究有越來越興盛的發展趨勢。這種現象或許就如同飲食書寫的發展一樣，日常性的議題總是要到了最後才能喚起人們興趣的道理，或許是有一些類似吧？

第三節　研究範圍和研究方法

一、研究範圍

本論文「南宋文人飲食文化之研究」，研究對象為南宋文人的飲食觀、飲食內容、飲食行為與其所欲建構的飲食意義等飲食文化。飲食，雖說是人之大欲，然而在文化發展與文明建構的歷程中，飲食一事早已跳脫最原始的意涵，在封建社會底下更成為身分與階級最重要的表徵，不同的階級所表徵出來的飲食觀與飲食行為也就跟著不同。陳偉明先生曾將中國古代的飲食階層，分成五個層級：果腹層、小康層、富家層、貴族層與宮廷層〔註10〕。不過本論文擬欲研究

〔註10〕果腹層，占全部人口絕大多數以農民為主體的廣大底層的民眾；小康層，大

與探討的對象——文人——可謂是一個相當特殊的階層，其不隸屬於一個特定的階層，而又能出入、了解各個階層的飲食狀況，何以如此？由於宋代重視文治，大量起用文人，因此廣大的農村子弟得以透過科舉取士而晉階仕宦，其在飲食上的表現即由民間的平民飲食，隨著仕宦生涯的起起伏伏而得以接觸到各種不同階層的飲食，包含富家層與貴族層，因此較諸前代文人而言，宋代文人的飲食經驗著實豐富許多，也比其他階層更能全方位了解當時社會的飲食狀況。另一方面，文人身為傳統文化的薪傳者與自覺的書寫者，其面對時代潮流實具有一定的批判性，以突破其所屬階層的物質圍限〔註11〕。再加上宋代文士地位的提升，開始追求自身的審美品味，以致反應在飲食上，乃有建構一套文士價值的清饌飲食觀以作為自身的標榜。若說平民飲食觀旨在求飽，貴族飲食觀旨在求精，那麼文士的飲食觀即在求雅。

至於要研究南宋文人的飲食文化，要了解南宋文人的飲食意識，自然不能脫離南宋文人的創作，以下茲將本論文所使用的材料說明如下：

中國文人向來重視詩歌，詩歌乃文人用以抒發情感，表達思想與志意的重要文體，其亦廣泛用於敘事、議論、酬酢、社交等方面，其內容相當多元，因此透過詩歌往往可輕易掌握該時代的價值意識與個別文人的心態。在此要特別提出的是，宋詩的性格實有別於前代，一方面，其「以俗為雅」、「以文為詩」的特性，導致生活化的題材大量入詩；另一方面，由於當時重策論、輕詩賦的實用傾向，導致宋人普遍認為詩是不切於世用的，僅以餘事為詩，且多是用來表達個人的生活情趣〔註12〕，從《全宋詩》七十二冊〔註13〕的巨製來看，俯拾盡是「戲題」、「戲論」、「戲詠」、「戲和」等遊戲消閑之作，和詩次韻更是連篇累牘，且詩題名稱特長，儼然就是一篇小序，由此可見宋人

體上是由城鎮一般市民、農村中的中小地主、下等胥吏以及政治、經濟地位相當的民眾；富家層，大體上是由中等仕宦、富商和其他殷富之家所構成；貴族層，主要是由貴冑達官及家資豐饒的累世望族所構成；宮廷層，主要是由皇帝、後宮及皇親國戚所構成。陳偉明：《唐宋飲食文化發展史》（台北：學生書局，1995年），頁39～40。

〔註11〕一般而言，階層越高，所能享有的物質越豐富，飲食亦然。不過宋代文人卻每每透過自覺的修養，對當時豪奢的飲饌風尚進行批判，如晏殊、司馬光等人雖位居宰輔，卻崇尚儉素，以蔬食自甘，突破了做官等同於肉食者的物質圍限。

〔註12〕簡錦松：〈從一個新觀點試論北宋詩〉，《宋代文學與思想》（台北：學生書局，1989年），頁389～396。

〔註13〕本論文所採用的《全宋詩》，係由北大古文獻研究所編，1998年北京大學出版。

幾乎把詩當作日常紀事與表現生活情趣的重要文體，從中自然可獲得相當豐富的飲食資料。因此本論文的研究素材就以南宋文人的詩歌為主體。至於橫越南北宋的文人如李綱（1083～1140）、曾幾（1085～1166）等人，也包涵在研究的範圍之中。不過，從時間上雖然容易去區別詩人所處的時代，但南北宋的文化、思想實具有一體相承的發展關係，因此很難真正作到一切為二的分別，故在闡述思想與審美的發展上，往往也需要透過北宋文人才能解釋該文化現象的發展，必要時亦會將北宋詩人的相關作品一起含括進來說明。至於在個別詩人的研究上，則以南宋最具有代表性的中興詩人作為研究對象，但遺憾的是，尤袤作品多數已佚，現存詩歌只有五十餘首，且其中並沒有任何關於飲食的書寫。再說，四大家中尤袤的評價向來較低，其影響力亦遠不如楊萬里、范成大、陸游三人，故本論文僅針對三人作探討。

　　至於南宋其他的文學類別，尚有文類、詠物詞與筆記小說等，僅作為補充資料運用。原因如下：在《全宋文》各種文類中，包括詠物賦、頌、贊、序跋等，其篇目與飲食相關者，不僅數量少且內容紛雜，並不足以作成一個單元來專論。尋繹宋文之所以較少飲食類的書寫，應是與宋代科舉考試重策論、輕詩賦的實用傾向密切相關，特別是宋神宗熙寧四年（1071）曾一度罷詩賦，遂逐漸「變聲律為議論」。基於世用的需求，於是文人傾盡全力為文，文章的重點多是當前的政治問題與向朝廷獻策議論的官文書〔註14〕，而像飲食一類的小道題材自然難以端上宋文的大雅之堂，少數涉及飲食的作品，從中可發現，多是飲食議論的類別，特別是勸戒性質，如戒殺、止酒、養生之類的主題，經筆者統計見附表一（頁11～12）。另外，南宋詠物詞也有若干涉及飲食的作品，從中可發現南宋詞中的飲食，以茶、酒吟詠與水果類居多，體現了詞體在宴席中即席賦詠的性質；至於其他的飲食類別零零星星，沒有較為凸出的表現，故僅做為補充資料，不另闢單元專論，南宋詞中的飲食類別，經筆者統計見附表二（頁13～15）。至於筆記小說中雖然也有不少關於飲食的記載，不過多是以飲食紀實或佚事趣聞為主，多不具文學性，但其內容往往能夠說明當時的飲食現象，故多用於補充說明當時的飲食狀態。

〔註14〕據簡錦松先生的研究，比較明人、宋人與唐人文集的結構，發現宋文中收錄官文書的比率遠遠大過明文與唐文；此外，在宋文中，「論」「議」體裁的文章也頗為醒目，至於一般的古文（指記、序、書等體裁）的數量，相形之下，顯得甚為貧弱。同註12。

　　除了詩歌與詩人之外，本論文也針對南宋才出現的文人食譜作詳細的分析與研究。食譜一般而言，是一種實用性的工具書，不過文人譜錄卻有別於一般實用需求的食譜，原因在於其有著深厚的人文意識與文學內涵，文筆之佳者則儼然是一篇文采斐然的飲饌小品。而文人食譜的創作目的也與一般的飲食書寫有著根本性的差異。一般而言，詩歌中的飲食書寫，不是著眼於個人情感的抒發，就是以詠物為主。相較於詩歌無所為而為的特質，文人食譜的創作顯然是有意識得多，其將飲食的製作、養生、審美、修養、情趣等諸多與飲食相關的生活文化，加以系統性的統合在一起而成為一種集中體現士大夫飲食觀的重要文本。因此本論文也針對一般研究飲食書寫較少著墨的文人食譜，加以深入分析，以闡述其豐富的文化內蘊。據文獻記載南宋的食經數量雖夥，然除了鄭望之《膳夫錄》、司膳內人《玉食批》、本心翁《本心齋疏食譜》〔註15〕與林洪《山家清供》是少數的倖存者〔註16〕，其餘均已亡佚。《膳夫錄》與《玉食批》二書在性質上比較類似，都是比較偏向奢費的宮廷飲食，且僅著錄饌餚名稱卻無製作方法，應只是作為備忘之用，並不具文學與思想價值，故不列入研究範圍。《本心齋疏食譜》，則記述了二十種餚饌，此書以歌謠體的形式頌揚蔬食之美，前有序，後有跋，清楚交代作者的著述緣起與旨趣，內容雖然簡單，卻具有相當鮮明與深厚的文人飲食特點。至於《山家清供》是所有食經中最重要的一部，其無論在內容與形式均最完整與詳實，共收錄了飲饌一百零四種，在每道餚饌底下，除附有烹飪製法、用料、飲食掌故、饌餚由來、食療養生、前人詩文外，最重要的還有作者的品鑑與種種由食而來的感發與議論，富於思想性與美感意興，因此是本論文所有文學材料中，著力最多的研究項目。

　　總之，本論文所研究的南宋文人之飲食文化，主要是以詩歌與文人食譜為主，而各別詩人則以中興三大詩人為專論對象。

二、研究方法

　　本論文在研究方法上，主要有以下幾點：一、文獻與資料的蒐集與整理；

〔註15〕《本心齋疏食譜》，歷來多依《百川學海》之意將該書歸之於陳達叟名下。不過《四庫全書總目提要》則認為作者應是本心翁，而非陳達叟，陳達叟不過是編纂其師之書的門人。故此處不從一般之標注，而以本心翁為作者。詳情請見本論文第五章第二節「《本心齋疏食譜》作者與書名疑義」。

〔註16〕本處資料係採用姚偉鈞、劉樸兵、鞠明庫：《中國飲食典籍史》（上海：上海古籍出版社，2011年12月），頁168。

二、思想脈絡的探尋；三、文本的分析；四、比較研究法；五、飲食文化研究法。茲分述如下：

（一）文獻與資料的蒐集與整理

檢視、蒐集自宋高宗南渡在臨安登基（1127）至南宋滅亡（1279）年間的文人飲食著作——以記述或歌詠飲食、宴飲、饌餚、蔬果食品為主題的詩文，以歸納出南宋文人飲食文化的內涵、特色與審美意識。

（二）思想脈絡的探尋

可分為縱向的思想意識與橫向的社會思潮兩個部分。在縱向思想意識方面：主要是將根深於南宋文人思想中的傳統飲食觀爬梳出來，以明辨其繼承與開創，其所以能開創獨樹一幟之文人飲食的思想根源；在橫向的社會思潮方面：則是將南宋社會飲食風尚與飲食書寫大盛之因作一番探究。

（三）文本的分析

本論文是以《全宋詩》、《山家清供》、《本心齋疏食譜》等為主要分析文本，詩歌方面，主要探討個別作家在其所處身的時代背景與其特殊際遇下所呈現的飲食書寫風貌與飲食態度，並分析南宋飲食詩中，各類飲食的書寫特色。至於《山家清供》、《本心齋疏食譜》這兩本文人食譜，則著眼於其寫作心態、思想、美學、文學性等內容加以分類、剖析，並評判其價值。

（四）比較研究法

南宋飲食文學雖然相當程度繼承了北宋飲食文學之自覺審美的意識，然而在特殊的政治情勢與偏安江南的地理環境影響下，卻展現了與北宋飲食文學不同的殊異面向。如荔枝此一果品，北宋人便以極大的興味與熱情來形容荔枝的形貌與滋味；相形之下，對南宋人而言，荔枝就是一再尋常不過的水果，在描寫上自然平淡很多。本論文即是透過比較與對照，來凸顯其差異與特點。

（五）飲食文化研究法

一個特定時代的飲食觀，誠可謂是該時代之與飲食相關的物質與精神文明的總和。有鑑於時代遙遠，而與飲食相關的環節，如原料生產、名目品類、習俗風尚、加工技術、運輸儲存、食療養生，乃至烹調製作等專業知識何其繁多，再加上同名異實或異名同實的情況層出不窮，為了避免孤立文本所可

能造成的望文生義的迷思，因此擬大量借用其他領域的學者對於宋代飲食文
化的研究成果，以免有錯解的情事發生。

附表一　南宋文中的飲食類別（《全宋文》，卷／頁）

類	目	條	次數
壹、膳食類			
一、主食類	餛飩	△釋道濟〈餛飩〉卷六〇六三，頁 395	1
	粥	△劉宰〈甲申粥局記〉卷六八四四，頁 122～123 △劉宰〈甲申粥局謝嶽祠祝文〉卷六八五九，頁 373～374 △劉宰〈戊子粥局謝嶽祠祝文〉卷六八五九，頁 374～375	3
二、蔬菜類	枸杞	△謝艮〈枸杞賦跋〉卷六六四九，頁 231 △張栻〈後杞菊賦〉卷五七二一，頁 5～6	1
	甘菊	△范浚〈甘菊賦〉卷四二七一，頁 397 △陳澡〈菊花賦〉卷六五一八，頁 86～88	1
	筍	△陸游〈跋苦筍詩〉卷四九四〇，頁 79	1
	苦益菜	△李洪〈苦益菜賦并序〉卷五三八四，頁 103～104	1
	生菜	△楊萬里〈醉筆戲作生菜贊〉卷五三五五，頁 95	1
三、水果類	柑橘	△白玉蟾〈橘隱記〉卷六七五一，頁 237～238	1
	荔枝	△蔡襄〈荔枝譜〉卷一〇一九，頁 212～219 △李綱〈荔枝賦并序〉卷三六八一，頁 9～10 △李綱〈荔枝後賦并序〉卷三六八二，頁 25～26 △何麒〈荔子賦〉卷三八八五，頁 333～334 △曹勛〈荔子傳〉卷四二〇七，頁 115～116 △范成大〈荔枝賦并序〉卷四九七五，頁 240～241	6
四、肉食類	蟹	△高似孫〈松江蟹舍賦〉卷六六四七，頁 189～191 △范浚〈蟹賦〉卷四二七一，頁 397 △楊萬里〈糟蟹賦〉卷五二八五，頁 75 △楊萬里〈後蟹賦〉卷五二八五，頁 76	4
	魚類	△洪適〈銀條魚賦〉卷四七〇六，頁 183	1

類	目	條	次數
貳、飲料類	酒	△ 孫因〈越釀〉卷七七六一，頁 6～7 △ 李綱〈椰子酒賦〉卷三六八二，頁 23 △ 李綱〈濁醪有妙理賦次東坡韻〉卷三六八二，頁 28～29 △ 釋道濟〈酒懷〉卷六〇六三，頁 395	4
	茶	△ 孫因〈越茶〉卷七七六一，頁 7 △ 蔡襄〈茶記〉卷一〇一八，頁 203 △ 蔡襄〈茶錄〉卷一〇一九，頁 206～212	3
參、加工類	糖霜	△ 劉望之〈遂寧糖冰賦并序〉卷四八九五，頁 99 △ 王灼〈糖霜譜序〉卷四二二七，頁 72～73	2
飲食議論		△ 李綱〈持八齋文〉卷三六七八，頁 332 △ 李綱〈放鼈文〉卷三六七八，頁 330 △ 胡銓〈養生說〉卷四三一八，頁 334 △ 史浩〈養生戒〉卷四四一六，頁 66 △ 胡銓〈續東坡三養說〉卷四三一八，頁 335 △ 胡銓〈戒殺說〉卷四三一八，頁 335 △ 李石〈飲食鮮能知味辯〉卷四五六五，頁 12～13 △ 何耕〈苦櫻賦〉卷五〇〇三，頁 270～271 △ 張栻〈酒誥說〉卷五七三八，頁 349 △ 黃榦〈戒殺記〉卷六五五五，頁 367 △ 朱宏〈祭用肉論〉卷六七六三，頁 38～39 △ 釋居簡〈食力賦〉卷六七九八，頁 220 △ 劉學箕〈止酒頌并序〉卷六八六〇，頁 406～407 △ 劉學箕〈節酒銘并序〉卷六八六〇，頁 407～408 △ 劉克莊〈止酒賦〉卷七四八九，頁 24～25 △ 陳傅良〈戒河豚賦〉卷六〇一七，頁 2～3	16

附表二　南宋詠物詞中的飲食類別（《全宋詞》2～4冊，冊／頁）

類	目	條	次數
壹、膳食類			
一、主食類	飯	△曹組〈點絳唇・水飯〉冊二／頁805	1
二、蔬菜類	山藥	△張鎡〈南歌子・山藥〉冊三／頁2131	1
	蓴	△李彭老〈摸魚子・紫雲山房擬賦蓴〉冊四／頁2972 △王沂孫〈摸魚兒・蓴〉冊五／頁3362 △王易簡〈摸魚兒・紫雲山房擬賦蓴〉冊五／頁3422 △唐珏〈摸魚兒・紫雲山房擬賦蓴〉冊五／頁3426 △無名氏〈摸魚兒・紫雲山房擬賦蓴〉冊五／頁3682	5
	芡實	△昭順老人〈浣溪紗〉冊四／頁3020	1
	芹	△高觀國〈生查子・詠芹〉冊四／頁2354	1
	松花	△張炎〈華胥引・賦松花〉冊五／頁3522	1
三、水果類	荔枝	△周紫芝〈西江月・席上賦雙荔子〉冊二／頁877 △李綱〈減字木蘭花・荔枝二首〉冊二／頁904～905 △張元幹〈採桑子・奉和秦楚材史君荔枝詞〉冊二／頁1102 △岳珂〈鷓鴣天・詠綠荔枝〉冊三／頁1745 △趙長卿〈醉蓬萊・新荔枝〉冊三／頁1787 △趙以夫〈荔枝香近・樂府有荔枝香調，似因物命題而亡其詞，輒爲補賦〉冊四／頁2674 △無名氏〈南鄉子，詠雙荔支〉冊五／頁3658	7
	棖 （橙）	△曹勛〈浣溪紗・賞棖〉冊二／頁1220 △曹勛〈鷓鴣天・詠棖〉冊二／頁1234 △史達祖〈齊天樂・賦橙〉冊四／頁2341 △吳文英〈虞美人影・詠香橙〉冊四／頁2937	4
	橄欖	△吳禮之〈浣溪紗・橄欖〉冊四／頁2277 △王沂孫〈解連環・橄欖〉冊五／頁3358	2
	瓜	△周紫芝〈虞美人・食瓜有感〉冊二／頁883 △馬子嚴〈青門引〉冊三／頁2069	2
	林檎	△岳珂〈洞仙歌・詠金林檎〉冊三／頁1741 △曹勛〈念奴嬌・林檎〉冊二／頁1217 △史達祖〈留春令・金林檎詠〉冊四／頁2236	3

類	目	條	次數
三、水果類	羊桃	△辛棄疾〈臨江仙・和葉仲洽賦羊桃〉冊三／頁1941	1
	楊梅	△沈瀛〈減字木蘭花・楊梅〉冊三／頁1660 △韓淲〈攤破浣溪紗・楊梅〉冊四／頁2264 △吳文英〈浪淘沙・有得越中故人贈楊梅者，爲賦贈〉冊四／頁2932 △陳舜翁〈南柯子〉冊四／頁3020	4
	龍眼	△韓元吉〈南鄉子・龍眼未聞有詩詞者，戲爲賦之〉冊二／頁1395	1
	栗	△張鎡〈清平樂・炮栗〉冊三／頁2129	1
	葡萄	△張鎡〈眼兒媚・水晶葡萄〉冊三／頁2131 △張鎡〈鷓鴣天・詠二色葡萄〉冊三／頁2131	2
	櫻桃	△曾覿〈浣溪紗・櫻桃〉冊二／頁1325 △辛棄疾〈菩薩蠻・座中賦櫻桃〉冊三／頁1881 △洪子大〈浪濤沙〉冊四／頁3021 △王沂孫〈三姝媚・櫻桃〉冊五／頁3359	4
	梅	△楊无咎〈永遇樂・梅子〉冊二／頁1195 △黃人傑〈生查子〉冊三／頁2017 △黃人傑〈柳稍青・黃梅〉冊三／頁2017 △黃人傑〈驀山溪〉冊三／頁2017	4
四、肉食類	河豚	△辛棄疾〈菩薩蠻・贈張醫道服爲別，且令餽河豚〉冊三／頁1928	1
	蟹	△李增伯〈滿庭芳・壬子謝呂馬帥送蟹〉冊四／頁2810 △方岳〈滿庭芳・擘蟹醉題〉冊四／頁2844 △方岳〈浣溪紗・趙閣學餉螓蛑酒春螺〉冊四／頁2844 △唐藝孫〈桂枝香・天柱山房擬賦蟹〉冊五／頁3424 △呂同老〈桂枝香・天柱山房擬賦蟹〉冊五／頁3425 △唐珏〈桂枝香・天柱山房擬賦蟹〉冊五／頁3427 △陳恕可〈桂枝香・天柱山房擬賦蟹〉冊五／頁3530	7
五、點心類	圓子	△史浩〈人月圓・詠圓子〉冊二／頁1272 △史浩〈粉蝶兒・詠圓子〉冊二／頁1272 △王千秋〈鷓鴣天・圓子〉冊三／頁1473 △趙師俠〈南鄉子・尹先之索淨圓子詞〉冊三／頁2095	4
	蒸繭	△王千秋〈鷓鴣天・蒸繭〉冊三／頁1473	1
	水晶膾	△高觀國〈菩薩蠻・水晶膾〉冊四／頁2351	1

類	目	條	次數
貳、飲料類	茶	△謝逸〈武陵春・茶〉冊二／頁648 △毛滂〈攤聲浣溪紗・天雨新晴，孫使君宴客雙石堂，遣官奴試小龍茶〉冊二／頁668 △王庭圭〈好事近・茶〉冊二／頁823 △周紫芝〈攤聲浣溪紗・茶詞〉冊二／頁873 △王之道〈西江月・和董令升燕宴分茶〉冊二／頁1150 △楊无咎〈玉樓春・茶〉冊二／頁1193 △楊无咎〈清平樂・熟水〉冊二／頁1193 △史浩〈南歌子・熟水〉冊二／頁1284 △史浩〈畫堂春・茶詞〉冊二／頁1284 △張掄〈訴衷情・詠閒其六〉冊三／頁1420 △王千秋〈醉蓬萊・送湯〉冊三／頁1466 △曹冠〈朝中措・茶〉冊三／頁1534 △曹冠〈朝中措・湯〉冊三／頁1534 △姚述堯〈如夢令・壽茶〉冊三／頁1557 △王質〈驀山溪・詠茶〉冊三／頁1642 △李處全〈柳稍青・茶〉冊三／頁1732 △李處全〈柳稍青・湯〉冊三／頁1732 △程垓〈朝中措・茶詞〉冊三／頁1999 △程垓〈朝中措・湯詞〉冊三／頁1999 △劉過〈臨江仙・茶詞〉冊三／頁2152 △程珌〈西江月・茶詞〉冊四／頁2290 △程珌〈鷓鴣天・湯詞〉冊四／頁2290 △張炎〈踏莎行・盧仝啜茶手卷〉冊五／頁3503 △張炎〈踏莎行・詠湯〉冊五／頁3510	25
	酒	△李綱〈江城子・新酒初熟〉冊二／頁903 △張元幹〈浣溪紗・范才元自釀，色香玉如，直與綠萼梅同調，宛然京洛氣味也，因名曰萼綠春，且作一首。諺以竊嘗為吹笙云〉冊二／頁1085 △葛立方〈卜算子・賞荷以蓮葉勸酒作〉冊二／頁1346 △張掄〈菩薩蠻・詠酒十首〉冊三／頁1418～1419 △黎廷瑞〈滿江紅・賦竹樽〉冊五／頁3387 △黎廷瑞〈一剪梅・菊酒〉冊五／頁3389 △無名氏〈行香子〉冊五／頁3682 △辛棄疾〈沁園春・將止酒、戒酒杯使勿近〉冊三／頁1915 △辛棄疾〈卜算子・飲酒敗德〉冊三／頁1945 △辛棄疾〈卜算子・飲酒成病〉冊三／頁1945 △楊澤民〈漁家傲・戒酒〉冊四／頁3004 △羅志仁〈木蘭花慢・禁釀〉冊五／頁3430	21

第二章　傳統飲食觀

　　自北宋初年大儒周敦頤（1017～1073）之自覺紹聖先秦孔孟思想，發揚所謂「千載不傳之秘」以來，遂引領兩宋進入了理學──儒學復興的時代。此一復興的意涵，並不僅僅只是恢復原始儒家的面貌，更將歷來影響中國文化之儒釋道三家的學說進行辯證與整合，因而使得宋代理學具有集傳統思想之大成的意義。受到此一思潮的影響，宋人的飲食觀格外具有文化深度與思想性，面對當時豪奢的飲饌風氣具有相當自覺的批判性，因而能建構一套文士價值的清饌飲食觀。本章即是在上溯南宋士大夫意識深處所積澱的傳統文化思想，其所以能開創出獨樹一幟之文人飲食的根源，下分四節，分別爲儒家飲食觀、道家飲食觀、醫家養生與神仙服食與佛教飲食觀，以明士子對傳統文化的繼承與開創。

第一節　儒家飲食觀

　　作爲中國學術文化發展的核心，儒學堪稱是最重要的主流，並對士君子的思想與價值有著深遠與根深蒂固的影響力，是故探討中國傳統知識份子的飲食觀就非得深入了解儒家飲食觀的思想內涵不可，因此本章首先就針對儒家的飲食觀，探討如下：

壹、孔子飲食觀

　　身爲儒家學說的創始人孔子（前 551～前 479），是春秋末年著名的思想家與教育家，其學說透過《四書》、《五經》對中國人的思想與意識產生強力的影響，甚至成爲歷代文人的精神信仰。有關孔子飲食觀，多見於《論語》

〈鄉黨篇〉、〈爲政篇〉、〈八佾篇〉、〈里仁篇〉、〈雍也篇〉、〈述而篇〉、〈衛靈公篇〉、〈陽貨篇〉等。以下茲將孔子飲食觀，分述如下：

一、飲食與禮

《禮記・禮運》云：「夫禮之初，始諸飲食。」〔註1〕指出了在人類飲食活動之初，飲食禮儀就開始出現，並日趨精密完善。對「食、色性也」之生物本能加以制約，也就成了人類進入文明社會最重要的表徵之一，此一具體的飲食規範，也以一種超出個體行爲的指導原則存在，對一個民族的內部成員形成重要的行爲規範。

孔子的飲食觀，最重要的莫過於是飲食與禮的關係，這與孔子家世、信念與所處身的時代環境密不可分。孔子身爲魯國貴族之後，素以「郁郁周文」之輝煌傳統的繼承者自居，處在周王室傾頹、禮崩樂壞的亂世，孔子堅定的認爲唯有恢復周禮才能力挽傾潰的世道，因此孜孜矻矻以恢復合乎周禮的社會秩序作爲畢生職志。周禮由於受到孔子極大的讚譽，反映在飲食活動上的禮，自然也就受到孔子極大的稱述，甚至身體力行，《呂氏春秋》記載了一則掌故：

　　文王嗜昌蒲菹，孔子聞而服之。縮頞而食之，三年然後勝之。〔註2〕

孔子爲了體會周禮的精神，聽說周文王嗜食菖蒲菹，明知那味道並不宜人，卻還是勉強自己皺著眉頭去吃，直到三年才習慣那味道。在《論語・八佾》也記載了一則孔子維護、保存周禮的深刻用心：

　　子貢欲去告朔之餼羊。子曰：「賜也，爾愛其羊，我愛其禮。」〔註3〕

子貢想要去除那業已空洞化的告朔之禮的牲羊，孔子知道後卻表示即使殘存此一形式也還是比完全廢棄來的好，因爲正禮雖然廢了，但後人看到這隻供羊，還能識別這個禮制，或許日後還有機會恢復它，如果連羊都免除了，那麼禮就眞的全部滅亡了。所以這隻羊在子貢看來是羊，在孔子看來卻是禮存的一線希望，由此可見孔子對周禮的捍衛之心。儒家傾盡全力保存周禮的用心自然也就不言而喻，而作爲周禮核心內容的食禮，經過儒家的整理，已經

〔註1〕 （漢）鄭玄注、（唐）孔穎達正義：《禮記正義》，《十三經注疏本》第五冊（臺北：藝文印書館，1977年），頁416。

〔註2〕 《呂氏春秋・孝行覽・遇合》，（戰國）呂不韋、（清）畢沅校正：《呂氏春秋》（台灣：中華書局，1965年），卷第十四，頁17。

〔註3〕 《論語・八佾》，（宋）朱熹：《四書章句集註》，頁66。

比較完整地保存在《周禮》、《儀禮》和《禮記》的〈曲禮〉、〈郊特牲〉、〈少儀〉、〈玉藻〉等章節中。周人對待客之禮、宴飲之禮、喪食之禮、進食之禮都有十分具體的規定，這些規範也就隨著經典的流傳，潛移默化入一代又一代士子的心裡，對後世造成深遠的影響。

《論語》中有關孔子飲食與禮的論述，多保留在〈鄉黨〉篇，如「齊必變食」，意思是齋戒之日必須改變平時的飲食習慣，指不飲酒、不茹葷，以表達內心的敬意。又如「割不正，不食。」朱熹解釋：「割肉不方正者不食，造次不離於正也」〔註4〕，孔子所處的時代，由於僭越之事層出不窮，所以孔子力主就連吃肉也要講求符合禮制規定的刀工，否則寧可不食。又如「不得其醬，不食。」根據傳統規定，各類肉食均配有規定的醬汁，看到什麼醬汁呈上來，就知道等會會吃到什麼肉食了〔註5〕，孔子說如果沒有所搭配的醬汁，則寧可不吃。又如「疏食菜羹，瓜祭，必齊如也。」意思是就算是粗糙的飯菜，也要虔誠地祭食，用以紀念發明飲食的先人。又如「鄉人飲酒，杖者出，斯出矣。」意思是行鄉飲酒禮，一定要讓年長者先出，然後自己才可以出來，以示敬老。又如「君賜食，必正席先嘗之。君賜腥，必熟而薦之。君賜生，必畜之。侍食於君，君祭，先飯。」這一條說的是國君賜食的禮儀，在不同的情況下則有不同的規範。又如「朋友之饋，雖車馬，非祭肉，不拜。」朱熹解釋：「朋友有通財之義，故雖車馬之重不拜。祭肉則拜者，敬其祖考，同於己親也。」〔註6〕由此可知，祭肉的價值被看得高於一切。

其他關於飲食與禮的論述，還有《論語・述而》：「觚不觚，觚哉？觚哉？」〔註7〕表面上看來，孔子是對酒器的形制不合乎規矩而深感憂慮，事實上酒器形制背後所象徵的深層意涵正如朱註程子所說的：「觚而失其形制，則非觚也。舉一器，而天下之物莫不皆然。故君而失其君之道，則為不君；臣而失其臣之職，則為虛位。」〔註8〕換句話說，孔子由一酒器的不合禮制，見微知著地預想其發展，充分表達了其對禮崩樂壞、天下失序的憂心。

〔註4〕《論語・鄉黨》，頁120。
〔註5〕《禮記・曲禮上》：「獻孰食者操醬齊」，孔穎達正義：「醬齊為食之主，執主來則食可知，若見芥醬，必知獻魚膾之屬也」，（漢）鄭玄注、（唐）孔穎達疏：《禮記正義》（台北：藝文印書館，1977年），卷第二，頁43～44。
〔註6〕《論語・鄉黨》，頁122。
〔註7〕《論語・雍也》，頁90。
〔註8〕同上註。

雖然孔子在很多地方一再強調「我愛其禮」，但對於禮教是否流於空洞的形式化亦十分警惕，他不憚其煩地在很多場合一再辯證禮的精神內涵，如《論語・子罕》：「禮云禮云，玉帛云乎哉？」〔註9〕又如回應林放對禮之本的提問，曰：「大哉問！禮，與其奢也，寧儉。喪，與其易也，寧戚。」〔註10〕甚至一再以飲食之事來教導學生禮文的精神內涵存在於內心的真誠，如：

> 子游問孝。子曰：「今之孝者，是謂能養。至於犬馬，皆能有養，不敬，何以別乎？」（《論語・為政》）〔註11〕

> 子夏問孝。子曰：「色難。有事，弟子服其勞；有酒食，先生饌，曾是以為孝乎？」（《論語・為政》）〔註12〕

> 子食於有喪者之側，未嘗飽也。子於是日哭，則不歌。（《論語・述而》）〔註13〕

孔子固然重禮，然而若一旦面臨到非禮的情事，也會以不合飲食程序的無禮方式來排拒非禮的待遇，如《禮記・玉藻》記載：「孔子食於季氏，不辭，不食肉而飧。」〔註14〕，孔穎達正義說：「凡客將食興辭，而孔子『不辭』者，必是季氏進食不合禮也。不食肉而飧者，凡禮食先食殽，次食殽，乃至肩，至肩則飽，乃飧。孔子在季氏家食，不食肉而仍為飧者，是季氏饌，失禮故也。」〔註15〕按照當時的禮法，客人在吃飯前必須行推辭之禮，然後才可以坐下吃飯；開始吃飯後，則應當首先吃肉塊，然後依次吃其他食物，一直到吃飽。吃飽之後，再行「飧禮」，表示用餐結束。孔子在季氏家裡吃飯，既不行推辭之禮，也不按照次序吃，還沒有吃肉就行「飧禮」，這實際上是在用行動抵制季氏的失禮。又如《論語・陽貨》的記載：

> 陽貨欲見孔子，孔子不見，歸孔子豚。孔子時其亡也，而往拜之。……〔註16〕

〔註 9〕《論語・子罕》，頁 178。
〔註 10〕同上註，頁 62。
〔註 11〕《論語・為政》，頁 56。
〔註 12〕同上註。
〔註 13〕《論語・述而》，頁 95。
〔註 14〕《禮記・玉藻》，（漢）鄭玄注、（唐）孔穎達疏：《禮記正義》卷第三十，頁 566。
〔註 15〕同上註。
〔註 16〕《論語・陽貨》，頁 175。

陽貨是季氏家臣的兇惡者，亦是孔子心目中的亂臣賊子，陽貨爲了讓崇禮的
孔子自動前來拜見他，爲其所用，於是送給孔子一隻煮熟的小豬。孔子不願
和陽貨打交道，便利用陽貨不在時前往回禮……但若有人用熱忱的心意以
禮相待，儘管所招待的飯食粗鄙，孔子亦甘飫其食，如《禮記‧雜記下》的
記載：

> 孔子曰：「吾食于少施氏而飽，少施氏食我以禮也。吾祭作而辭
> 曰：『疏食不足祭也。』吾飧，作而辭曰：『疏食也，不敢以傷吾
> 子。』」〔註17〕

又如《說苑‧反質》的記載：

> 魯有儉者，瓦鬲煮食，食之而美，盛之土鉶之器，以進孔子。孔子
> 受之，歡然而悅，如受太牢之饋。弟子曰：「瓦甂，陋器也；煮食，
> 薄膳也。而先生何喜如此乎？」孔子曰：「吾聞好諫者思其君，食美
> 者念其親，吾非以饌爲厚也，以其食美而思我親也。」〔註18〕

孔子因爲感動於有人吃到好吃的東西想到他，所以懷抱著「如受太牢之饋」
的心情來品嚐這在世俗觀點來看顯然是粗陋不堪的飲食。上述這兩段引文也
說明了孔子在接受餽贈時，並非是以物之輕重爲輕重，而是看重其背後深重
的情意，這一點影響後世甚深，乃至後世司馬光在〈訓儉示康〉一文提出「會
數而禮勤，物薄而情厚」的訓示，其根源即是緣自孔子的教誨。

二、飲食與養生

　　從前述飲食與禮的分析，孔子的飲食觀乍看之下充滿許多條條框框的規
矩法度，但仔細檢視這些飲食規範，可發現其背後實有著相當豐富的養生保
健觀念。中國自古即有「人生七十古來稀」的俗諺，而在紛爭頻仍、物質與
醫療都不算完善的春秋時代，孔子享年七十三可謂高壽〔註19〕，不能不說與
其善於保養身體有著密切的關係。《論語‧鄉黨》保存了孔子相當完整的飲食
養生觀，茲分敘如下：

（一）飲食衛生的原則

　　所謂「病從口入」，爲了避免吃下不愼的飲食所導致的疾病，孔子明確提

〔註17〕《禮記‧雜記下》，《禮記正義》卷第四十三，頁755。
〔註18〕《說苑‧反質》，（漢）劉向：《說苑》（台灣：中華書局，1965年），頁9。
〔註19〕《史記‧孔子世家》，（漢）司馬遷、（宋）裴駰集解、（唐）司馬貞索隱、張
　　　　守節正義：《史記》（台北：藝文印書館，2005年），卷四十七，頁773。

出了對於不潔的飲食應該忌口，此即飲食衛生的原則，如「食饐而餲，魚餒而肉敗，不食。」飯餿掉了，魚肉腐爛了，這二者都對人體有害，故不吃。又如「祭於公，不宿肉。祭肉不出三日。出三日，不食之矣。」祭肉是容易腐敗的食品，因此要盡快食用，如參加國家祭典所分得的祭肉不過夜，即使是家祭的祭肉，也不應存放超過三天，超過三天便不再食用，因爲超過三天，肉就腐壞了。而即使食物沒有壞掉，但是顏色、氣味不對，也不該吃，如「色惡，不食。臭惡，不食。」此外「食不語」，吃東西的時候不該說話，應當專心飲食，除了避免唾沫橫飛的不雅觀瞻，也是基於飲食衛生的考量。此外又有「沽酒市脯，不食。」市場衛生條件不佳，因此食物多不乾淨，所以最好不吃從市場買來的酒和乾肉。

從以上幾點，可知孔子對於飲食之事的愼重，其追求飲食的新鮮與衛生的觀念，敬謹地揀擇每一入口的食物，正是保養身體健康的重要之道。

（二）烹調合宜的原則

選擇了符合衛生原則的食材，接著就要進行烹調。所謂的烹調，就是將洗滌、切割、調配好的烹飪原料熟製成饌餚的操作過程。其包含兩個主要內容：一個是烹，另一個是調。烹就是加熱，通過加熱的方法將烹飪原料製成饌餚；調就是調味，通過味道的調和，使得饌餚滋味可口。總之烹調合宜，即能製出兼具營養與美味的饌餚。

在烹飪的部分有「食不厭精，膾不厭細。」這一條向來有很多爭議，後人對其解釋往往有兩極截然不同的意涵〔註20〕，本文則傾向於孔子對於烹調之術的講究，意思是糧食要舂得越精細越好，魚肉要切得越細越好，筆者以爲這一點除了與孔子對眾多食禮與食器的考究，其背後重禮的精神是一致的外，另外還有養生保健的意涵，正如朱熹所解釋的：「食精則能養人，膾粗則能害人」〔註21〕。

其他尚有「失飪，不食。」意思是烹調過程不當，讓食物過生或過熟，

〔註20〕造成這相反兩極的意涵，主要是由對「厭」字的解釋不同所引起的爭議。若將「厭」字解釋爲厭棄者，就會有飲食但求精細的意思；但若將「厭」字解釋爲饜足者，則有飲食不以精細爲滿足的意涵。前者令人有孔子是講究刀工的美食家的觀感，後者令人有孔子是「飯疏食飲水」的道德家的形象。前者的說法是以朱熹《四書章句集註》爲代表；而後者的說法則以錢穆的《論語新解》爲主。

〔註21〕《論語‧鄉黨》，頁119。

不吃，因爲除了味道欠佳外，也會破壞食物的營養素。還有「割不正，不食。」孔子提過，吃肉必須講求符合禮制規定的刀工，否則寧可不食，事實上禮制的規範也反映了實際上的烹調須求，因爲每一種食物其切割處理的刀法各有不同，必須依照食材的性質、饌餚的種類與烹調方法而定，所以如果沒有適合的刀工，便會影響食物的烹調，進而影響到口感。

至於在調味的部分則有「不得其醬，不食。」《禮記》對每一種饌餚所搭配的調料都有一定的規定〔註22〕，調料的作用，除了能去除食材的異味，如各種肉食的腥羶臊味外，又能增加饌餚香氣，有一些調料還具有殺菌消毒的功能。此外，這種調味的原則，又關乎中國人對五味與養生保健的醫學認知，早在《黃帝內經》即有相關的論述，以辛、甘、酸、苦、鹹五味對應人體肝、心、脾、肺、腎五臟，若偏食一味，將造成五味不調和，則會對人體的臟腑造成損傷。因此孔子所強調的「不得其醬，不食。」不只關乎飲食嗜欲，實有調和五味以達養生的功效。

（三）飲食有節的原則

養生之道亦重在飲食有節，具體地說，就是要注意進食時間和飲食的量。就進食的時間而言，孔子提出「不時，不食。」意思是只要是不該進食的時間或者是不合時令的食物，就一概不吃，以免傷身。這是因爲人體乃是一符合宇宙大自然運行規律的有機體，身體要健康就必須依循四季運行的律則，因此飲食亦必須依天時而有所改變與調整，《禮記》與《周禮》中便記載了許多必須隨順季節變化的食養之道，如《禮記·月令》有：「仲秋之月……是月也，養衰老，授几杖，行糜粥飲食。」〔註23〕《周禮·天官·食醫》則有：「凡食齊眂春時，羹齊眂夏時，醬齊眂秋時，飲齊眂冬時。」〔註24〕

至於倡導在飲食之量的節制上，有「肉雖多，不使勝食氣。」錢穆先生在《論語新解》中解釋道：

> 食肉多於飯氣則傷人。古食禮，牛羊魚豕腸胃之肉皆盛于俎，醢醯
> 之醬調味者盛於豆，正饌之外又設加饌，肉品特多，黍稷稻粱則設

〔註22〕《禮記·內則》：「凡膾，春用蔥，秋用芥；豚，春用韭，秋用蓼；脂用蔥；膏用薤；三牲用藙；和用醯；獸用梅。」《禮記正義》卷第二十八，頁529。

〔註23〕《禮記·月令》，《禮記正義》卷第十六，頁324～325。

〔註24〕《周禮·天官·食醫》，（漢）鄭玄注、（唐）賈公彥疏：《周禮注疏》，《十三經注疏本》第三冊（臺北：藝文印書館，1977年），頁72。

於簋，進食不宜偏勝。〔註25〕

由錢穆先生的解釋可知，「肉雖多」一詞指的是祭祀時肉品豐盛的情況，而非一般農家的日常飲食。在平常肉食較少的情況下，偶然因祭祀的豐盛便可能造成暴飲暴食的情形，孔子在此特別提示，切莫讓肉食超過主食的分量，以免傷身。此外還有「惟酒無量，不及亂」，飲酒雖說是交際應酬中溝通人我之所必須，但是必須依自己的酒量適度飲用，以有醉意為節度，切忌酒後亂性。

此外，即使是對身體具有良好保健功效的食品也不能過度食用，如「不撤薑食，不多食。」所謂的「不撤薑食」，朱熹解釋：「薑通神明，去穢惡，故不撤。」〔註26〕錢穆先生則說：「撤，去義。食事既畢，諸食皆撤，而薑之在豆者獨留，因薑有辛味而不熏可以卻倦，故不撤。今飯後進茶或咖啡，古昔無之，故獨留薑。」〔註27〕薑因為具有去穢惡與提神醒腦的功效，因此即使進餐完畢亦不撤除，換句話說，孔子食薑不僅限於正餐，正餐之餘亦會特別將薑留下來，這是對薑之食療的肯定。影響所及，後世對服薑養生推崇備至，如蘇軾有〈憲宗薑茶湯〉〔註28〕、〈服生薑法〉〔註29〕二文，南宋林洪在其《山家清事》對山居人家提出每日一早必須嚼食帶皮生薑的建議，或飲用薑湯，以作為每天養生必備的「山備」〔註30〕。但即使薑具備良好的藥理功能，孔子仍強調「不多食」，原因就在於物極必反，正如清代學者劉寶楠在《論語正義》中所說：「薑辛辣，多食，生內熱之疾，故不多食」。〔註31〕換句話說，再好的食物也必須適可而止，才能對人體產生最好的療效，從孔子的食薑說，可看出其飲食有節的養生思想。

三、飲食與修養

在孔子對後世的深遠影響中，最重要的一點即是在教導人們成為一個具

〔註25〕錢穆：《論語新解》（台北：三民書局，1978年），頁355。
〔註26〕《論語·鄉黨》，頁120。
〔註27〕錢穆：《論語新解》（台北：三民書局，1978年），頁356。
〔註28〕這一則是記載唐憲宗時代所流傳下來的治療泄痢腹痛的方子，並提到文彥博也曾罹患此疾，百藥無效，後得此方才得癒。見《全宋文·蘇軾》卷一九八○，頁177。
〔註29〕這一則是記載蘇軾游錢塘淨慈寺，由一位年過八十餘的山僧處所得的醫方，其自言服生薑四十年，故不老云。見《全宋文·蘇軾》卷一九八○，頁179。
〔註30〕（宋）林洪：《山家清事》（北京：中華書局，1991年），頁2。
〔註31〕（清）劉寶楠：《論語正義》，收於《續修四庫全書》冊156（上海：上海古籍出版社，1995年），頁148。

有道德品格的君子。正如「子在齊聞《韶》，三月不知肉味。曰：『不圖爲樂之至於斯也！』」〔註32〕一章所描述的，孔子認爲生命除了感官上的享樂與利害得失之外，還有一個更高、更美好的價值值得人們去追求，此即成德的理想。

在《論語》一書，孔子對於君子人格的培養提出了一套完備的修養理論，並經常拿來與小人的行徑作一番對照，如「君子懷德，小人懷土；君子懷刑，小人懷惠」〔註33〕、「君子喻於義，小人喻於利」〔註34〕等。君子與小人，原是指統治者與被統治者，到了孔子，則將此一意涵做了一番轉化，認爲君子是致力於道德修養的人，是道德人格的體現；而小人則是隨順生命本能的逐利遂欲之徒。

爲了將生命引向更高的價值位階，孔子一再教導士君子透過精神上的修持來節制嗜欲，特別是關乎「食、色」方面的欲望，正因爲「食、色」是本性中最強大的衝動，若是隨順之，便會讓生命受到欲望的牽引，墮入無止盡的物欲之流，除了戕害身心，更會產生諸多違法亂紀之事。對此，孔子有相當多的修養論述，在飲食方面有：

> 君子食無求飽，居無求安，敏於事而慎於言，就有道而正焉，可謂好學也已。（《論語・學而》）〔註35〕

> 君子無終食之間違仁，造次必於是，顛沛必於是。（《論語・里仁》）〔註36〕

> 士志於道而恥惡衣惡食者，未足與議也。（《論語・里仁》）〔註37〕

> 飯疏食飲水，曲肱而枕之，樂亦在其中矣。（《論語・述而》）〔註38〕

> 飽食終日無所用心，難矣哉！不有博奕者乎，爲之猶賢乎已！（《論語・陽貨》）〔註39〕

〔註32〕《論語・述而》，頁96。
〔註33〕《論語・里仁》，頁71。
〔註34〕《論語・里仁》，頁73。
〔註35〕《論語・學而》，頁52。
〔註36〕《論語・里仁》，頁70。
〔註37〕《論語・里仁》，頁71。
〔註38〕《論語・述而》，頁97。
〔註39〕《論語・陽貨》，頁181。

君子謀道不謀食。(《論語·衛靈公》)〔註40〕

從上述諸多引言可知,飲食對於一個求道者而言,明顯是修養所要對治與超克的對象。對於一個致力於自身品格完善的士君子而言,他不以本能的趨力為生命的主宰,也不以嗜欲的滿足為生存之目的。孔子話說得很明白,「君子謀道不謀食」,相反地他必須時時刻刻以仁為念,無論處在什麼狀態,哪怕是吃一頓飯的時間,還是在倉皇不安的時刻。若說一個立志於士道的讀書人,卻把吃飽穿暖當作首要之務,那就不值一提了;相反地,一個有心求道的士君子,吃的儘管是粗茶淡飯,過的即使是窮困不堪的生活,也能樂在其中。最切忌的是整天吃得飽飽的,意識卻沒有焦點,凡事都不用心,那麼就連市井的博奕之徒都比不上了。總而言之,在孔子的學說裡,食與道對舉,所象徵的是兩套截然不同的價值意識,謀道與謀食各自在德行與本能的引導之下,也就產生了不同的飲食態度、人格類型與生命境界,茲將孔子對飲食與修養的觀點表述如下:

	依循德行	依循本能
價值意識	謀道	謀食
飲食態度	食無求飽	飽食終日
人格類型	君子	小人
生命境界	上達	下達

孔子曾經一再提及:「吾未見好德,如好色者」〔註41〕,後世的孟子也一再期許人們以喜愛美食的嗜欲來樂好義理〔註42〕,足見孔孟聖賢對本能欲望之對人性強力牽引的深刻認知。但也因為如此,才更加顯得修養的意義與重要性來。孔子曾經厄於陳蔡,在陳國斷了糧食,隨從的人都餓得病倒了,子路氣憤的說:「君子亦有窮乎?」孔子回答:「君子固窮,小人窮斯濫矣!」〔註43〕能夠讓君子在困窘的時局依然守得住節操、不因此失格的,所仰賴的也無非

〔註40〕《論語·衛靈公》,頁167。
〔註41〕在《論語》的記載中,孔子曾兩次說到「吾未見好德如好色者也!」,分別是在〈子罕〉篇與〈衛靈公〉篇,(宋) 朱熹:《四書章句集註》,頁114、164。
〔註42〕如《孟子·告子上》:「禮義之悅我心,猶芻豢之悅我口」,(宋) 朱熹:《四書章句集註》,頁330。
〔註43〕《論語·衛靈公》,頁161。

是那平日「克己復禮」的修養功夫，這也就是那一位生前並無顯著功績，卻最深得孔子嘉許的弟子顏回之過人的所在，其以「一簞食，一瓢飲，在陋巷，人不堪其憂」〔註44〕卻不改其樂的行徑形塑了一安貧樂道的君子楷模，並對後世儒者產生了典範的作用。

若將孔子食禮中的若干條文與其修養論合而觀之，可發現一些耐人尋思的地方，前已論及《論語・鄉黨》篇對於各種飲食的禮儀，規範得十分嚴謹與詳盡，特別是「食不厭精，膾不厭細。……色惡，不食。割不正，不食。不得其醬，不食。肉雖多，不使勝食氣……」更予人有貴族飲食的氣派，相較於修養論中一再強調的「疏食」、「惡食」、「食無求飽」、「不謀食」等貧士飲食，實形成一強烈的對比。在此必須提出的是，前者之在飲食上的考究，並非與口腹嗜欲有關，實與宗廟祭祀有關，而宗廟祭祀又與孔子恢復周文的用心有關；孔子正因為傾盡全力保存周禮，故對各項禮制備極考究，其用心正是「惡紫之奪朱也，惡鄭聲之亂雅樂也，惡利口之覆邦家者」〔註45〕，故實不宜與士君子的修養混為一談。至於孔子其他與養生有關的飲食觀，則因其平實易行，因此早就渾化入一般人的思想與意識當中。

貳、孟子飲食觀

孔子之後，繼起的孟子（前372～前289），因其談論到飲食的地方特別多，又經常以飲食論政與士君子的修養，因此雖說孟子無心於飲食之道，但其言論對後世的影響非常深遠，特別是修養論的部分，更是深入到一般讀書人的意識心田，以下即將孟子飲食觀分述如下。

一、王者以食養民

自古王者以食養民，政治上的美惡，經常是反映在老百姓的日用飲食之上，百姓能否溫飽，可謂是歷來治亂興衰最重要的指標。查諸典籍，以飲食養民之說俯拾盡是，如《尚書・洪範》載有八政：「一曰食，二曰貨，三曰祀，四曰司空，五曰司徒，六曰司寇，七曰賓，八曰師。」〔註46〕其中以飲食為第一。《禮記・王制》對八政的規定為：「飲食、衣服、事為、異別、度、

〔註44〕《論語・雍也》，頁87。

〔註45〕《論語・陽貨》，頁180。

〔註46〕《尚書・洪範》，（漢）孔安國傳、（唐）孔穎達正義、（清）阮元校勘：《尚書正義》（台北：藝文印書館，1977年），卷第十二，頁171。

量、數、制」〔註47〕同樣是將飲食冠居首位。儒家正是繼承了這種王者以食養民的政治思想，在《孟子》一書中，孟子反覆宣說王者施行仁政之道，就是要創造一個讓百姓可以安居樂業、衣食無虞的生存環境，如其見梁惠王所說的話：

> 不違農時，穀不可勝食也；數罟不入洿池，魚鱉不可勝食也；斧斤以時入山林，材木不可勝用也。穀與魚鱉不可勝食，材木不可勝用，是使民養生喪死無憾也。養生喪死無憾，王道之始也。五畝之宅，樹之以桑，五十者可以衣帛矣；雞豚狗彘之畜，無失其時，七十者可以食肉矣；百畝之田，勿奪其時，數口之家，可以無飢矣。謹庠序之教，申之以孝悌之義，頒白者不負戴於道路矣。七十者衣帛食肉，黎民不飢不寒，然而不王者，未之有也。〔註48〕

執政者必須自我節制欲望、少賦寡斂、不違農時，不過分耗竭資源，才能讓百姓飲食充足，養生送死無憾，滿足最基本也最重要的需求，那麼百姓自然會如同水之就下，沛然莫之能禦地前往歸附。孟子辯才無礙，然而上述這段話竟然重複說了三次，足見其重要性。其在見到齊宣王時又說了一遍〔註49〕，而在歌頌文王善養老時，又說了一遍：

> 五畝之宅，樹牆下以桑，匹婦蠶之，則老者足以衣帛矣。五母雞，二母彘，無失其時，老者足以無失肉矣。百畝之田，匹夫耕之，八口之家，足以無飢矣。所謂西伯善養老者，制其田里，教之樹畜，導其妻子，使養其老。五十非帛不煖，七十非肉不飽；不煖不飽，謂之凍餒。文王之民，無凍餒之老者，此之謂也。〔註50〕

從上述這幾段引文，可發現對廣大農業社會底層的百姓而言，肉食是相當缺乏的，因此唯有高齡的長者才配享用肉食的資格，而能在七十歲吃到肉，亦堪稱是孟子心目中的王政了。由於飲食就是百姓的生存之道，因此孟子說：

> 無恆產而有恆心者，惟士為能。若民，則無恆產，因無恆心。苟無

〔註47〕《禮記‧王制》，（漢）鄭玄注、（唐）孔穎達疏：《禮記注疏》（台北：藝文印書館，1977 年），卷第十三，頁 256。

〔註48〕《孟子‧梁惠王上》，（宋）朱熹：《四書章句集註》，頁 203～204。

〔註49〕此處孟子對齊宣王所說的話，幾乎等同於對梁惠王所說的話，茲不重複，僅將幾個小差異列出，如「數口」→「八口」、「七十者」→「老者」。同上註，頁 212。

〔註50〕《孟子‧盡心上》，頁 355。

> 恆心，放辟邪侈，無不爲已。及陷於罪，然後從而刑之，是罔民
> 也……是故明君制民之產，必使仰足以事父母，俯足以畜妻子，樂
> 歲終身飽，凶年免於死亡。然後驅而之善，民之從之也輕。〔註51〕

要治理與教化百姓，不能陳義太高，必須要讓百姓有一可以滿足基本生活需求的產業，上可奉養父母，下可畜養妻子，豐收的時候吃得飽，歉收的時候也不至於餓死，如此再來談及教化，才有施行的可能性，否則種種鋌而走險之事將會層出不窮。這也就是輔佐齊桓公成就春秋霸主的管仲所說的：「王者以民爲天，民以食爲天，能知天之天者，斯可矣。」〔註52〕

至於評述政治上的美惡，孟子亦經常從飲食方面來加以立論，如「庖有肥肉，廄有肥馬，民有饑色，野有餓莩，此率獸而食人也。」〔註53〕即是對虐政欺民的批評，又如「師行而糧食；飢者弗食，勞者弗息；睊睊胥讒，民乃作慝，方命虐民，飲食若流；流連荒亡，爲諸侯憂。」〔註54〕即是對君王出巡，壓榨民脂民膏，勞民傷財所作的控訴；至於救民於水火的君王，則會受到百姓「簞食壺漿以迎王師」〔註55〕的熱烈擁戴，又如「民之憔悴於虐政，未有甚於此時者也。飢者易爲食，渴者易爲飲……當今之時，萬乘之國，行仁政，民之悅之，猶解倒懸也。」〔註56〕則以飢者渴者之對飲食的迫切渴求，比喻久經苛政的百姓之對德政的殷殷期盼之情。

二、士君子的修養

相較於王者養民之道在於使百姓衣食溫飽，對文人士大夫而言，君子成德的理想與士道的價值則是遠遠超過口腹之欲的滿足。孔子對於士君子的修養，雖已標舉出君子與小人之不同價值的抉擇，如「君子食無求飽」、「君子謀道不謀食」、「士志於道，而恥惡衣惡食者，未足與議也」，到了孟子，由於身處更加混亂與爭戰不休的戰國時代，聖人之道益加湮沒不顯，爲了撥亂反正，樹立眞理，孟子對於士道的修養更加地著力、對士道的價值也析辨得更

〔註51〕《孟子·梁惠王上》，頁 211。
〔註52〕見《史記·酈食其傳》。（漢）司馬遷撰、（宋）裴駰集解、（唐）司馬貞索隱、（唐）張守節正義：《史記》（台北：藝文印書館，2005 年），卷九十七，列傳第三十七，頁 1096。
〔註53〕此段話在《孟子》一書共出現兩次，分別是〈梁惠王上〉與〈滕文公下〉，頁 205、272。
〔註54〕《孟子·梁惠王下》，頁 217。
〔註55〕《孟子·梁惠王下》，頁 212。
〔註56〕《孟子·公孫丑上》，頁 228。

加嚴格，其反映在飲食上的思維有如下數端，茲分述之。

（一）以飲食比喻德性

孟子在論及德性時，經常以飲食爲喻並進行相關的類比。如著名的「魚與熊掌不可得兼」的例子〔註 57〕，孟子即是將兩種不同的價值，各自以不同的食物作爲類比，以「魚」象徵生的本能原則，以飲食中的珍品「熊掌」象徵義的德性原則，二者雖同爲我所好，但一旦二者無法得兼，則以熊掌的價值高過魚，做出了舍魚而取熊掌，舍生而取義的抉擇，以此凸顯德行的原則高過求生的本能原則。

而爲了強調人作爲一種德行價值的存在，孟子亦以飲食的情境來講羞惡之心，如：

> 一簞食，一豆羹，得之則生，弗得則死。嘑爾而與之，行道之人弗
> 受；蹴爾而與之，乞人不屑也。〔註 58〕

這個例子正是藉著關乎人生死存亡之際的飲食，以人面對這種飲食的態度來逼顯人的尊嚴與價值。孟子說一個人即使餓得半死，但如果必須以一種無禮、甚至受辱的方式才能得到飲食，則寧可拒食，換句話說，這種以拒食來對抗生之本能的行徑正明證了人作爲一種德行價值的存在。

孟子並將人對飲食的喜好，同對義理的喜好作一番類比，如：

> 口之於味，有同耆也。易牙先得我口之所耆者也。如使口之於味也，
> 其性與人殊，若犬馬之與我不同類也，則天下何耆皆從易牙之於味
> 也？至於味，天下期於易牙，是天下之口相似也。……至於心，獨
> 無所同然乎？心之所同然者何也？謂理也，義也。聖人先得我心之
> 所同然耳。故禮義之悅我心，猶芻豢之悅我口。〔註 59〕

孟子以各種感官爲喻，認爲天下人所喜歡的東西都差不多，以口味而言，大家都喜歡吃易牙所烹調的美味，認爲易牙也不過就是比一般人先一步得到口味嗜好之人。以此進一步推論，人的內心也差不多，同樣都具備理與義，所謂的聖人也不過是比一般人先得到眾心之所同具的美德，所以孟子期望人對禮義追求的動力能如對飲食的渴望一般。孟子由眾人對飲食的共同嗜好之理來推演義理的普遍性，由此也產生了儒家的正味觀。

〔註 57〕《孟子·告子上》，頁 332。
〔註 58〕同上註，頁 333。
〔註 59〕同上註，頁 330。

孟子亦以口腹飢渴之理來談蠹害人心之道，如：

　　飢者甘食，渴者甘飲，是未得飲食之正也，飢渴害之也。豈惟口腹
　　有飢渴之害？人心亦皆有害。人能無以飢渴之害爲心害，則不及人
　　不爲憂矣。〔註60〕

人餓了什麼都好吃，渴了什麼都好喝，孟子說這種飢不擇食會殘害一個人的知覺，讓他得不到正常的飲食之味，這是因爲他被自身的飢渴本能驅使所致。飢渴會殘害一個人的口腹，正如貧賤也會殘害一個人的心性一樣，孟學的功夫論正是於此深有認識而著力甚深。

　　此外，在與告子著名的義內義外之辯，孟子亦以飲食爲喻。告子認爲人自然而然會去愛跟自己有血緣關係的弟弟，而不會去愛一個跟自己沒有關係的秦國人的弟弟，所以仁愛是發自內心的眞誠；至於尊敬長者，乃至於楚國人的長者，是因爲對方年紀大了才去尊敬他，這種敬長之意，顯然就是來自外在的義理了，孟子則回答：

　　耆秦人之炙，無以異於耆吾炙。夫物則亦有然者也。然則耆炙亦有
　　外與？〔註61〕

孟子表明這種尊敬長者之心也是出自於內在的道德自覺，就像喜歡吃烤肉的嗜好，並不會因烤肉是秦國人做的還是自己做的，就有什麼不同。

　　孟子又勉人實踐道德貴在貫徹始終，亦是以食物爲喻，其云：「五穀者，種之美者也；苟爲不熟，不如荑稗。夫仁亦在乎熟之而已矣。」〔註62〕孟子說仁德就像五穀，是所有種子中最好的，可是假使不成熟，那還不如成熟的荑稗有用，朱熹加以闡釋說：「是以爲仁必貴乎熟，而不可徒恃其種之美，又不可以仁之難熟，而甘爲他道之有成也」〔註63〕。而對於上古時代的飲食記載，孟子亦不遺餘力地進行道德性的轉化，如稱讚禹「惡旨酒，而好善言」〔註64〕；又如駁斥伊尹以割烹要湯的傳說，認爲伊尹是經由堯舜之道要湯，便是將伊尹提到古聖先賢的道德層次來加以表彰〔註65〕；至於《詩經》大、小雅中諸多酣暢盡興的宴饗詩作，孟子更是將之與道德比附在一起，如在

〔註60〕《孟子・盡心上》，頁357。
〔註61〕《孟子・告子上》，頁327。
〔註62〕《孟子・告子上》，頁336。
〔註63〕同上註，頁337。
〔註64〕《孟子・離婁下》，頁294。
〔註65〕《孟子・萬章上》，頁309～311。

〈告子〉篇說：「詩云：『既醉以酒，既飽以德』言飽乎仁義也，所以不願人
之膏粱之味也。」〔註66〕就是把《詩經・大雅・既醉》中原本酒足飯飽、感
謝主人飲食招待的言論，提升至士君子的道德修養的層次。

（二）大體與小體之辨

當孟子孜孜矻矻不斷在宣說以食養民的王者之政時，一方面又不斷標舉
士道的內涵、修養與價值，其在〈滕文公上〉說：

> 后稷教民稼穡，樹藝五穀，五穀熟而民人育，人之有道也。飽食、
> 煖衣、逸居而無教，則近於禽獸。聖人有憂之，使契爲司徒，教以
> 人倫：父子有親、君臣有義、夫婦有別、長幼有序，朋友有信。
> 〔註67〕

孟子認爲吃飽穿暖固然重要，卻僅僅只是生物本能、禽獸等級之事，一個儒
者的心志應該是放在人倫教化的工作之上。特別在亂世裡，儒者作爲一個
「正人心、息邪說、距詖行，放邪辭」〔註68〕的理想把持者，更是必須對道
德價值有所自覺，此即所謂的「人禽之辨」，孟子說：「人之所以異於禽獸者
幾希，庶民去之，君子存之。」〔註69〕又說「無恆產而有恆心者，惟士爲能。」
〔註70〕體現在飲食之事上，則有所謂的養大體與養小體之辨：

> 體有貴賤，有小大。無以小害大，無以賤害貴。養其小者爲小人，
> 養其大者爲大人。……飲食之人，則人賤之矣，爲其養小以失大
> 也。〔註71〕

回答學生公都子的詢問，孟子也做了更進一步的解釋與析辨：

> 從其大體爲大人，從其小體爲小人。……耳目之官不思，而蔽於物，
> 物交物，則引之而已矣。心之官則思，思則得之，不思則不得也。
> 此天之所與我者，先立乎其大者，則其小者不能奪也。此爲大人而
> 已矣。〔註72〕

從先前所提到的孟子諸多與飲食類比的論述方式，可以知道，孟子其實並不

〔註66〕《孟子・告子上》，頁336。
〔註67〕《孟子・滕文公上》，頁259。
〔註68〕《孟子・滕文公下》，頁273。
〔註69〕《孟子・離婁下》，頁293。
〔註70〕《孟子・梁惠王上》，頁211。
〔註71〕同上註，頁334～335。
〔註72〕同上註，頁335。

否認耳目五官之自然實存的本能欲望，只是此一人禽同然的生物本能並不能凸顯人之所以爲人、人之所以「異於禽獸者」的價值判準，也因此孟子總是不厭其煩地再三論證貴賤之別，耳提面命地要求人切莫爲了追求賤而小的口腹嗜欲，而妨害了貴而大的心志理想，並提出只養小的口腹就是小人，養大的心志就是大人。孟子之所以嚴厲批評那些專注飲食之人，是認爲他們縱情恣欲，因而失去了遠大的心志，並認爲耳目五官的官能不會思考，容易受到外物的引誘而迷失；而心會思考，能因此得到善性，所以人必須先立定大體的道德本心，小體的耳目才不致篡奪心的主體地位，才能成爲所謂的「大人」。換句話說，養心與嗜欲是必然的對立，而爲了不讓耳目五官的小體情欲奪走人的道德本心，再沒有比降低物質欲望更好的修養功夫了，孟子在〈盡心〉篇如是說：

> 養心莫善於寡欲。其爲人也寡欲，雖有不存焉者，寡矣。其爲人也
> 多欲，雖有存焉者，寡矣。〔註73〕

此外，爲了突破口腹嗜欲之自然本性的限制與彰顯道德理性的無限意義，孟子對於性與命有如下的觀點：

> 口之於味也，目之於色也，耳之於聲也，鼻之於臭也，四肢之於安
> 佚也，性也，有命焉，君子不謂性也。

> 仁之於父子也，義之於君臣也，禮之於賓主也，智之於賢者也，聖
> 人之於天道也，命也，有性焉，君子不謂命也。〔註74〕

牟宗三先生將這一段話名之爲「性命對揚」〔註75〕，指的是內在於人之中的兩種性與外在客觀環境限制下（命限）所產生的對應態度。在第一種狀況，指人雖有感官嗜欲之自然實存的本性，然而君子卻不於此說性，而是著重在現實際遇的限制，因爲於此說性，並不能突顯人身爲道德主體的價值性，唯一的後果也不過是助長人縱欲敗度的傾向，因此，君子在此重命不重性；第二種狀況，是指透過德性自覺所產生的仁義理智的道德理性，雖然說在現實環境也有種種限制，妨礙其徹底實踐的地方，但是在這當中卻有性分所應當盡之處，不能藉口說因爲有外在客觀的限制，便不去充盡本性中所具有的力求完善一切的道德本心，因此君子在此方面，不重在命，而重在說性之不容

〔註73〕《孟子‧盡心下》，頁374。
〔註74〕同上註，頁369。
〔註75〕牟宗三：《圓善論》（台北：臺灣學生書局，1996年），頁151。

已的自發要求。

　　正因為孟子一再強調嗜欲對於德行的傷害，並有諸多如義利之辨、人禽之辨、大體小體之辨、性命對揚等價值抉擇的命題，以致飲食對文人而言遂成為一種欲望的表徵，是修養功夫中所要對治與超克的對象。相反地，少飲食卻被視為少嗜欲的節操，是士大夫用以表徵自我淡泊名利的德行隱喻，自此崇尚飲食的清簡也就成了道德修養中重要的一環，並對後世數千年的士大夫飲食產生莫大的影響。

（三）君子遠庖廚

　　說到孟子的飲食觀，影響後世最深遠的莫過於「君子遠庖廚」一語，就字面上的意思是說：君子應該遠離宰殺的廚房。惟後人斷章取義，望文生義，加以年深月久，乃以訛傳訛，遂成了戲稱男子不宜進廚房的藉口。事實上孟子最初的原意，乃是對齊宣王的循循善誘之語，原文如下：

　　　　（孟子）曰：「臣聞之胡齕曰，王坐於堂上，有牽牛而過堂下者，王見之，曰：『牛何之？』對曰：『將以釁鐘。』王曰：『舍之！吾不忍其觳觫，若無罪而就死地。』對曰：『然則廢釁鐘與？』曰：『何可廢也？以羊易之！』不識有諸？」

　　　　（齊宣王）曰：「有之。」

　　　　曰：「是心足以王矣。百姓皆以王為愛也，臣固知王之不忍也。」

　　　　王曰：「然。誠有百姓者。齊國雖褊小，吾何愛一牛？即不忍其觳觫，若無罪而就死地，故以羊易之也。」

　　　　曰：「王無異于百姓之以王為愛也。以小易大，彼惡知之？王若隱其無罪而就死地，則牛羊何擇焉？」

　　　　王笑曰：「是誠何心哉？我非愛其財，而易之以羊也，宜乎百姓之謂我愛也！」

　　　　曰：「無傷也，是乃仁術也，見牛未見羊也。君子之於禽獸也，見其生，不忍見其死；聞其聲，不忍食其肉。是以君子遠庖廚也。」
　　　　〔註76〕

一開始齊宣王希望孟子能為他講述齊桓、晉文的稱霸之道，然而孟子卻為其講述以仁義治理天下的王道。孟子為了期勉齊宣王王天下的仁志，於是述及齊宣王有一回目睹牛將被殺，以牛易羊的仁心；接著又對宣王易羊的行為有

〔註76〕《孟子・梁惠王上》，頁207～208。

相當的善解，認為一般百姓所非議的「見牛未見羊」，實是仁術的流露，因為見與未見取決了仁心的有無，見到則有所感，沒有見到則無所感，有所感則有仁心，無所感則無仁心；最後孟子為了強化齊宣王的善念，提出了著名的「君子之於禽獸也，見其生，不忍見其死；聞其聲，不忍食其肉。是以君子遠庖廚也。」這段話指出君子的仁心亦是以「感」作為出發點，對於禽獸，因為有所親見親聞，故產生不忍見其死、食其肉的惻隱之心，甚至遠離了宰殺牲畜的廚房。換句話說，所謂的「君子遠庖廚」，即是一種不忍殺生的仁德之心。孟子正是以此為基點來勉勵齊宣王推擴其不忍人之心，以施行不忍人之政。

這句話事實上在更早之前的《禮記・玉藻》就有記載：

> 君無故不殺牛，大夫無故不殺羊，士無故不殺犬豕，君子遠庖廚，
> 凡有血氣之類弗身踐也。〔註77〕

這段話除了顯示禮制的規範與儉約的重要性外，更是強調仁愛的重要性，踐德修道的君子必須要遠離宰殺動物的廚房，對於有血氣的東西更是切忌親手碰觸。一直到漢代，賈誼在《新書・禮篇》中還引述孟子的話說：

> 聖王之於禽獸也，見其生，不忍見其死，聞其聲，不嘗其肉，隱弗
> 忍也。故遠庖廚，仁之至也。〔註78〕

換句話說，「君子遠庖廚」在先秦兩漢時代原是被當作仁德修養的內涵來加以提倡的。然而發展到後世，卻產生了一些變化，一是隨著後人不求甚解的望文生義，這一句話遂逐漸被扭曲，成為眼不見為淨的虛偽作為；二是由於孟子教人養其大體，用心於人倫教化，飲食之事遂被鄙薄為感官嗜欲的小體之事，所謂形體肉軀的天性之事，也惟有聖人「可以踐行」〔註79〕。影響所及，造就了歷來的士君子以遠離庖廚，作為輕飲食、少嗜欲的德行表徵。

第二節　道家飲食觀

在豐富而多元的中國傳統文化中，道家思想和儒家思想是最主要的兩極，亦形成了鮮明的對立與互補，正因為二者具有相輔相成的成效，故能相

〔註77〕《禮記・玉藻》，（漢）鄭玄注、（唐）孔穎達疏：《禮記注疏》（台北：藝文印書館，1977年），卷第二十九，頁546。

〔註78〕（漢）賈誼：《新書・禮》卷六（台灣：中華書局，1965年），頁3。

〔註79〕《孟子・盡心上》，頁360。

互調節，給予中國傳統文化以深刻的影響。雖同樣處身禮崩樂壞的東周末期，道家面對世界的種種失序，卻不若其他諸子的積極性作爲，而是以清明的智慧來洞悉文明的惡果，以復歸自然來消弭文明的種種異化，其反映在飲食觀上，便具有一種反璞歸眞的傾向，並對後世的文人飲食觀產生莫大的影響。

壹、老子飲食觀

一、味無味

中國自古以來，在感官意識方面，致力追求一種「和」的境地，認爲聲音要調和、飲食要調和，當所有感官都能調和至一個和諧的狀態時，人心也就跟著穩定與清明，更進而達到政通人和的境地。反映在飲食上，體現的便是追求五味調和的境界，正如《左傳・昭公二十年》所云：「和如羹焉。水、火、醯、醢、鹽梅以烹，魚肉燀之以薪，宰夫和之，齊之以味，濟其不及，以泄其過。君子食之，以平其心，君臣亦然。」〔註80〕由此可知，先秦時代對飲食的高度重視，甚至將其與政治關連起來，並形成以食喻政的傳統。正如謝清果所說：「五味在先秦時代不僅僅是個飲食的口味問題，而且是從安身立命、治國安邦等高度進行審視，可謂形成一種飲食文化觀念。」〔註81〕

老子（約前571～前471）的飲食觀，雖不脫以食喻政的傳統，卻明顯逆反傳統五味調和的思維，而標舉「無味」與「淡味」的價值，如：

> 爲無爲，事無事，味無味。（第六十三章）〔註82〕

> 道之出口，淡乎其無味。（第三十五章）〔註83〕

「無味」明顯是與紛繁的「五味」對舉的，而且與「無爲」、「無事」是承襲相同的思維而來，足見老子對於有爲的「調和」抱持否定與批判的態度。之所以產生如此的思維，則是與道家看待文明的觀點有關。道家與其他諸子百

〔註80〕（春秋）左秋明撰、（晉）杜預注、（唐）孔穎達正義：《春秋左傳正義》（臺北：藝文印書館，1977年），卷第四十九，頁858。

〔註81〕謝清果：〈老子"味無味"的飲食養生智慧芻議〉，《唐山師範學院學報》第33卷第3期（2011年5月），上網日期：2012年8月15日，網址：http://www.91yuedu.com/magforart/article.aspx?iid=84869&dayctgrid=10990。

〔註82〕（春秋）老子撰、（晉）王弼：《老子注》（台北：金楓出版社，1987年），頁203。

〔註83〕《老子注》，頁112。

家雖然同樣出於王官之學，對治民與養民之道特別的關注，然不同於孔子之倡言恢復周文，也不同於其他諸子的積極作爲，老子對於僵化的禮制所造成的文明惡果有更多的反思，進而對其提出嚴厲的批判：

> 上德無爲而無以爲，下德爲之而有以爲。上仁爲之而無以爲，上義爲之而有以爲。上禮爲之而莫之應，則攘臂而扔之。故失道而後德，失德而後仁，失仁而後義，失義而後禮。夫禮者，忠信之薄，而亂之首。（第三十八章）〔註84〕

若說「禮」的出現是「忠信之薄，而亂之首」，是喪失道、德、仁、義之後的表現，那麼反映在飲食上，豈不正是失味而後調？正因爲失去食物原本的滋味，才需要用過多的調料來加以調味？老子指出解除紛爭之道，在於不妄爲，唯有讓萬物回復到道的本原才是安立人間秩序的根本。那麼反映在飲食上，自然就必須回歸到味道之始，也就是尚未調味之前的食材的原始滋味，而唯有懂得品味這種無味之味的人，才是眞正的知味者，也才是眞正的體道者。

至於那形上無限的道體，老子在書中一再用「恍兮惚兮」、「窈兮冥兮」、「寂兮寥兮」〔註85〕等超越感官的語詞來形容其精深與幽微，作爲體道的聖人，自然不能以粗鈍的感官與情識來加以交接與認知，而必須透過「致虛守靜」〔註86〕的功夫，使心靈超越現實，方可呈現無限心的妙用，那自然不是「享太牢」、「春登臺」之沉醉在感官欲樂的熙熙眾人〔註87〕所可理解。因此在體道的思維下，老子的飲食觀，自然就展現出返樸歸眞，淡乎其無味的精神。

《漢書・藝文志》云：「道家者流，蓋出於史官。歷記成敗存亡禍福古今之道。」〔註88〕老子從歷史的角度考察前代滅亡的因由，深明感官的追求是一條讓人心陷溺於無止盡追逐的覆亡路程，此即文明對人心的異化，故曰：「五色令人目盲，五音令人耳聾，五味令人口爽，馳騁田獵，令人心發狂。」〔註89〕因此聖人逆反這種往外馳驅的心，透過返樸歸眞的修持，以直觀的心

〔註84〕《老子注》，頁 118。
〔註85〕《老子・第二十一章》，頁 69〜70。
〔註86〕《老子・第十六章》，頁 49。
〔註87〕《老子・第二十章》：「眾人熙熙，如享太牢，如春登臺。」頁 63。
〔註88〕《漢書・本志・藝文志》，（漢）班固撰、（唐）顏師古注、（清）王先謙補注：《漢書補注二》（臺北：藝文印書館，1996 年），卷三十，頁 892。
〔註89〕《老子注・第十二章》，頁 40。

靈去領略渾沌未化的形上根源，從「無味」之中去體悟那孕藏一切又莫知其所以的道體。此一味無味——寄至味於淡泊的體道觀，深深影響了南宋文人的飲食品鑑，使得飲食不只是果腹充饑或口腹嗜欲之事，一躍成為具有超脫塵俗的審美清趣。從諸多南宋文人的吟詠，如「豈知有至味，澹然嚌道眞？」〔註90〕、「當知至味本無味」〔註91〕、「齋盂細細參，至味無鹽醯」〔註92〕，可知此一思想影響深遠的程度。

二、為腹不為目

落實在具體的治國之道上，老子亦以飲食為喻，提出「治大國若烹小鮮。」〔註93〕河上公注解：「鮮，魚也。烹小魚，不去腸、不去鱗，不敢撓，恐其糜也。治國煩則下亂。」韓非也說：「烹小鮮而數撓之，則賊其澤；治大國而數變法，則民苦之。是以有道之君貴靜，不重變法，故曰：『治大國者，若烹小鮮。』」王弼注說：「不擾也，躁則多害，靜則全眞。故其國彌大，而其主彌靜。然後乃能廣得眾心矣。」〔註94〕上述三注都是認為治大國當以不擾民為最高原則，大肆的興建與改革只會造成無謂的擾民之害，因此「烹小鮮」即是崇尚清靜無為的治國之道的隱喻。

老子除了以烹飪技巧來闡述政治上的理念，以食養民的思想亦是老子相當看重的統治思想，其曰：

> 聖人之治，虛其心，實其腹；弱其志，強其骨。常使民無知無欲，使夫智者不敢為也。（第三章）〔註95〕

> 聖人為腹不為目。（第十二章）〔註96〕

老子認為為政之道在於重視百姓的眞實需求，卻不讓人民受到欲望的誘引。讓百姓滿足於生活的溫飽，令其心無所欲且無它志，故曰：「甘其食，美其服，安其居，樂其俗。」〔註97〕且為了讓人民安於無欲的物質生活，故必須

〔註90〕（南宋）衛宗武：〈次韻春〉，《全宋詩》冊63，卷三三一〇，頁39420。
〔註91〕（南宋）張栻：〈李仁父寄茯苓酥，賦長句謝之〉，《全宋詩》冊45，卷二四一四，頁27862。
〔註92〕（南宋）張孝祥：〈福巖〉，《全宋詩》冊45，卷二四〇〇，頁27746。
〔註93〕《老子注·第六十章》，頁196。
〔註94〕同上註。
〔註95〕《老子注》，頁16。
〔註96〕《老子注》，頁40。
〔註97〕《老子注·第八十章》，頁238。

讓其不見可欲，更不要標舉任何價值，所謂「不尚賢，使民不爭；不貴難得之貨，使民不爲盜；不見可欲，使民心不亂。」〔註98〕從這裡可以發現老子的政治思想並不在於啓迪人心，亦不從事教化，養民之道只在於讓百姓飽食終日無所用心，以便於統治，故《漢書·藝文志》稱其「此君人南面之術也」〔註99〕。可以說老子的養民思想中，滿足人民的肚子是唯一重要的事，而這樣的思想亦主要是基於「民以食爲天」的政治思維。

貳、莊子飲食觀

一、對感官嗜欲的否定

莊子（約前 369～前 286）在飲食方面的論述，主要是偏重修養的層面，並承繼老子淡泊寡欲的思想，對感官嗜欲同樣抱持否定的態度。莊子在〈達生〉一文中就假借孔子之口說：「人之所取畏者，衽席之上，飲食之間，而不知爲之戒者，過也。」〔註100〕意思是人們對於盜賊的出沒知道要有所警惕與防範，但對於飲食男女之事卻全然不知警戒，顯見出莊子對於飲食的防患態度。在〈至樂〉一文，莊子對於一般人追求並陷溺於感官嗜欲的享樂態度提出批判：

> 夫天下之所尊者，富貴壽善也。所樂者，身安厚味，美服好色音聲也。所下者，貧賤夭惡也。所苦者，身不得安逸，口不得厚味，形不得美服，目不得好色，耳不得音聲。若不得者，則大憂以懼，其爲形也亦愚哉！〔註101〕

一般人以追求安適與感官的滿足爲至樂，如不能滿足就會以爲苦而有所憂懼，但在莊子看來這種對待形體的方式是相當愚蠢的，甚至認爲這種追求美味的飲食態度不僅是愚蠢，並會使人迷失而喪失天性，其在〈天地〉一文提到：

> 且夫失性有五：一曰，五色亂目，使目不明。二曰，五聲亂耳，使耳不聰。三曰，五臭薰鼻，困惾中顙。四曰，五味濁口，使口厲爽。

〔註98〕《老子注·第三章》，頁15。
〔註99〕《漢書·本志·藝文志》，（漢）班固撰、（唐）顏師古注、（清）王先謙補注：《漢書補注二》（臺北：藝文印書館，1996年），卷三十，頁892。
〔註100〕《莊子·達生》，（戰國）莊子撰、（清）王先謙集解：《莊子集解》（台北：世界書局，2006年），卷五，頁165。
〔註101〕《莊子·至樂》，《莊子集解》卷十八，頁153。

五曰，趣舍滑心，使性飛揚。此五者，皆生之害也。〔註102〕

這段話明顯是承襲自老子「五味令人口爽」的言論而來，將感官刺激的追求與滿足視之爲人心迷亂的根源之一。莊子在〈大宗師〉中提到眞人的生命境界：「古之眞人，其寢不夢，其覺無憂，其食不甘，其息深深。」〔註103〕莊子認爲眞人「其食不甘」，意思是理想的生命境界是一種完全超脫飲食滋味的無欲狀態，事實上這正是老子「味無味」、「道之出口，淡乎其無味」的體道觀，然而一般人不知道生命存在更高的境界，只一味沉溺在飲食之美的嗜欲之中，於是嗜欲也就成了體道最大的障礙，故曰：「其者欲深者，其天機淺。」〔註104〕正因爲對於世俗飲食之美的否定，所以在〈逍遙遊〉中所描寫的神人也就呈現出「不食五穀，吸風飲露」〔註105〕之不食人間煙火的樣貌，而這種不食五穀的精神形象也成了後來道教辟穀的先驅與典範。

二、食無定味

相較於孔子對於周禮的服膺、孟子對於「口之於味也，有同者也」的認知，無疑的儒家認爲事事物物都有一定的規範與客觀性的價值標準，因此在飲食上也表現出「正味」的飲食觀。不過莊子儒家這種以單一立場所制定的制式標準，如在〈齊物論〉中說：「民食芻豢，麋鹿食薦，蝍且甘帶，鴟鴉耆鼠，四者孰知正味？」〔註106〕莊子以人吃肉、麋鹿吃草、蜈蚣吃蛇、猫頭鷹吃鼠等各種不同生物的美味嗜好，來否定儒家的正味觀。又如在〈應帝王〉中，描寫列子在受老師點撥之後的閉門反思，其云：「三年不出，爲其妻爨，食豕如食人，於事無與親。雕琢復樸，塊然獨以其形立。」〔註107〕列子爲了實踐齊物的功夫，除了親自下廚爲老婆做飯，就連吃的東西也跟豬吃的沒有兩樣，於此體現了道家泯除貴賤（夫爲妻爨，形同紆尊降貴）與人禽之別的境界。相形之下，莊子完全沒有儒家那種「君子遠庖廚」的價值觀念，道人入庖廚顯現的是一種破除社會價值標準與眼光的修鍊功夫，故在庖丁解牛的故事中，莊子才會透過殺牛的庖廚，去展現一個體道者的生命境界。

〔註102〕《莊子·天地》，《莊子集解》卷三，頁111。
〔註103〕《莊子·大宗師》，《莊子集解》卷二，頁54。
〔註104〕同上註，頁55。
〔註105〕《莊子·逍遙遊》，《莊子集解》卷一，頁5。
〔註106〕《莊子·齊物論》，《莊子集解》卷一，頁21。
〔註107〕《莊子·應帝王》，《莊子集解》卷二，頁73。

三、不養之養的養民思想

老子以食養民的政治思想，到了莊子有了進一步的發揮，〈在宥〉提到黃帝有一回到空同山會見廣成子，黃帝說：「我聞吾子達於至道，敢問至道之精？吾欲取天地之精，以佐五穀，以養民人，吾又欲官陰陽，以遂群生。」〔註108〕黃帝所提的論點，相較於老子以食養民而不擾民的說法，雖多了一點想要透過節制陰陽以助穀物生長的養民想法，但基本精神是一致的。針對黃帝提問，廣成子回應說：「而所欲問者，物之質也；而所欲官者，物之殘也。自而治天下，雲氣不待族而雨，草木不待黃而落，日月之光益以荒矣。而佞人之心翦翦者，又奚足以語至道！」〔註109〕廣成子認為黃帝想要問的雖是「道」的本質，實際卻想要主宰「道」的變化來養民；廣成子批評主宰陰陽只是「道」的渣滓，是佞人狹隘之心的造作，風雨草木將因之失調。莊子藉由廣成子之口說明了，為政者不要存有任何想要助民的想法，哪怕是完全與政治無關的天氣都不該涉入。因此在莊子看來，為政者最重要的作為就是無為，「不養之養」才是養民之道的根本原則。就這點來看，莊子的養民之道已經完全從老子以食養民的政治思維中跳脫，可以說其中已經完全沒有統治者的角色，故莊子在這個故事的最後，才會以黃帝聽了廣成子的訓誡之後就將天下捐棄來作為結束。

綜上所述，道家在飲食觀上主要表現出四個重要的飲食態度：一者，大味若淡的體道觀；二者，否定飲食之慾的價值，將之視為身心迷亂之禍源，會妨害體道。三者，食無定味，沒有客觀的標準。四者，以食養民而不擾民的政治飲食觀。對後世文人飲食觀的影響，主要是以前三者為主。前二者形成了寄至味於淡泊的尚淡飲食觀，深深影響南宋文人重修養與輕口腹的飲食態度；至於食無定味的觀念，也對南宋的飲食品鑒產生了相當大的影響，形成了「食無定味，適口為珍」這種強調個別主體感受為主的飲食觀。

第三節　醫家養生與神仙服食

生命的有限一直是人類最關注的重要問題，如何延年益壽乃至於長生不死，一直都是中國人相當重視的課題。無論是透過合宜正確的飲食來達到延

〔註108〕《莊子·在宥》，《莊子集解》卷三，頁91。
〔註109〕同上註，頁92。

年益壽的目的，還是以服食、辟穀來達到長生久視的目的，都是透過與生命存續密切相關的「食」來達成，因而也與飲食有著密切交涉。以下茲針對這兩個部分論述之。

壹、醫家養生

早在先秦兩漢時期人們就充分了解到飲食對疾病與壽命的影響，這時相關的醫療著作中飲食與養生已經形成密切的關係。分述如下：

一、五味調和的飲食觀

《黃帝內經》是中國第一部醫典，其將先秦諸子的養生之道薈萃成一套結合哲學與醫療的養生理論。其對飲食與疾病的關係已有充分認識，在《靈樞·刺節眞邪篇》卷十一云：

> 飲食不節，喜怒不時，津液內溢，乃下留於睪，血道不通，日大不休，俯仰不便，趨翔不能。〔註110〕

《黃帝內經》已經相當科學的理解到飲食與情緒的調節對於身體的影響，這個養生觀念即使到了二千年後科學昌明的今日仍舊是顛撲不破，亦見其理論的精微與深刻。此外又提到：

> 夫五味入口，藏於胃，脾爲之行其精氣，津液在脾，故令人口甘也。此肥美之所發也，此人必數食甘美而多肥者，肥者令人內熱，甘者令人中滿，故其氣上溢，轉爲消渴。〔註111〕

> 飲酒中風，則爲漏風。……漏風之狀，或多汗，常不可單衣，食則汗出。甚則身汗，喘息惡風，衣常濡，口乾善渴，不能勞事。〔註112〕

《黃帝內經》提到肥甘與飲酒對於身體的危害，顯見當時的醫療已經充分的掌握飲食與疾病之間的關聯，並已建立了一套飲食致病的病理基礎。不過就《黃帝內經》的思想來看，這種針對已發的疾病而作的醫療行爲只是枝梢末節之事，故稱其爲「末病」。眞正的養生之道必需掌握根本的核心問題，亦即疾病未發之前的身體調養，其在《素問·四氣調神大論》云：

〔註110〕《靈樞·刺節眞邪》，（清）張志聰集注：《靈樞經》（北京：中華書局，1991年），卷十一，頁334～335。

〔註111〕《素問·奇病論》，（唐）王冰注、（宋）林億等校正：《重廣補註黃帝內經素問》（北京：中華書局，1991年《四部叢刊初編》本），卷十三，頁493。

〔註112〕《素問·風論》，《重廣補註黃帝內經素問》，頁449～453。

故陰陽四時者，萬物之終始也，死生之本也，逆之則災害生，從之
則苛疾不起，是謂得道。道者，聖人行之，愚者佩之。從陰陽則
生。逆之則死，從之則治，逆之則亂。反順爲逆，是謂內格。是
故聖人不治已病，治未病，不治已亂，治未亂，此之謂也。夫病
已成而後藥之，亂已成而後治之，譬猶渴而穿井，而鑄錐，不亦晚
乎？〔註113〕

從這段記述中可以看出，《黃帝內經》醫療的中心思想，與其說是立基於生理
的病理觀察，不如說透過哲學思維來理解身體的病理現象，顯然這是一套完
全架構在天道思想之下，以天人合一作爲核心思想的醫學理論。在此基礎上，
其認爲飲食之道也必須合於「陰陽四時」的天道，所謂順之則昌，逆之則死。
《素問・生氣通天論》云：

陰之所生，本在五味；陰之五官，傷在五味。是故味過於酸，肝氣
以津，脾氣乃絕。味過於鹹，大骨氣勞，短肌，心氣抑。味過於甘，
心氣喘滿，色黑，腎氣不衡。味過於苦，脾氣不濡，胃氣乃厚。味
過於辛，筋脈沮弛，精神乃央。是故謹和五味，骨正筋柔，氣血以
流，腠理以密，如是則骨氣以精，謹道如法，長有天命。〔註114〕

引文表示五味入五臟，五味若調和得當即能滋養五臟，反之則有損五臟，若
偏嗜某一種滋味，將使某一臟腑之氣過盛，而連帶使五行生剋失去平衡而受
損，即會導致疾病。《黃帝內經》的成書年代雖不能確知，不過從其思想上看，
明顯受到戰國時期道家及陰陽家的思想影響，故《黃帝內經》在論述飲食的
養生思想時，主要是透過調和身體臟腑與飲食之間的陰陽五行的生剋關係以
合於天道，進而達到享有天命的長壽目的。基於這種「合人形以法四時五行
而治」〔註115〕的思想，故飲食之道必須根據四時、五臟的五行屬性來食用合
乎天道運行的食物屬性，《素問・藏氣法時論篇》云：

肝色青，宜食甘。粳米、牛肉、棗、葵皆甘。心色赤，宜食酸。小
豆、犬肉、李、韭皆酸。肺色白，宜食苦。麥、羊肉、杏、薤皆
苦。脾色黃，宜食鹹。大豆、豬肉、栗、藿皆鹹。腎色黑，宜食
辛。黃黍、雞肉、桃、蔥皆辛。辛散、酸收、甘緩、苦堅、鹹軟。

〔註113〕《素問・四氣調神大論》，《重廣補註黃帝內經素問》卷一，頁47。
〔註114〕《素問・生氣通天論》，《重廣補註黃帝內經素問》卷一，頁59～61。
〔註115〕《素問・藏氣法時論》，《重廣補註黃帝內經素問》卷七，頁300。

毒藥攻邪。五穀爲養。五果爲助。五畜爲益。五菜爲充。氣味合而
服之，以補精益氣。此五者，有辛、酸、甘、苦、鹹，各有所利，
或散，或收、或緩、或急、或堅、或軟。四時五藏，病隨五味所宜
也。〔註116〕

《黃帝內經》將對人體有益的膳食，統歸爲爲五穀、五果、五畜、五菜等食
物類別，再以五味標誌各別食物的五形屬性，以配合臟腑的五色五行性質，
終而達到不逆天道的合宜飲食。這套以五行爲基礎的飲食觀，已經完全被後
世的中醫所吸納，因此只要論及中國的飲食養生就必須提到這套飲食理論，
足見其在中國飲食養生的價值與影響力。

二、飲食宜忌

今日農民曆上仍廣泛流傳的食物相剋圖，乃古代飲食宜忌思想之下的產
物。飲食宜忌不僅包含食物與食物之間的相剋，亦包括食物之間合宜的配伍、
身體狀態與飲食宜忌、以及節令與飲食宜忌等，這些飲食宜忌的觀念除了是
先人長期飲食經驗的累積之外，亦源於古代的思想與文化背景。飲食宜忌的
觀念早在先秦時期就已經萌發，《周禮·天官·食醫》提到：

食醫掌和王之六食、六飲、六膳、百羞、百醬、八珍之齊。凡食齊
眠春時，羹齊眠夏時，醬齊眠秋時，飲齊眠冬時。凡和，春多酸，
夏多苦，秋多辛，冬多鹹，調以滑甘。〔註117〕

食醫是中國最早的王室飲食御醫，《周禮》將食醫列於首位，顯見較其他的疾
醫、瘍醫更獲得重視，亦見當時王室對於飲食養生的重視。由這段記載中可
知，不同季節各有適宜的食物與調製方式。春季宜調製穀類與酸味的食物；
夏季宜調製羹湯與苦味食物；秋季宜調製醬類與辛味食物；冬季則宜調製飲
品與鹹味食物。《周禮·天官·食醫》亦提到：

凡會膳食之宜，牛宜稌，羊宜黍，豕宜稷，犬宜粱、鴈宜麥、魚宜
苽。〔註118〕

這段文字說明周王室的飲食結構是以穀類爲主食，再搭配肉類這些副食，基
本上就是《黃帝內經》所說：「五穀爲養，五果爲助，五畜爲益，五菜爲充」

〔註116〕《素問·藏氣法時論》，《重廣補註黃帝內經素問》卷七，頁278～281。
〔註117〕（漢）鄭玄注、（唐）孔穎達正義：《周禮注疏》（臺北：藝文印書館，1977
年），頁72。
〔註118〕同上註。

的飲饌結構。只不過王室在主副食的搭配更爲講究，牛肉宜與梗米搭配；羊肉宜與黍米搭配；豬肉宜與高粱搭配；狗肉宜與粟米搭配；雁肉宜與麥子搭配；魚肉宜與瓜類搭配。顯示出這時已經有了食物與食物之間合宜的搭配觀念。

至於食物與食物間因不當搭配所產生的相剋的食物禁忌，最遲在漢代已經形成，據《漢書‧藝文志》載有一部《神農本草食禁》，此書雖已亡佚，不過在唐代孫思邈《千金食治》中，還存有四十八條禁例，例如「食生蔥即噉蜜，變作下痢疾；李子不可與白蜜共食，蝕人五臟。」〔註119〕流傳到後世，飲食宜忌的觀念更多附註在飲饌譜錄裡，以提供人們取擇上的參考，如（南宋）林洪的《山家清供》即提出蟹「有風蟲，不可同柿食」〔註120〕、兔肉「不可同雞食」〔註121〕，又如（南宋）趙希鵠《調燮類編》提出「新登五穀，老人不宜食，動一切宿疾」〔註122〕、「生薑同豬肉食，發大風」〔註123〕等。

大體而言，飲食宜忌的觀念在傳統飲食之中，不但具有悠久的歷史，更有廣泛的影響力，即使到了今日亦還存在著影響。

三、飲食宜節

自古以來，醫家即主張飲食雖是人體攝入營養物質的重要來源，卻不能毫無節制地隨心所欲，唯有懂得飲食節制之方，才是保養身體，盡享天年的養生之道，如《素問‧上古天眞論》云：

> 上古之人，其知道者，法於陰陽，和於術數，食飲有節，起居有常，不妄作勞，故能形與神俱，而盡終其天年，度百歲乃去。今時之人不然也，以酒爲漿，以妄爲常，醉以入房，以欲竭其精，以耗散其眞，不知持滿，不時御神，務快其心，逆於生樂，起居無節，故半百而衰也。〔註124〕

引文中以「上古之人」與「今時之人」對舉，標明法天地陰陽與飲食節制的重要性。在《黃帝內經》中相關飲食有節的思想非常多，首先看到不宜過飢

〔註119〕王仁湘：《飲食之旅》（台北：臺灣商務印書館，2007年12月），頁228。
〔註120〕（宋）林洪：《山家清供‧持螯供》卷下，收入《飲饌譜錄》（台北：世界書局，2010年），頁18。
〔註121〕（宋）林洪：《山家清供‧撥霞供》卷上，頁15。
〔註122〕（宋）趙希鵠：《調燮類編》（台北：新文豐出版，1984年），卷三，頁58。
〔註123〕同上註，頁63。
〔註124〕《素問‧上古天眞論》，《重廣補註黃帝內經素問》卷一，頁1。

與過飽的主張，如：

> 胃滿則腸虛，腸滿則胃虛，更虛更滿，故氣得上下，五臟安定，血脈和利，精神乃居，故神者，水穀之精氣也……故平人不食飲七日而死者，水穀精氣津液皆盡故也。（《靈樞・平人絕穀》）〔註125〕

常人「不食飲七日而死」是因爲「水穀精氣津液皆盡」，說明飲食是化生精氣津液的原料與維持生命活動的基本物質，所以如果長期處於過飢狀態將導致氣血津液的化生不足，讓生命體得不到應有的滋養，枯槁而亡。但飲食過量又會造成腸胃的損傷，導致消化不良，以致疾病叢生，如《素問・痹論》所云：

> 飲食自倍，腸胃乃傷。謂食物無務於多，貴在能節。所以保沖和而遂頤養也。若貪多務飽，餒塞難消，徒積暗傷，以召疾患。蓋食物飽甚，耗氣非一：或食不下而上湧，嘔吐以耗靈源；或飲不消而作痰，咯唾以耗神水；大便頻數而泄，耗穀氣之化生；溲便滑利而濁，耗源泉之浸潤；至於精清冷而下漏；汗淋漉而外泄，莫不由食物之過傷。〔註126〕

引文中強調飲食之道貴在節制，貪多務飽所帶來的腸胃負擔，只會帶來元氣的耗損，叢生各式各樣無窮的疾病。此外，《黃帝內經》對於飲食的溫度也要求寒溫適中，如《靈樞・師傳》所說：「食飲者，熱無灼灼，寒無滄滄，寒溫中適，故氣將持，乃不至邪僻也。」〔註127〕、《素問・陰陽應象大論》：「故天之邪氣感則害人五臟；水穀之寒熱感則害於六腑。」則提出飲食的寒熱會對人體六腑造成傷害，飲食的溫度應根據季節和環境溫度做適當調整，以適合人體溫度爲宜。

在歷代養生家諸多對飲食宜節的觀念中，其中對於肥甘厚味的飲食強調務必戒口，如：

> 滋味之太濃，如能節滿意之食，省爽口之味，常不至於飽甚者，即頓頓必無傷，物物皆爲益。（《素問・痹論》）〔註128〕

> 嗜欲無窮，而憂患不止，精神弛壞，榮泣衛除，故神去之而病不愈

〔註125〕《靈樞・平人絕穀》，《靈樞經》卷六，頁232。
〔註126〕《素問・痹論》，《重廣補註黃帝內經素問》卷十，頁321。
〔註127〕《靈樞・師傳》，《靈樞經》卷六，頁220。
〔註128〕《素問・痹論》，《重廣補註黃帝內經素問》卷十，頁321。

也。(《素問・湯液醪醴論》) 〔註129〕

肥肉厚酒，務以自彊，命之曰爛腸之食。(《呂氏春秋・本生》) 〔註130〕

到了魏晉之際，嵇康（223～263）曾撰有〈養生論〉，首當其要即是站在飲食養生的立場，針對肥醲甘脆的美饌提出嚴厲的批判，認為這是養口腹以致忘了性命之道，其云：

> 滋味煎其腑臟，醴醪煮其腸胃，香芳腐其骨髓，喜怒悖其正氣，思慮消其精神，哀樂殃其平粹。夫以蕞爾之軀，攻之者非一途；易竭之身，而內外授敵；身非木石，其能久乎？〔註131〕

理性上雖然明知貪多務飽對養生不利，美酒佳餚亦是爛腸之食，然而一旦肥肉厚酒在前，卻很難不讓人大快朵頤，原因無他，正因為口腹嗜欲乃人類天性中一大追求快樂的本能驅力。或許正是因為深深瞭解貪食美食乃是人類最難克服的衝動之一，因此在歷來養生的古籍中，才會一再出現要人們節制飲食的諸多勸戒吧，如《天隱子》一書所云：

> 齋戒者，非蔬茹飲食而已……。盛其法在節食調中，磨擦暢外者也。……食之有齋戒者，齋乃潔淨之務，戒乃節身之稱。有饑即食，食勿令飽，此所謂調中也。百味未成熟勿食，五味太多勿食，腐敗閉氣之物勿食，此皆宜戒也。〔註132〕

南宋文人亦將飲食的節制視為養生之首要，不斷行諸詩文以自我警惕，如：

> 食飲從來戒失時，衣裘亦復要隨宜。老人最索調停處，正在初寒與半饑。(陸游〈自詠〉) 〔註133〕

> 聽聽聽聽聽聽聽，衣食生身天付定，酒肉貪多折人壽，經營太甚違天命，定定定定定定定。(陸九齡〈誡子弟詞〉) 〔註134〕

> 神慮澹則血氣和，嗜欲勝則疾疹作。(周煇《清波雜志》) 〔註135〕

〔註129〕 《素問・湯液醪醴論》，《重廣補註黃帝內經素問》卷四，頁172。

〔註130〕 （戰國）呂不韋、（清）畢沅校正：《呂氏春秋》（台北：中華書局，1965年），卷一，頁5。

〔註131〕 （三國）嵇康撰、崔富章注譯：《嵇中散集》（台北：三民出版社，1998年），頁310。

〔註132〕 《天隱子・齋戒第二》，（唐）司馬承禎：《天隱子》（北京：中華書局，1985年），頁25。

〔註133〕 《全宋詩》冊41，卷二二二四，頁25523。

〔註134〕 《全宋詩》冊45，卷二四一三，頁27848。

〔註135〕 （宋）周煇：《清波雜志》，收於《文淵閣四庫全書》第1039冊（臺北：南天

除此之外，飲食有節的思想，也融入了君子淡泊明志的道德修爲，成爲中國人結合身心與性命之學的飲食觀。

四、飲食療效

中國素有「藥食同源」、「醫食同源」的醫學傳統，認爲食物除可充饑果腹，又具有防治疾病的功效。這種認爲食物具有療病或強化身體的特殊功能，實緣自上古時代「巫醫同源」的生命觀，從《山海經》裡諸多「食之……」、「服之……」的記載可見一斑，如：

> 招搖之山，臨於西海之上，多桂多金玉，有草焉其狀如韭，而青華其名曰祝餘，食之不飢。〔註136〕

> 其上有木焉，名曰黃棘，黃華而員葉，其實如蘭，服之不字。〔註137〕

這種認爲在一些特殊性的食物當中，具有神奇療效的觀念，事實上是源自於先民在飲食經驗當中的所得，爾後這些具有特殊療效的食物就成爲巫醫實施巫術治療的神物。將《山海經》中的飲食拿來與《神農本草經》一對照，即可發現許多都是具有實際醫療保健作用的。可以說古代巫醫施用的草木藥，在後世發展成了兩個系統，強調在神奇作用方面的就成爲服食的神仙思想，而側重在草木藥實際醫療作用者就形成中醫本草的基礎，更進而發展成中國特有的食療養生觀。

隨著時代的演進、經驗的傳承與積累，藥與食從一開始混然不分的狀態，漸漸開始分化，形成各自獨立的系統，然而又非絕對的劃分，於是出現了一種以食爲藥的飲食治療，並以之作爲日常調養身體的方式。唐代孫思邈（581～682）特別提出「食療爲先」的觀念，其在《千金藥方・食治》說：「夫爲醫者，當須先洞曉病源，知其所犯，以食治之，食療不愈，然後命藥。」〔註138〕明確將飲食治療放在治病首位，若食療不成，才投以藥物。孫思邈指出這是因爲藥性剛烈，雖然迅速有效，但因有所偏頗，對人體亦有副作用，只能用來救急；而食性平和，能夠符合人體以溫和調養的特性，所謂

出版社，1976年），頁120。

〔註136〕《山海經第一・南山經》，（晉）郭璞傳、（清）郝懿行箋疏：《山海經箋疏》（台北：漢京文化事業，1983年），頁5。

〔註137〕《山海經第五・中山經》，頁220。

〔註138〕《備急千金要方・食治・序論第一》，（唐）孫思邈：《備急千金要方》卷二十六，收於《文淵閣四庫全書》冊735（台北：臺灣商務印書館，1983年），頁804。

「食能排邪而安臟腑，悅神爽志，以資血氣。若能用食平痾、釋情、遣疾者，可謂良工。」〔註139〕

　　之後歷經孟詵（621～713）《補養方》、張鼎（生卒年不詳）《食療本草》等一系列食療醫書的相繼出現，更確立了食療的一席之地。《千金食治》將食物大致區分爲穀米、菜蔬、果實、鳥獸等類別，再分述各別食物的藥性與功用。孟詵《補養方》在弟子張鼎的增補後，易名爲《食療本草》，其將藥用食品匯集成冊，並注明其藥性與服用等相關知識。從此這類與飲食相關的醫書就成爲一般人們飲食時的重要參考，北宋陳直（生卒年不詳）的《養老奉親書》即是一本專爲老年人所寫的食療專著，而宋徽宗召集海內名醫所撰著的《聖濟總錄》，當中的「食治門」即記載了三十種的食治方法。而對文人的影響更深，如北宋黃庭堅（1045～1105）的〈士大夫食時五觀〉，揭櫫「舉箸常如服藥」〔註140〕，即是要落實「藥食合一」的觀念，陸游亦說：「食必觀本草，不療病在床。」〔註141〕而林洪在《山家清供》中更是不憚其煩地在各類饌餚下註記飲食療效以供人們取用參考。

　　總之，醫家養生的觀念，無論是由哲學思想所形成的五行調和之說，還是從經驗法則歸納的飲食宜忌與食療觀念，都對於中國傳統的飲食觀具有相當深遠的影響。

貳、道教神仙服食

　　早在東漢末年張道陵（34～156）創立五斗米教之前，先秦兩漢時期就已經充斥著各種養生與神仙思想，不過這些思想在後來的發展上幾乎都被道教所繼承與發揚，故本文擬針對道教的神仙思想以探討它與飲食的關係。

　　道教修鍊成仙的方式相當多，包括導引、行氣、房中術、辟穀、服食等，其中與飲食有關的是辟穀與服食。首先談服食，葛洪（284～363）《抱朴子‧仙藥》云：「上藥令人身安命延，昇爲天神，遨游上下，使役萬靈，體生毛羽，行廚立至。」〔註142〕從這段話的描寫可以發現其充滿著神話的想像色彩，其實服食而能長生不死的想法，原本就是一種具有濃厚巫術與神話色彩

〔註139〕（唐）孫思邈：《備急千金要方》卷七十九，頁803。
〔註140〕《全宋文》卷二三四○，頁204。
〔註141〕陸游：〈目昏頗廢觀書，以詩記其始，時年七十九矣〉，《全宋詩》冊40，卷二二○七，頁25258。
〔註142〕（晉）葛洪：《抱朴子‧仙藥》（台北：新文豐出版社，1998年），頁258。

的原始思維，因此先秦神話中早就已經出現不死藥的相關傳說。根據弗雷澤
（Sir James George Frazer，1854～1941）在《金枝》（*The Golden Bough*）一書
提到「相似律」和「觸染律」這兩項重要的巫術心理〔註143〕，來看中國神仙
思想中的服食行為，即可了解原始人們的心靈認為只要透過服食以及接觸那
些具有特殊性質的物品時，就能將那些物品的特殊性質或能力轉移到自己身
上。根據這個理論再來看葛洪《抱朴子・仙藥》中所提到的服餌：

> 仙藥之上者丹砂，次則黃金，次則白銀，次則諸芝，次則五玉，次
> 則云母，次則明珠，次則雄黃，次則太乙禹餘糧，次則石中黃子，
> 次則石桂，次則石英，次則石腦，次則石硫黃，次則石臺，次則曾
> 青，次則松柏脂、茯苓、地黃、麥門冬、木巨勝、重樓、黃連、石
> 韋、楮實、象柴，一名托盧是也。〔註144〕

葛洪所列的服餌主要包括金石藥與草木藥兩大類。六朝人之所以服食這兩大
類的餌食，基本上就是弗雷澤所提「觸染律」的巫術心理。因此他們才會認
為只要服食金玉這些堅固不壞的東西，那麼人類也可以擁有不壞的身體。
《古詩十九首》所云的「壽無金石固」正是人們對於金石投射了永恆生命的
渴望。而植物能夠經多不凋或枯而復榮的生命力，因此服食這些具有特殊生
命力的草木亦能具有相同的生命力。從服食的發展歷程來看，最早是先出現
草木藥，其神效乃由止饑、醫療等實際作用的擴大想像而成。至於金石藥的
地位則是到東晉葛洪時，才正式取代草木藥的仙方地位〔註145〕。但隨著金石
藥中毒的現象越來越多之後，宋人已經不再相信這類服食金石成仙的道教思
想，轉而重視起草木藥的養生功效。正如孫升（1038～1099）在《孫公談圃》
所說：

> 硫黃信有驗，殆不可多服。若陸生韭葉，柔脆可菹，則名為「草鐘
> 乳」；水產之茭，其甘滑可食，則名為「水硫黃」。〔註146〕

韭菜被命為「草鐘乳」，茭實被名為「水硫黃」，正是以草木服食之法取代過
去金石丹藥之方的最佳明證。雖然宋人已經不再相信服食成仙的道教思想，

〔註143〕（英）弗雷澤撰、汪培基譯：《金枝》（台北：桂冠書局，1994 年 4 月），頁
　　　　 21～73。
〔註144〕（晉）葛洪：《抱朴子・仙藥》，頁 258。
〔註145〕傅苾嫙：《六朝道教成仙服食觀研究：以志怪及仙傳為中心》（嘉義：國立中
　　　　 正大學中國文學系碩士論文，2011 年 6 月），頁 92。
〔註146〕（宋）孫升：《孫公談圃》（北京：中華書局，1991 年），卷中，頁 15。

不過那些具有服食背景的食物，還是讓人們產生不同於一般飲食的感受，而成為文人特別喜愛的養生食品，如松花、黃精、茯苓等。可以說在道教服食思想的影響下，一些具有仙方色彩的食物，因而也有了特殊的飲食意涵。

辟穀又稱「休糧」、「絕粒」，顧名思義就是不食穀物這類煙火食，而以「氣」作為食糧。有別於傳統飲食中對穀物的重視，如《黃帝內經》所云：「人以水穀為本，故人絕水穀則死。」〔註147〕道教卻認為穀物會長養身體裡的三尸，使人具有負面的習氣，故必須藉由斷絕穀物火食，以食「氣」來淨化身心，如《太清中黃真經》所云：「人身中有三蟲居之，令人貪味、做夢、煩怒，只有堅心辟穀，食氣九十日，可殺死三蟲，從而體康神清。」〔註148〕道教又認為不同的飲食會造就不同的稟賦與生命特質，如《黃庭內景經》所云：「食草者善走而愚，食肉者多力而悍，食穀者智而不壽，食氣者神明不死。」因此唯有透過辟穀食氣，才能達到不死的成仙境界。辟穀雖非一般飲食的範疇，但仍是這種道教特殊思維下的飲食觀，而此一觀念對於士大夫飲食也有著莫大的影響，《山家清供》就留存一些與道教服食養生思想相關的饌飲，如：

> 仙方又有青精石飯。世未知「石」為何也。按《本草》：用青石脂三斤、青粱米一斗，水浸三日，搗為丸，如李大，白湯送服一、二丸，可不飢。是知石脂也。二法皆有據，第以山居供客，則當用前法，如欲效子房辟穀，當用後法。……〔註149〕

明人高濂（1573～1620）的《遵生八箋・飲饌服食箋》更是一部服食食譜的大全。據載蘇軾曾為痔疾所苦，因而採用辟穀的方式來治療，〈藥頌〉一文云：

> 道士教吾去滋味，絕薰血，以清淨勝之。痔有蟲館於吾後，滋味薰血，既以自養，亦以養蟲。自今日以往，旦夕食淡麵四兩，猶復念食，則以胡麻、茯苓麨足之。飲食之外，不啖一物。主人枯槁，則客自棄去。尚恐習性易流，故取中散真人之言，對病為藥，使人誦之日三。〔註150〕

〔註147〕《素問・平人氣象論篇》，《重廣補註黃帝內經素問》卷五，頁219。
〔註148〕（漢）九仙君：《太清中黃真經》，收於（明）白雲霄：《正統道藏》第三十冊（台北：新文豐書局，1957年），頁802。
〔註149〕《山家清供》卷上，頁7。
〔註150〕蘇軾：〈藥頌〉，曾棗莊、劉琳主編：《全宋文》（上海：上海辭書出版社，2006

道士教蘇軾治療痔瘡的方法，顯然即是辟穀除三尸的說法，只不過在此成仙的目標已經改變成為治病。而食胡麻、茯苓亦是仙方食物，如今也都成為養生療病的飲食。從這裡亦見道教服食、辟穀的成仙方式，其逐漸往世俗飲食養生發展的脈絡軌跡。

綜上所述，無論是醫家還是道教，其對於中國傳統飲食的影響主要是反映在養生的部分。二者雖然一開始的目標有著根本差異，醫家著眼於身體壽命的延長，而道教則渴望永恆的保有生命。不過醫家的延年養生原本就是道教永生渴望的基礎，故在道教求仙失敗之後，它又回歸到一般人較能夠接受的養生上。因此它們二者對於後世飲食觀的影響，也就形成殊途同歸的現象。

第四節　佛教飲食觀及其影響

佛教創於古印度，是影響中國最深的外來宗教，其對於中國傳統飲食觀有著相當深遠的影響，因此談中國傳統飲食觀，自然不得不談到佛教飲食觀的影響。原始佛教視世間為生死苦業的流轉，為追求解脫的寂滅境界，其對於人之大欲的飲食有著許多宗教性的規範。不過佛陀並沒有用極端苦行的嚴苛態度在對待飲食。文獻記載佛陀曾修習苦行而導致身體不堪負荷，因此佛陀在《阿含經》中就提出「一切眾生由食而存，無食則死。」〔註151〕飲食是生命存續的基礎，沒有這個基礎，精神的解脫亦無所憑藉，因此佛陀從苦行的經驗中，對於飲食採取了較為中道的態度，並將其納入僧侶的生活修行之中。

佛教對於食的定義非常廣泛，且深入到生命各個層次，舉凡因生存所需而攝入的飲食、感官所接收到的印象感受、各種思慮與心理活動，乃至於無意識的活動都稱為食，佛陀在《雜阿含》卷十五將食區分為四種：一者，糰食（又稱段食）：是指供應人類生存的飲食，舉凡入口，可滋養人身體的物質皆是，因飲食過程中有粗細、餐次的區分，因而名為段食。二者，觸食：是指眾生以六根去接觸六塵時，因根塵結合而生起欲樂的感受。三者，意

年），卷一九六三，頁 300～301。

〔註151〕《增壹阿含經》卷四十二，收於《佛藏》冊 22（上海：上海書店，2011 年），頁 498。

思食：是指各種心理上的思慮、欲望等意識活動。四者，識食：是指執著於身心為我的無意識心靈活動。這四種食當中，只有段食是指真實的物質飲食，其餘三種分別是表層的知覺、心理的欲望思慮，以及無意識底層的我執都包含在內，可見佛教將各種身心的需求與滿足皆稱為食。佛陀將食區分得如此細微，主要是因應修行的需求，佛陀提到：「於此四食，有喜有貪，則識住增長……故生老病死憂悲苦惱。若於四食，無貪無欲，無貪無喜故……于未來世，生老病死憂悲苦惱不起。」〔註152〕佛教認為，人的愛欲不僅是表面的飲食問題，飲食之欲不過是浮出水面的冰山一角，水底下的意識才是一切生死愛欲的根源，因此在修行上就必須針對這不同層面的四食下功夫。從這裡可以看出原始佛教的飲食思維與先秦時代中國人著眼在階級制度上的食禮、食政，以及用來表現君子安貧樂道的飲食態度，有著截然不同的深刻思維。

佛教傳入中國後，為了因應民情，相關的飲食規範與價值也略有調整，譬如托缽乞食制度到了中國之後也有了變革。百丈禪師將耕種與飲食相結合，提出了「一日不作、一日不食」的飲食態度，使原本仰賴信徒供養的飲食方式，變革為自給自足的農禪制度。在佛教進入中國之後，部分的飲食規範也有一些變化，以下即針對漢傳佛教飲食觀的重要特色及其影響，分述如下：

一、飲食的態度

佛教規定僧侶在進食前要做五種觀法，此即食存五觀：（1）初計功多少，量藥來處。（2）自知行德，全缺應供。（3）防心離過，貪等為宗。（4）正事良藥，為療形苦。（5）為成道業故。〔註153〕這五種觀想，基本上都是藉著飲食來反思自己身心修養上的缺失，表現出飲食不離修行的態度。這種從飲食反省自我的方式深受宋代士大夫的認同，黃庭堅（1045～1105）還將這佛教五觀融入到儒家的修養當中，撰寫了〈士大夫食時五觀〉，其文曰：

> 古者君子有飲食之教，在《鄉黨》、《曲禮》，而士大夫臨樽俎則忘之矣！故約釋氏法，作士君子食時五觀云。

〔註152〕《雜阿含經》卷十五，收於《佛藏》冊22，頁708。

〔註153〕《隨機羯磨卷下・五・七》，出自《南山律學辭典》，上網日期：2012年9月1日，網址：http://dictionary.buddhistdoor.com/word/209551/%E9%A3%9F%E5%AD%98%E4%BA%94%E8%A7%80。

一、計功多少，量彼來處。

　　此食墾殖收穫，舂磑淘汰，炊煮乃成，用功甚多。何況屠割生靈，爲己滋味？一人之食，十人作勞。家居則食父祖心力所營，雖是己財，亦承餘慶。仕宦則食民之膏血，大不可言。

二、忖己德行，全缺應供。

　　始于事親，中於事君，終於立身。全此三者，則應受此供，缺則當知愧恥，不敢盡味。

三、防心離過，貪等爲宗。

　　治心養性，先防三過：美食則貪；惡食則嗔；終日食而不知食之所從來，則癡。君子食無求飽，離此過也。

四、正事良藥，爲療形苦。

　　五穀五蔬以養人，魚肉以養老。形苦者，饑渴爲主病，四百四病爲客病，故須食爲醫藥，以自扶持。是故知足者舉箸常如服藥。

五、爲成道業，故受此食。

　　「君子無終食之間違仁」，先結款狀，然後受食。「彼君子兮，不素餐兮」，此之謂也。

山谷老人曰：禮所教飲食之序，教之末也；食而作觀，教之本也。大概今之士大夫，誦先王之法言則一人也，起居飲食則一人也，故設教不得不如是。君子有九思，終身之思也；食時作五觀，終食之思也。日一日如是行之，念念在仁智，則夫二人者，合而爲一矣。〔註154〕

黃庭堅指出傳統儒家雖然也有飲食之教，如《論語》的〈鄉黨〉與《禮記》的〈曲禮〉，但士大夫只要一遇到宴席就忘得一乾二淨了，並認爲與其用飲食規範來約束人，還不如以觀想的方式來得更契入修養的本質。黃庭堅透過〈士大夫食時五觀〉表達出士大夫在飲食之中所應具備的反思自律的修養，提示出飲食當追求合宜於身心之道，並養成對人感恩與對食愛惜的態度，很明顯的，黃庭堅在佛教五觀的思想架構中，融入了儒家的士君子的修養，將儒釋的飲食思想作了初步整合，從這裡也可以看到佛教飲食觀對於士大夫的深遠影響。

〔註154〕《全宋文》卷二三四〇，頁204～205。

二、飲食行為的儀軌

佛教由於把進食活動看做是一種修行，於是對於與飲食相關的行為都有一定的規範，包括飲食時的宗教儀式、進食的儀態與禮儀、飲食的時間（過午不食），乃至於衛生等各方面都有相關的規範。佛教紀律森嚴的飲食禮儀，據說讓儒者程顥也大為嘆服，明人朱時恩在《居士分燈錄》記載：

> 一日過定林寺，偶見眾僧入堂，周旋步武，威儀濟濟，一坐一起，
> 並准清規。乃歎曰：三代禮樂，盡在是矣！〔註155〕

三、禁止食用的飲食

以修行為本的佛教飲食，對於會影響身心的食物均有禁止食用的規定。大乘佛教禁止的食物，包括：(1)戒酒：出家戒與居士戒均禁止飲酒，認為飲酒會導致身心放逸，故禁之。(2)禁肉食：原始佛教國家因托缽乞食的關係，對於肉類的供養並不特別拒絕，只要是三淨肉（不見殺、不聞殺、不為我殺）基本上都不禁止，不過漢傳佛教在梁武帝（464～549）倡導素食之後，僧人一律禁食肉類。(3)禁食五辛：劉宋時開始流傳的《梵綱經》：提到禁食蔥、蒜、韭、薤、興渠等具有辛臭味的蔬菜，自此之後，漢傳佛教也戒食五辛，並將之歸納為葷菜。在佛教的飲食戒律當中，以戒殺禁肉食的教義對於知識份子的影響最大。尤其是南宋士大夫對於殺生食肉的口腹之欲常有深切的省思，例如：

> 平生愛枯淡，老病未免肉。殺戒苦難持，貪境則易熟。鄙夫五鼎
> 少，達士一瓢足。紛紛刀机間，斷者豈復續。習聞謂當然，乍見可
> 痛哭。長安多貴人，得此試一讀。（陸游〈肉食〉）〔註156〕

> 戒殺當知有數端，聞聲見死敢加餐。居家自作專因我，雖美還應下
> 箸難。（史浩〈膳羞八篇〉其八）〔註157〕

> 留儲到此作素供，問君何為特殺生？臟神見夢羊踏菜，便呼茗碗來
> 被禳。君當戒屠我辟穀，輕身與蝶同飛揚。（舒岳祥〈生日仲素惠羊
> 酒作此奉謝〉）〔註158〕

〔註155〕（明）朱時恩：《居士分燈錄》，收於淨慧主編：《中國燈錄全書》（北京：中國藏學出版社，1993年），第六冊，頁317。

〔註156〕《全宋詩》冊40，卷二二○六，頁25243。

〔註157〕《全宋詩》冊35，卷一九七九，頁22184。

〔註158〕《全宋詩》冊65，卷三四三六，頁40912。

爲了因應素食的需要，北魏（386～543）賈思勰的《齊民要術》已出現一些素菜的製作方法，而到了唐代，開始出現用麵及蒟蒻之類的仿葷素饌〔註159〕，到了宋代，更出現了專賣素食的餐館，僅《夢粱錄》一書所記述的汴京素食就有上百種之多。由於宋代佛教思想興盛，因此也將素食的飲食觀充分的傳播到各個階層與各種生活層面。從宋詩當中就可以發現不少吟詠素食的詩歌，例如：

> 放翁年來不肉食，盤著未免猶豪奢。松桂軟炊玉粒飯，醯醬自調銀色茄。時招林下二三子，氣壓城中千百家。緩步橫摩五經笥，風爐更試茶山茶。（陸游〈素飯〉）〔註160〕

> 庖手餛飩匪一朝，饌素多品此爲高。薄施豆膩佐皮軟，省著椒香防乳消。湯餅粗堪相伯仲，肉包那敢奏功勞？還方謹勿傳方去，要使安貧無妄饕。（陳著〈次韻前人食素餛飩〉）〔註161〕

> 江南風物與君論，蘆筍蔞蒿薦晚樽。舉酒不知身在遠，隔江誰送假河魨？（袁說友〈謝魏南伯饋假河魨羹〉）〔註162〕

從這些詩歌，反映出佛教素食的飲食觀已經相當深入到士大夫的日常生活當中。無論是家裡自行料理的素飯，乃至於作功精細，能與肉食相抗衡的素餛飩，再再都顯示出佛教的素食觀已經從宗教進入到常民的生活中。有趣的是爲了滿足吃肉的慾望，從宋代開始就出現相當多的仿肉素菜。據《東京夢華錄》的記載，假河豚、假元魚、假蛤蜊都是當時餐館的熱門素菜。這種葷菜素作風潮甚至也影響了文人飲食，《山家清供》就有以葫蘆和麵筋作成的假煎肉。

四、飲食偈語的參悟

偈語本是佛教中用來表達證道體悟的唱頌詞，到了中國本土的禪宗興起之後，轉變了原始佛教離污求淨的出世的觀念，《六祖壇經》曰：「佛法在世間，不離世間覺；離世覓菩薩，恰如求兔角。」〔註163〕對於中國禪宗而言，

〔註159〕《北夢瑣言》卷五：「唐崔侍中安潛，崇奉釋氏……鎮西川三年，唯多蔬食。宴諸司，以麵及蒟蒻之類染做顏色，用象豚肩、羊臑、膾炙之屬，皆逼真也。」（唐）孫光憲：《北夢瑣言》（台北：藝文印書館，1965年），頁321。

〔註160〕《全宋詩》冊40，卷二二二〇，頁25456。

〔註161〕《全宋詩》冊64，卷三三七〇，頁40200。

〔註162〕《全宋詩》冊48，卷二五七九，頁29976。

〔註163〕《六祖壇經·般若品第二》，（唐）惠能口述、法海集錄、丁福保編註：《六祖壇經箋註》（台北：正一善書出版社，1993年），頁136。

日常生活的行住坐臥無不是參悟體道的契機，於是日常性的飲食也成爲偈頌表達的內涵，如：

> 包羅萬象，性氣粗豪。清淨爲根，禮恭叉手。通身上縫隙無餘，鑊
> 湯裏倒番觔斗。把得定橫吞豎吞，把不定東走西走。宜是山僧嚼破
> 時，泥牛洪地頻哮吼。（釋道濟〈餛飩〉）〔註164〕

> 寬著肚皮急叉手，鑊湯裏面翻筋斗。渾身糜爛轉聲香，那個禪和不
> 開口。（釋慧開〈餛飩〉）〔註165〕

> 不解多方錮鏴成，一錘打破與重烹。等閒脫體離窠臼，煮粥依前不
> 是羹。（釋師範〈再鑄粥鍋〉）〔註166〕

> 重重疊疊有來由，熱汗通身未肯休。直得變生爲熟去，方知胡餅是
> 饅頭。（釋廣文〈蒸籠〉）〔註167〕

這些以食物爲喻的偈頌，在普通的食物身上寄寓了莫測的意涵，讓人心生疑情，進而能夠起觸機參禪的宗教作用。禪宗以食爲偈的現象，說明了佛教從飲食的規範、態度這類的身心戒律與反思之外，更用日常飲食直指人心，作爲精神啓悟的憑藉。這時飲食也不再只是長養身體的資糧，更是啓悟心靈智慧的法食。

大體而言，佛教的飲食觀中對於士大夫影響最大的部分有兩個，一者是戒殺護生的飲食態度，這個部分與儒家傳統的仁，以及蔬食安貧的精神相互結合之後，成爲影響士大夫最深的佛教觀念。其次，則是佛教五觀中於飲食當中的自我反思以及感恩的態度，明人高濂於《遵生八箋》云：

> 倪正父思云：魯直作〈食時五觀〉其言深切，可謂知慚愧者矣。余
> 嘗入一佛寺，見僧持戒者，每食先淡吃三口。第一，以知飯之正味。
> 人食多以五味雜之，未有知正味者。若淡食，則本自甘美，初不假
> 外味也。第二，思衣食之從來。第三，思農夫之艱苦。此則《五觀》
> 中已備其義。每食用此爲法，極爲簡易。且先吃三口白飯，已過半
> 矣，後所食者，雖無羹蔬，亦可自了，處貧之道也。〔註168〕

〔註164〕《全宋詩》冊 50，卷二六五五，頁 31102。
〔註165〕《全宋詩》冊 57，卷二九九八，頁 35672。
〔註166〕《全宋詩》冊 55，卷二九一八，頁 34796。
〔註167〕《全宋詩》冊 59，卷三一○○，頁 37016。
〔註168〕《遵生八箋‧飲饌服食箋》，（明）高濂：《遵生八箋》（四川：巴蜀書社出版，

這段評論說明了傳統士大夫無論是對於佛教飲食禮儀，還是飲食滋味的體會方式，乃至於對於食物及供食者的感念，都深深獲得士大夫的肯定。由此可見佛教的飲食觀與飲食儀禮，在宋代之後對於士人的影響有日益增加的明顯趨勢。

第五節　結　語

「食色性也」雖說是人類最原始的本能欲望，然而除了在飲食養民的政治層面，思想家們同意讓百姓衣食溫飽外，在其他的層面，莫不是強調對口腹之慾要有所節制，茲分述如下：

一、在飲食禮儀的層面

強調要按照禮儀的規定，不可取之無度，如《禮記・王制》所云：「諸侯無故不殺牛，大夫無故不殺羊，士無故不殺犬豕，庶人無故不食珍。」〔註169〕此外，在宗廟祭祀的宴會上，並非是一個大飽口福的場合，相反地爲了教化百姓，緬懷飲食的本源，會以清水、生魚與不調味的肉羹來作爲祭品，以示反璞歸眞，如《禮記・樂記》：「食饗之禮，非致味也……大饗之禮，尚玄酒而俎腥魚，大羹不和，有遺味者矣。是故先王之制禮樂也，非以極口腹耳目之欲也，將以教民平好惡，而反人道之正也。」〔註170〕

二、在道德修養的層面

雖說儒釋道三家在思想學說上有所歧異，對於理想人格、修養功夫、境界追求與飲食理論也都有所不同，但基本上三家都致力於追求生命更高的價值與可能性，因此便牽涉對自然實存本性的超越，反映在飲食觀上，即是以降低人的口腹欲望爲修養功夫。

三、在養生保健的層面

合宜的飲食養生之道，除了必須講求五味調和、留心飲食宜忌與飲食衛生的原則外，更重要的是對於口腹嗜欲的節制，然而也正因口腹之欲是人最強烈的本能之一，因此在歷來的養生書籍均可見到許多對節制飲食的勸戒

1992 年），頁 713。

〔註169〕《禮記・王制》，（漢）鄭玄注、（唐）孔穎達疏：《禮記注疏》（台北：藝文印書館，1977 年），卷第十二，頁 245。

〔註170〕《禮記・樂記》，《禮記注疏》卷三十七，頁 665。

話語。

　　總而言之，正因傳統飲食觀將飲食等同於感官嗜欲，向來抱持必須節制，乃至以修養功夫來超克的態度，這在相當程度影響了歷來文人對待飲食的觀感。雖然說，對宋人而言，飲食已進入其審美觀照與書寫的場域，但是以清簡自律、安貧自守、甘於蔬食之美的飲食觀仍是深受傳統飲食觀影響下的產物。

第三章　南宋飲食書寫之風興起的因素

　　任何一個事物與文化現象的興起，其背後都是由許多主客觀與內外在因素的交互作用所形成。因此探討南宋飲食文化與飲食書寫之風的興起，也必須從這些相關因素逐步探討，始能闡明這個新興文化現象背後的成因。本章擬先就南宋飲食興盛的物質基礎——經濟開始談起，因為宋代商業經濟的發達，帶來了多元而豐富的飲食內容，形成了新的文化衝擊，因而造就新的寫作動能。其次，探討南宋文人因宦遊而興起的飲食書寫，唐宋以來士大夫因政治力的關係而有貶謫與宦遊的際遇，其在接觸異地陌生的飲食文化與習慣時，心靈遭受衝擊所形成的書寫。其三，探討南宋文人之間的交誼活動，包括文會與飲食饋贈所形成的吟詠風氣。其四，則探討豐富多元的節慶文化對於南宋飲食書寫之風的影響。前四項主要是從商業經濟、文人宦遊、民俗活動與人際交誼來談飲食書寫之風興盛的時空背景。不過任何文化活動之所以能夠產生廣泛的影響而形成風氣，文人思想意識中的價值觀念才是最重要的影響因素，因此最後以文人思想的變化作為探討主題，以統括與前四項因素的關係。

第一節　商業經濟對於南宋飲食書寫的影響

　　南宋文人的飲食書寫之所以能夠蓬勃的發展起來，固然有著文學本身的發展因素與文人價值觀的改變，但最重要的因素卻必須歸之於商業經濟的發達與生產技術的進步，此乃全面提升飲食條件的重要基礎。沒有這樣的物質基礎，那麼遠在閩粵的荔枝、沿海的魚蟹、北方的乳酪，根本無法來到文人

手中，更別說吟詠其滋味。因此商業與生產技術的高度發展，讓那些原本只有皇帝貴族可以享用的貢品，在商業機制的運作下，能以較平易的價格取得遠方之珍。

孟元老在《東京夢華錄·序》提到北宋東京的商業盛況：「八荒爭湊，萬國咸通。集四海之珍奇，皆歸市易。會寰區之異味，悉在庖廚。」〔註1〕從這段記錄，可以得悉當時梅堯臣、歐陽修等著名的詩人，之所以能夠吟詠一些車螯、蛤蜊、橄欖、荔枝等四方珍異，正是拜商業發達之賜。歐陽修在《歸田錄》卷二提到：

> 金橘產於江西，以遠難致，都人初不識。明道景祐初，始與竹子俱至京師。竹子味酸，人不甚喜，後遂不至。而金橘香清味美，置之罇俎間，光彩灼爍，如金彈丸，誠珍果也。都人初亦不甚貴，其後因溫成皇后尤好食之由是價重京師。〔註2〕

這段文字記錄了在北宋商業活動的影響之下，商人將南方的筍和金橘運送到東京，金橘從「都人不識」到「價重京師」的過程，以及商人因竹筍不受歡迎而不再運送的商業模式。這段記錄也將北宋文人之所以喜歡吟詠金橘的背景因素給呈現出來。可以說若不是商人為了利益，那麼在文人的宴飲之中也不會出現金橘這種珍果，自然也就不會有相關吟詠的詩歌了。又如車螯這種水產初次來到京師，歐陽修因而寫下〈初食車螯〉，詩中提到之所以能夠品嚐到車螯這樣的美食，主要是仰賴南北的水陸運輸，而運輸背後的強大動能，正是來自龐大的商業利益。換句話說，只要有商業利益，商人們就會想盡辦法來運送和保鮮。《東京夢華錄》曾提到商人如何運送活魚的方法，其云：

> 賣生魚則用淺抱桶，以柳葉間串，清水中浸，或循街出賣。每日早惟新鄭門，西水門、萬勝門，如此生魚有數千擔入門。冬月即黃河諸遠處客魚來，謂之「車魚」，每斤不上一百文。〔註3〕

即使食品無法保鮮，為了利益，商人也會不擇手段的讓食物有賣相，如宋人周輝在《清波雜志》就提到商人如何增加蝦米賣相的方法，其云：「淮甸蝦米用席裹入京，色皆枯黑，無味，以便溺浸一宿，水洗去，則紅潤如新。」

〔註1〕 （宋）孟元老撰、姜漢椿譯注：《東京夢華錄全譯》（貴州：貴州人民出版社，2009年），頁1。

〔註2〕 （宋）歐陽修：《歸田錄》（臺北：藝文印書館，1965年），頁54。

〔註3〕 《東京夢華錄全譯》卷四「魚行」，頁78。

〔註4〕就在商人用盡辦法將食物運送到北地之後，原本昂貴的東西迅速便宜下來，王鞏《續聞見近錄》云：「今子魚盛至京師，遺人或至百尾，由是子魚之價減十倍。」〔註5〕宋代發達的經濟活動，將原本只能靠皇家力量才能獲致的貢品，變成普通人家都可以吃得到的美食。正因爲商人一次又一次的將各地的珍異飲食呈現在文人眼前，因而不斷觸發他們吟詠飲食的強烈興味。

　　除此之外，經濟活動也進一步促進烹飪技術的發展與飲食的精緻度。根據《東京夢華錄》與《夢粱錄》等書的記載，商家爲了吸引顧客無不費盡心機，無論在菜餚上還是器皿上都相當精緻而講究。烹飪技法亦日趨複雜，光是烹飪技巧就有數十種，甚至光是一家餐館就有二百多道菜色，可見商業的活動對於宋代飲食的發展具有關鍵性的影響力。正因爲宋代商業活動的發展，庶民的飲食水準才能快速提升，因此宋代的文人比起前代文士，其飲食活動絕對要來得精彩許多。是故他們得以吟詠一些從前只有王公貴族可以享用的美饌，這也直接促進了飲食題材的創作。可以說北宋的飲食書寫之所以蓬勃發展，商業的經濟活動扮演著關鍵的因素。

　　宋室南遷，隨著達官顯要與富商大賈大批南下，南宋臨安經濟繁榮的盛況更凌越了北宋的汴京，據咸淳《臨安志》記載，其時臨安府人口已達 124 萬多人，是十二、三世紀世界上人口最多的大城市〔註6〕，耐得翁在《都城紀勝》一書序云：

> 自高宗皇帝駐蹕于杭，而杭山水明秀，民物康阜，視京師其過十倍
> 矣。雖市肆與京師相侔，然中興已百餘年，列聖相承，太平日久，
> 前後經營至矣，輻輳集矣，其與中興時又過十數倍也。〔註7〕

吳自牧《夢粱錄》亦云：「蓋因南渡以來，杭爲行都二百餘年，戶口蕃盛，商賈買賣者十倍于昔，往來輻輳，非他郡比也。」〔註8〕至於當時市肆繁榮的景

〔註4〕（宋）周煇：《清波雜志》，收於《文淵閣四庫全書》卷十二，第1039冊，頁87。

〔註5〕（宋）王鞏：《續聞見近錄》，收於（元）陶宗儀編：《說郛三種》（上海：上海古籍出版社，1988年），頁2322。

〔註6〕盧逍遙：〈《都城紀勝》：南宋杭州城市文化的繁榮書寫〉，《江南論壇》（2005年4月），頁56。

〔註7〕（宋）耐得翁：《都城紀勝》，收於《景印文淵閣四庫全書》第590冊（臺北：台灣商務印書館，1983年），頁1。

〔註8〕《夢粱錄》卷十三「兩赤縣市鎮」條，（宋）吳自牧：《夢粱錄》（陝西：三秦出版社，2004年），頁121。

象爲：

> 大抵杭城是行都之處，萬物所聚，諸行百示，自和寧門杈子外至觀
> 橋下，一家不買賣者，行分最多，且言其一二，最是官巷花作，所
> 聚奇異飛鸞走鳳，七寶珠翠，首飾花朵，冠梳及錦繡羅帛，銷金衣
> 裙，描畫領抹，極其工巧，前所罕有者悉皆有之。〔註9〕

而爲了因應北地人的飲食需求，從東京繁華之地流寓而來的北人，也將東京商業化的飲食模式複製到了臨安，據耐得翁《都城紀勝》對當時餐館的記載：

> 都城食店，多是舊京師人開張，如羊飯店兼賣酒。……南食店謂之
> 南食，川飯分茶。蓋因京師開此店，以備南人不服北食者，今既在
> 南，則其名誤矣，所以專賣麵食魚肉之屬，如（舖羊麵、盒生麵、
> 薑撥刀、鹽煎麵、鱔魚桐皮麵、抹肉淘、肉齏淘、綦子、蝦燥子麵、
> 帶汁煎，下至撲刀雞鵝麵、家常三刀麵）皆是也。若欲索供，逐店
> 自有單子牌麵。飽革饉店專賣：大燠、燥子乾饉並餛飩。菜麵店專
> 賣：（菜麵、薑淘、血臟麵、素綦子、經帶或有撥刀、冷淘），此處
> 不甚尊貴，非待客之所。素食店賣：（素簽、頭羹、麵食、乳蘭、河
> 鯤、脯、元魚），凡麩筍乳革飲食，充齋素筵會之備。衢州飯店又謂
> 之悶飯店，蓋賣飯也，專賣家常：（蝦魚、粉羹、魚麵、蝴蝶之屬），
> 欲求粗飽者可往，惟不宜尊貴人。市食點心，涼暖之月，大概多賣：
> （豬羊雞煎煠、餓划子、四色饅頭、灌脯、灌腸、紅燠薑豉、蹄子
> 肘件之屬）；夜間頂盤挑架者，如（鵪鶉兒、焦錘、羊脂韭餅、餅餤、
> 春餅、旋餅、餡沙團子、宜利少、獻燓糕、炙犯子之類）。遍路歌叫，
> 都人固自爲常，若遠方僻土之人乍見之，則以爲稀遇。〔註10〕

對照《東京夢華錄》的相關記述，就可以了解其中的相似性。換句話說，這些來自舊京師的商人仿效汴京的飲食店型式在臨安開設各種類型的餐館，並把中原一帶的烹調方法、飲食習慣以及飲食店的經營管理都帶到了杭州，不但豐富了當地市民的飲食生活，也進一步奠定了杭州飲食業在全國的地位。像這種市肆的商業飲食，甚至於連皇家貴族都相當喜愛，經常在節日時到民間市場去搜索東京風味的菜餚〔註11〕，著名的「宋嫂魚羹」就是曾住汴京最

〔註9〕　（宋）吳自牧：《夢梁錄》卷十三「團行」條，頁124。

〔註10〕　（宋）耐得翁：《都城紀勝・食店》，頁5～6。

〔註11〕　（宋）周密撰、吳企明點校：《癸辛雜識・別集》，收於嚴一萍選輯《百部叢

大酒樓——樊樓附近的宋五嫂所創制的，在高宗游西湖時獻給皇帝而出名的。像這樣豐富的飲食風貌，自然也就成為南宋文人描寫的重要題材，如：

> 市聲朝暮過樓欄，喧得人來不耐煩。寂寞山前聞叫賣，如何不作此心觀？（錢時〈賣葛粉〉）〔註12〕

> 買得荷包酒旋沽，荷包惜不是鱸魚。鱸魚不見張翰輩，自向滄波隱處居。（宋伯仁〈荷包鮓〉）〔註13〕

> 嫩劗苔邊綠，甘包雪裏春。蕭家湯是祖，束皙餅為鄰。混沌函三極，沖和貯一真。日斜摩腹睡，自謂葛天民。（洪咨夔〈薺餛飩〉）〔註14〕

這些詩歌所描寫的都是當時流行的街坊小吃，無論是賣葛粉的小販，還是去街坊買下酒的荷包鮓，乃至於哪家店才是薺餛飩的創始店，都是文人熱中描寫的對象。從這裡也不難看出南宋商業化的飲食經營，已經將平民的日常飲食提升到相當高的水準。

而南宋強大的商業貿易也將各地生產的食物，迅速有效地運送到各地，從南宋詩人的飲食書寫時常可以看到各地名產，如：

> 鵲噪虛簷喜可占，奇薰得得出珍奩。山藷尚帶中原土，淮白仍餘東海鹽。北物遠來難再致，南烹久飫喜相兼。分甘擬作親庭壽，料想齊眉亦共饜。（蔡戡〈以淮白、南京山藥為子真太夫人壽，即用前韻〉）〔註15〕

> 金相玉質介為裳，一騎紅塵自遠方。籍掛眾香椒桂國，身居大海水雲鄉。丁嬴薦醢體猶具，甲煎流芬名未亡。舉酒便應酬一醉，尊前風味試平章。（岳珂〈香嬴〉）〔註16〕

> 筠籠相逐到天涯，喜見森森色正佳。尚想紅鹽落青子，未誇黃蜜掛蒼崖。眼中鄉味催歸夢，足下跫音慰遠懷，稍待酒殘回齒頰，餘甘猶足助談諧。（袁說友〈橄欖來自嘉州〉）〔註17〕

書集成》冊三（台北：藝文印書館，1966年），頁23。
〔註12〕《全宋詩》冊55，卷二八七五，頁34316。
〔註13〕《全宋詩》冊61，卷三一八〇，頁38162。
〔註14〕《全宋詩》冊55，卷二八九二，頁34518。
〔註15〕《全宋詩》冊48，卷二五八七，頁30068。
〔註16〕《全宋詩》冊56，卷二九六九，頁35372。
〔註17〕《全宋詩》冊48，卷二五七七，頁29951。

因此，無論是北地敵區的山藥、淮河的淮白魚，還是來自東南大海的香嬴〔註18〕，乃至於來自於嘉州（今四川省）的橄欖，詩人得以盡享各地的美食，進而吟詠形諸筆墨，其背後的支撐力量正是南宋發達的商業活動與強大的經濟力量。

　　除此之外，從南宋杭州的食店風貌，更可發現南北飲食大融合的現象，正如《夢梁錄》所云：「南渡以來，凡二百餘年，則水土既慣，飲食混淆，無南北之分矣」〔註19〕。南人食米，北人食麵，是北宋時期即為人們所熟知的飲食習慣，南北飲食，甚至連料理方式都差異甚遠，而有所謂的南烹北饌。到了南宋，儘管位於魚米之鄉的杭人依舊保持著自己的飲食習慣，但受到北方強勢飲食文化的影響，以致在很大程度上改變了臨安飲食業的經營型態，也使得臨安飲食業的經營品類發生了很大的變化。從先前《都城紀勝·食店》的引文可知，南宋杭州的餐館多是舊京師人所經營，雖以北人所愛的各式麵食居多，然而早已加入了許多南方的食材，如各式蔬菜與魚鮮，甚至連北方人不愛的豬肉都大量出現了〔註20〕，呈現了南料北烹的情形，在文人的飲食詩歌中也經常出現這種餚饌，如陸游的「蟹供牢九美」〔註21〕，就是對蟹肉（南料）包子（北烹）的讚美；又如陸游的「佳哉冷淘時，槐芽雜豚肩」〔註22〕，就是以豬肉（南料）、槐葉所做成的涼麵（北烹）；又如南宋文人食譜《山家清供》中的「簷蔔煎」、「煿金煮玉」、「酥黃獨」等菜均使用拖油麵煎為料理方式，即是典型的北烹〔註23〕。而在文人的宴席上，也經常出現南烹北饌紛然俱陳的現象，如：

〔註18〕《說文》：「嬴，蜾嬴也。俗字作螺。」《南越筆記》卷十一：「嬴種最多，以香嬴為上，產潮州。大者如盤盂，其殼雌雄異聲，可供軍中用。」（清）李調元：《南越筆記》（台北：新興書局，1988年），頁145。

〔註19〕（宋）吳自牧：《夢梁錄》卷十六「麵食店」，頁150。

〔註20〕從蘇軾膾炙人口的〈食豬肉詩〉：「黃州好豬肉，價錢等糞土。富者不肯吃，貧者不解煮。」可知北宋當時豬肉的地位是遠遠不及羊肉的。但是經過南宋時期，經過一整個民風的轉換，飲食中的首選肉食已從羊肉改變為豬肉。見劉樸冰：《唐宋飲食文化比較研究》（北京：中國社會科學出版社，2010年），頁64。

〔註21〕陸游〈與村鄰聚飲·二首之一〉：「蟹供牢九美」下自注：「聞人懋德言《餅賦》中所謂牢九，今包子是。」《全宋詩》冊40，卷二二一三，頁25344。

〔註22〕陸游：〈春日雜題·六首之四〉，《全宋詩》冊40，卷二一九八，頁25113。

〔註23〕沈括：《夢溪筆談》卷二十四：「如今之北方人喜用麻油煎物，不問何物，皆用油煎。」沈括：《夢溪筆談》（北京：中華書局，1985年），頁375。

……南烹北果聚君家，象箸冰槃物物佳。……（楊萬里〈慶長叔招飲一杯，未釂，雪聲璀然。即席走筆賦十詩〉）〔註24〕

……兒童喜時節，笑語治樽俎。南烹俱前陳，北果亦草具。……（楊萬里〈寒食對酒〉）〔註25〕

南烹北饌妄相高，常笑紛紛兒女曹。未必鱸魚芼菇菜，便勝羊酪薦櫻桃？（陸游〈食酪〉）〔註26〕

從中可以發現，南北地域的飲食方式確實有異，但在南宋文人筆下早已成為欣然接納的餐盤中物，相較於北宋文人對於特定飲食的執著，如蘇軾：「久客厭虜饌，枵然思南烹」〔註27〕、黃庭堅的「北饌厭羊酪，南庖豐筍菜」〔註28〕，南宋文人相較之下，則能以更開放兼容的心態，充分享受各地美食。因此身為南人的陸游能由衷地喜愛乳酪的滋味，盛讚「未必鱸魚芼菇菜，便勝羊酪薦櫻桃？」楊萬里對於胡食酥之美，更是讚不絕口，其〈詠酥〉一詩云：「似膩還成爽，纔凝又欲飄。玉來盤底碎，雪到口邊銷。」〔註29〕

此外，飲食的高度發展，也使得人們從求飽、求美味的口腹要求，進一步發展出高雅的飲食文化，如《夢粱錄》卷十六記載：

今杭城茶肆亦如之，插四時花，掛名人畫，裝點店面，四時賣奇茶異湯，冬月添賣七寶擂茶，今之茶肆列花架，安頓奇松異檜等物於其上，裝飾店面。〔註30〕

茶肆內不僅用四時鮮花作裝飾，更掛上名畫與奇松異檜。從這裡也可以看出南宋的飲食活動已經充分與文化相互結合，形成一種雅緻的飲食文化。在南宋這種精緻而多元的飲食文化中，文人生活中的飲食吟詠自然也就多了起來，這些受到經濟活動影響下的飲食風貌已經成為南宋飲食創作的重要背景。

綜上所述，南宋經濟的繁榮盛況更勝北宋，這對於南宋的飲食發展無疑

〔註24〕《全宋詩》冊 42，卷二二八八，頁 26260。
〔註25〕《全宋詩》冊 42，卷二二八九，頁 26270。
〔註26〕《全宋詩》冊 41，卷二二三四，頁 25668。
〔註27〕蘇軾：〈送筍芍藥與公擇・二首其一〉，《全宋詩》冊 14，卷七九九，頁 9253。
〔註28〕黃庭堅：〈蕭巽、萬敏修二學子和予食筍詩，次韻答之，二首其一〉，《全宋詩》冊 17，卷一〇一〇，頁 11542。
〔註29〕《全宋詩》冊 42，卷二二八五，頁 26222。
〔註30〕（宋）吳自牧：《夢粱錄》，頁 147。

起了強大的促進作用，正因如此，南宋文人所享有的飲食資源與飲食經驗，確實是歷代文人所遠遠不及的，這也正是南宋飲食書寫之風興盛的最重要基礎。此外，代表著北方的東京飲食夾著強勢的文化南下，來到魚米之鄉的南方，使得南北飲食文化在臨安珠聯璧合。在多元飲食的衝擊之下，所帶來的影響是文人不再拘泥於特定地域的家鄉飲食，而能以開放的胸襟欣賞、熱愛並吟詠來自異地的多元美食。此外，飲食的高度發展也進一步發展出高雅精緻的飲食文化，南宋文人置身在如此的飲食氛圍底下，自然帶動了蓬勃的飲食書寫風氣。

第二節　宦遊與貶謫對南宋飲食書寫的影響

　　唐代在發生安史之亂（755～763）以後，為了強化中央集權並削弱地方勢力，開始廣泛實施「磨勘」制，藉由考核升遷並不斷輪調各地官員，以避免其在地方坐大。這種因官的轉任而四處遷徙，造就了士大夫必需長期忍受離鄉背井的流浪生涯，因而也被唐人稱為「宦旅」、「宦遊」，反映在文學上，即有所謂的宦遊文學。從唐人的詩歌，可以看到文人對於宦旅生涯，常有一種深重的悲情，如韋應物（737～792）的〈休沐東還胄貴里示端〉：「宦遊三十載，田野久已疏。」〔註31〕不過從另一方面，對於安土重遷的中國人，也因為這種特殊的宦旅生涯才得以接觸到各地的特殊風物與風土民情，因此李頎（690～751）也說：「夷俗富珍產，土風資宦遊。」〔註32〕除了這種例行性的調派，唐代也開始將官員貶謫到嶺南，文人初到這片蠻荒未開化之地，置身在與家鄉迥然不同的飲食生活中，往往記錄下令他們驚恐萬分的飲食現象，如韓愈（768～824）的〈初南食貽元十八協律〉：

> 鱟實如惠文，骨眼相負行。蠔相黏為山，百十各自生。蒲魚尾如蛇，口眼不相營。蛤即是蝦蟆，同實浪異名。章舉馬甲柱，鬥以怪自呈。其餘數十種，莫不可歎驚！我來禦魑魅，自宜味南烹。調以鹹與酸，芼以椒與橙。腥臊始發越，咀吞面汗騂。惟蛇舊所識，實憚口眼獰。開籠聽其去，鬱屈尚不平。賣爾非我罪，不屠豈非情？不祈靈珠報，幸無嫌怨並。聊歌以記之，又以告同行。〔註33〕

〔註31〕《全唐詩》冊6，卷一八七，頁1909。
〔註32〕（唐）李頎：〈龍門送裴侍御監五嶺選〉，《全唐詩》冊4，卷一三四，頁1365。
〔註33〕《全唐詩》冊10，卷三四一，頁3827。

唐憲宗元和十四年（819），韓愈因諫迎佛骨，被貶到潮州（今廣東省）。潮州盛產各式各樣形貌古怪的海產，有外形像惠文冠〔註34〕，眼睛長在背上，相負而行的鱟魚、有外殼粘連在一起堆積成小山的蠔、還有長得像蛇的蒲魚，以及蝦蟆、章魚、馬甲柱等幾十種聞所未聞的怪異食物。在這些食物當中，他唯一認得的只有蛇，不過那猙獰的樣子實在讓人不敢領教，只得開籠把它放走。這對習慣以五穀家禽為食的中原人韓愈來說，可謂驚駭到了極致。這種奇異的飲食經驗，也使得原本對於日常飲食完全沒有書寫興趣的韓愈，竟破例的讓他寫下這首飲食詩寄給友人。可以說唐代文人因貶謫或宦旅所經歷的特殊飲食經驗，是直接刺激文人創作飲食文學的重要因素。

　　到了北宋，這類官員輪調與謫遷的情形比唐代更加普遍了，再加上北宋中期以後的黨爭，因此多數的官員都曾歷經過這類輾轉各地的宦旅生涯。許多名臣曾經歷多次貶謫而後拜相，後來甚至將貶謫視之為一種敢於任事進言的光榮象徵，文瑩《續緗山野錄》曾記載范仲淹（989～1052）因言事而多次被黜，同僚以「此行極光」這類讚語為其餞行，蘇軾在〈自題金山畫像〉一詩中亦用「問汝平生功業？黃州、惠州、儋州」這類自嘲的口吻來看待貶謫，凡此種種，莫不說明宋代士大夫特有的處世態度。而宋代士大夫對日用民生的關懷、經世致用的精神與博學多藝的通才特質，也為偏遠的地方帶來開發之功，大大改善當地落後的生活，充分發揮他們作為知識精英的長才，因此宋人對於謫遷的宦旅心態不再像唐人那樣充滿苦痛的鬱悶之情。可以說宋人安時處順的修養，使其能夠以一種較開放的胸襟，與積極性的好奇心去融入異地的飲食文化。最為人所津津樂道的貶謫文人莫過於蘇軾了，在其謫遷生涯中，留下太多精采的飲食文學，其〈聞子由瘦（儋耳至難得肉食）〉云：

> 五日一見花豬肉，十日一遇黃雞粥。土人頓頓食薯芋，薦以薰鼠燒蝙蝠。舊聞蜜唧嘗嘔吐，稍近蝦蟆緣習俗。十年京國厭肥羜，日日烝花壓紅玉。從來此腹負將軍，今者固宜安脫粟。人言天下無正味，蝍蛆未遽賢麋鹿？海康別駕復何為？帽寬帶落驚童僕。相看會作兩臞仙，還鄉定可騎黃鵠。〔註35〕

這首詩是宋哲宗元祐八年（1093），蘇軾貶到惠州（今廣東省東南部）時所作，

〔註34〕惠文冠，冠名，古代武官所戴的冠，相傳戰國時趙惠文王所制，故名。漢以後侍中、中常侍都戴此冠，或加黃金璫，附蟬為飾，插以貂尾，因亦稱「貂璫」、「貂蟬」。

〔註35〕《全宋詩》冊14，卷八二四，頁2475。

期間因飲食困乏肉食難得，只能偶爾吃到豬肉和雞粥。而當地土人是以諸芋為食，佐以薰鼠與燒蝙蝠，尤其是以蜜沾未開眼的活幼鼠，咬下會「啾」一聲的「蜜啾」，一開始光聽就要令人作嘔，不過慢慢的他也漸漸適應這種飲食，開始吃蝦蟆。他放棄儒家以中原本位的正味觀念，而以道家無正味的開放態度，去面對這截然不同的異域美食。當然，嶺南也不見得都是這些令人難以下嚥的食物，美味的荔枝讓蘇軾不禁大呼：「日啖荔枝三百顆，不辭長作嶺南人。」〔註36〕又說：「我生涉世本為口，一官久已輕蓴鱸。人間何者非夢幻？南來萬里真良圖。」〔註37〕從這裡也可以看出，蘇軾以「涉世本為口」的價值，將遷貶的失意幽默地轉化為「南來萬里真良圖」的美食之旅，他更在這種異域的飲食文化中，體會出如何破除既有價值的圈限，進而能夠平等的去看待與自己不同的文化。當然，宦遊遷貶的旅途絕對不是一種浪漫的飲食享受過程，更多的時候，文人往往要在這些窮鄉僻壤之中尋找可以活命的生活物資，甚至於醫療與保健樣樣都要自己來。在這種困頓的生活情況之下，飲食自然就成為謫臣的生活焦點與重要的書寫主題，這也就是何以蘇軾在異域的飲食書寫特別多的原因。在蘇軾豐富的飲食作品影響之下，將宋代的飲食書寫的風氣大幅提升，並因而廣泛地影響了南宋的飲食創作。

南渡之後，隨著北人的大量湧入，以及南方的開發，南北飲食之間的差異也逐漸消失。昔日在唐人眼中恐怖的奇食怪物，在南宋文人的眼中都已成為令人食指大動的美食，諸如韓愈筆下的鱟、蛤蟆這些腥臊不堪的怪食，以及吃了讓人滿頭大汗的椒橙調味，都早已是南宋人們的餐盤珍饈與食用海鮮時不可或缺的重要佐料，如「未借前籌已嚥津，鱟醬子魚總佳客」〔註38〕、「小兒偶得官樓酒，鱟醢鰌乾一醉同」〔註39〕、「喜看縷膾映盤箸，恨欠斫蟹加橙椒」〔註40〕，楊萬里更寫了一首〈鱟醬〉來歌頌其美味：

> 忽有瓶罌至，捲將江海來。玄霜凍龜殼，紅霧染珠胎。魚鮓兼蝦鮓，奴才更婢才。平章堪一飯，斷送更三盃。〔註41〕

〔註36〕蘇軾：〈食荔枝·二首其二〉，《全宋詩》冊14，卷八二三，頁9530。
〔註37〕蘇軾：〈四月十一日初食荔支〉，《全宋詩》冊14，卷八二二，頁9515。
〔註38〕楊萬里：〈梅殘寒夜不寐，新柳小飲俎豆，頗備江西淮浙之品·戲題二首其一〉，《全宋詩》冊42，卷二二八五，頁26180。
〔註39〕陸游：〈春晚小飲〉，《全宋詩》冊40，卷二二一四，頁25368。
〔註40〕陸游：〈臨別成都悵飲萬里橋，贈譚德稱〉，《全宋詩》冊39，卷二一五九，頁24372。
〔註41〕《全宋詩》冊42，卷二二八五，頁26212。

詩中高度讚美鱟醬風味之美，認為就連魚鮓與蝦鮓的滋味都遠遠不如鱟醬，只能給鱟醬當奴僕，並說只要有此一味，就可以多吃一碗飯，痛快喝掉三杯酒。因此從南宋文人的宦旅乃至於貶謫的飲食記述，大抵上已看不到唐人對嶺南異食的驚悚，也毋須像北宋文人必須用道家無正味的飲食觀去超越，可以說南宋文人多半是以一種自在與享受的方式去品味各地的美食。

就南宋三大詩人而言，個個宦旅經驗都十分豐富，也因此留下了非常豐富的飲食書寫。范成大（1126～1193）堪稱是南宋文人中行旅足跡最遠、也是最能充分享受宦旅生涯的旅行家，其無論是北上金國，還是到桂林，乃至於巴蜀，他都能充分利用這些因官派任宦遊各地的機會，去經驗各地的飲食風物，並從事相關的考察與記錄，因此其旅行見聞的著作相當豐富，有《攬轡錄》、《驂鸞錄》、《桂海虞衡志》、《吳船錄》等書。此外，在范成大的詩歌中也充斥著大量異地風土的飲食記述，或許是異地見聞的刺激、對奇鄉異俗的熱愛，也或許是安時處順的人生修養，面對異域蠻荒的飲食，在范成大的詩中總沒有太多的悲歡與感慨，而是以一顆平常心來記述宦旅中所見所聞的飲食風物。范成大即使是其描寫巴蜀那些讓他難以接受的飲食習慣時，也僅僅是用一種奇風異俗的新奇眼光在看待，如〈巴蜀人好食生蒜，臭不可近。頃在嶠南，其人好食檳榔合蠣灰。扶留藤，一名蔞藤，食之輒昏然，已而醒快。三物合和，唾如膿血可厭，今來蜀道，又為食蒜者所薰，戲題〉一詩所描述的：

> 旅食諳殊俗，堆盤駭異聞。南餐灰薦蠣，巴饌菜先葷。幸脫蔞藤
> 醉，還遭胡蒜薰。絲蓴鄉味好，歸夢水連雲。〔註42〕

面對巴蜀人喜歡吃生蒜臭氣薰天，還有嶠南（嶺南）人喜歡吃檳榔吐檳榔汁的樣子，范成大打從內心對這些異地飲食不敢領教，並少見地抒發了對於家鄉味的思念之情，但從他在詩中所說的「旅食諳殊俗」，其體會到必須透過旅行中的飲食經驗才能深刻了解不同地方的文化，而從詩題最後的「戲題」二字，也透露出了范成大實際上是以一種奇聞異事的心態在看待這些異地飲食。

至於陸游（1125～1210）因范成大之邀而入川當幕僚，他將入蜀途中的生活日記，寫成了《入蜀記》這部宦遊的作品。到了四川之後，陸游深深愛上了范成大所不喜歡的巴蜀飲食，入蜀七年讓他得以盡情品嚐四川美食，因

〔註42〕《全宋詩》冊41，卷二二五七，頁25901。

而吟詠了相當多的四川食物，如薏苡、綠荔枝、丙穴魚〔註 43〕、木耳、龍鶴
菜、巢菜、紅糟、菜粥、川茶等。離開了四川，陸游對蜀食還是念念不忘，
這對向來不尚口腹的陸游確實是很不尋常的。陸游還經常用「夢蜀」、「思蜀」
這類詩題為詩，對蜀食總是不憚其煩一再羅列如數家珍，如〈冬夜與溥庵主
說川食戲作〉云：

> 唐安薏米白如玉，漢嘉栮脯美勝肉。大巢初生蠶正浴，小巢漸老麥
> 米熟。龍鶴作羹香出釜，木魚瀹菹子盈腹。未論索餅與饡飯，最愛
> 紅糟并菜粥。東來坐閱七寒暑，未嘗舉箸忘吾蜀。何時一飽與子
> 同？更煎土茗浮甘菊。〔註 44〕

陸游懷念蜀食，甚至到了「未嘗舉箸忘吾蜀」的地步。在〈夢蜀〉一詩更認
為「自計前生定蜀人」〔註 45〕，昔日與友朋同遊的美好記憶，以及對肥美的
丙穴魚和峨眉山美味的木耳的懷念，都讓他魂牽夢縈。由此可看出，川食所
象徵的不只是食物的美好滋味，更承載了陸游在四川的美好歲月。

　　楊萬里（1127～1206）也常因為官職的調派而四處轉徙，因而能享受各
地美食、也吟詠了為數不少的各地風物。除此之外，到各地赴職途中的飲食
狀況也是他相當關心的主題，無論是在荒郊的野炊，還是路上欣遇的野店，
都是他興趣盎然的寫作題材。在行役途中，很多事難以齊備，無論食住都十
分困頓。不過詩人卻沒有因此流露行路難的窘迫之情，反倒呈現一種曠達自
適的心境，如〈晨炊旱塘〉一詩所云：

> 一歲官拘守一州，天將行役賜清遊。青山綠水留連客，碧樹丹楓點
> 綴秋。夜夢晝思都是景，左來右去不勝酬。我無韋偃丹青手，只向
> 囊中句裏收。〔註 46〕

詩中轉行役為清遊的心境，讓楊萬里對於簡陋的旅食能安之若素，因而能吟
出「筍便落林猶勝肉，蕨纏出土更燒油」〔註 47〕的詩句，甚至楊萬里對於野
地食物的採集與調理都有相當有心得，其在〈船中蔬飯〉云：

〔註43〕丙穴魚，是鯉科裂腹魚屬，原產於中國四川。外型與鱒魚相似，通常居住在
　　　　清澈而湍急的河流之內，肉質鮮細嫩。
〔註44〕《全宋詩》冊 39，卷二一七〇，頁 24623。
〔註45〕《全宋詩》冊 39，卷二一五九，頁 24386。
〔註46〕《全宋詩》冊 42，卷二三〇〇，頁 26421。
〔註47〕楊萬里：〈晨炊泉水塘村店，無肉只賣筍蕨，嘲亭父〉，《全宋詩》冊 42，卷二
　　　　三〇八，頁 26537。

食蕨食臂莫食拳，食筍食梢莫食根。何曾萬錢方下筋，先生把菜亦
飽去。嶺南風物似江南，筍如束薪蕨作籃。先生食籍知幾卷？千巖
萬壑皆廚傳。〔註48〕

能夠將大自然當作自家廚房，隨時取用所需的食材，透顯出楊萬里隨遇而安
的精神，而豐富的常識以及對於食經的鑽研，也讓楊萬里在困頓的處境中依
然保有豐盛的飲食生活。當然了，因長期宦遊在外而不能回鄉的處境，也讓
楊萬里特別懷念家鄉的飲食，而有許多鄉味與鄉情的書寫。

　　綜上所述，唐宋以來的官員因為貶謫、派任的宦遊經歷，異地的飲食經
驗大大刺激了文人的思想意識，乃至有了諸多吟詠創作的衝動。到了北宋，
蘇軾宦遊的飲食書寫成為重要的典範之後，大量有關旅食與異地飲食的書寫
就成為文士重要的寫作題材，既提升了宋代飲食的寫作風氣，也廣泛影響南
宋飲食文學的創作。至於南宋文人的宦遊經驗與前代最大的不同，乃在南宋
文人自幼即生長在南北飲食交融的多元情境之中，因此相對於前代的文人，
南宋文人具有較為開放的胸襟與視野去「領教」異地飲食的體質，以至於范
成大四處宦遊而安之若素，蜀食對陸游而言早就是不遜於家鄉味的珍饈，楊
萬里以安時處順的人格修養來面對旅途中種種困頓的飲食情況。總之，對南
宋人而言，因為貶謫與四處宦遊的經驗，在種種異地飲食的刺激下，文人對
於原本的地域飲食觀漸趨淡薄，而能以自在開闊的態度來遍享各地美食，因
此在其筆下得以呈現豐富多元的飲食風貌。

第三節　豐富多元的節慶文化對於飲食書寫的影響

　　以農立國的華夏民族，自古以來的作息都是依循大自然的節氣變化來制
定，因此重要的節氣乃新階段的季節變化與相應而來的農事活動的重要標
誌，這種因應節氣變化所產生的重要節日，是中華民族在長期的農耕文化中
逐漸形成的一種民俗文化。有別於後世對於節日歡樂氣氛的認知，節日最早
的功用實是為了祈求平安的宗教祭祀，是趨吉避凶心態下的宗教願望，如除
夕、上巳、端午、重陽與冬至都與驅疫、辟邪、除厄有關。

　　一直要到唐宋時期，節日風俗的發展才開始出現了大的轉變，隨著商業
經濟的活絡與大規模的都市聚落形成之後，消閒與娛樂的需求大增，因此

〔註48〕《全宋詩》冊42，卷二二八九，頁26272。

節日風俗也開始與城市生活及休閒娛樂相結合，進而使得在農業社會中人們所看重的祈望平安與消除不祥的宗教目的，往娛樂的世俗目的發展，這種娛樂化的年節發展到了商業經濟最鼎盛的南宋時達到了頂盛。於是元日放爆竹已是爲了歡樂而不再是爲了驅邪；元宵祭神的燈火，變成人們觀賞的花燈；重陽登高避疫成爲文人持螯賞菊的佳節；原先爲了驅邪的儺已轉化成娛樂的百戲。都市人過節，不再像早期人們爲了避邪而守在家裏團圓。熱鬧繽紛的街頭，不僅吸引市井的平民百姓，甚至於平日安臥華府的達官貴人，於節氣時也忍不住要出來遊街感受一下熱烈的節慶氣氛，遂形成了唐宋以來人們於節日遊賞的風氣，如南宋黃公紹〈瀟湘神〉：「馬如龍，馬如龍。飛過蘇堤健鬥風，柳下繫船青作覽，湖邊薦酒碧爲筒。」〔註 49〕端午節坐船遊賞，以荷葉爲杯，一面看龍舟比賽，可以說節慶與娛樂已經充分的結合在一起。又如范成大〈菊樓（金陵出一種菊，甚高，園丁結成樓塔，或至一二丈）〉：「東籬秋色照疎蕪，挽結高花不用扶。淨洗西風塵土面，來看金碧萬浮圖。」〔註 50〕從中可看出南宋的節慶活動，已經出現了類似今日節慶當中的公共造景，以菊布置成爲樓塔，這種節慶風貌正與南宋經濟與都市化有著密切關係。

此外，爲了因應遊賞的過節文化，人們將原本用來祭祀、辟邪用的單調食品予以翻新與精緻化，呈現出令人目不暇給的節物風貌，如端午節的粽子，原本只是「以竹筒子貯米投水以祭之」〔註 51〕的簡單端午祭品，到了北宋時已發展出各種名目與形制的粽子，「有角粽、錐粽、茭粽、筒粽、秤錘粽，又有九子粽。」〔註 52〕到了南宋，則更加繁複精緻，甚至堆疊成樓臺舟車之狀，如周密《武林舊事》所云：「糖蜜巧粽，極其精巧……巧粽之品不一，至結爲樓臺舫輅。」〔註 53〕且不僅是粽子，還有用水團（湯圓）所製作的各種五顏六色的花果人獸，如陳元靚（1225～1264）《歲時廣記》：「端午作水團，又名白團，或雜五色人獸花果之狀，其精者名滴粉團。或加麝香。」〔註 54〕這些

〔註 49〕《全宋詞》冊 5，頁 3367。

〔註 50〕《全宋詩》冊 41，卷二二六三，頁 25962。

〔註 51〕（梁）吳均：《續齊諧記》（台北：藝文印書館，1967 年），頁 6。

〔註 52〕（宋）呂原明《歲時雜記》，（南宋）陳元靚：《歲時廣記》卷二十一「作角粽」，收於《歲時習俗匯編》冊五（臺北：藝文印書館，1970 年），頁 237。

〔註 53〕（宋）周密：《武林舊事》（臺北：藝文印書館，1965 年），卷三「端午」，頁 7。

〔註 54〕《歲時廣記》卷二一引呂原明《歲時雜記》所云，（南宋）陳元靚：《歲時廣

現象在在顯示在南宋強大的經濟力與高度都市化之後，所導致的節慶飲食變化。在這種熱鬧繽紛的都市節慶氛圍之中，節慶的飲食風貌很自然地進入到文人書寫的視野當中，如張炎（1248～1320）〈慶春宮〉：

> 都下寒食，遊人甚盛，水邊花外，多麗環集，各以柳圈祓禊而去，
> 亦京洛舊事也。波蕩蘭觴，鄰分杏酪，畫輝冉冉烘晴。胃索飛仙，
> 戲船移景，薄遊也自忺人。短橋虛市，聽隔柳，誰家賣餳？〔註55〕

從這闋詞中可知，原本禁火、掃墓的寒食節，變成了都人春遊、仕女如雲的熱鬧節慶。鄰人分送的杏酪雖是寒食的舊俗，不過叫賣的麥芽糖（餳）則顯現出都市與商業化之後的節慶特色〔註56〕。

　　相較之下，南宋時期鄉村的民俗活動則保留較多的傳統特色，濃厚的宗教儀式、村人同食共飲與祭品共分等傳統習俗依舊盛行。長期居住於鄉村的陸游，詩中就時常提到許多鄉間的節慶文化，如：

> 社日取社豬，燔炙香滿村。饑鴉集街樹，老巫立廟門。雖無牲牢
> 盛，古禮亦略存。（陸游〈社肉〉）〔註57〕

> 冬日鄉閭集，珍烹得遍嘗。蟹供牢九美，魚煮膾殘香。雞蹠宜菰
> 白，豚肩雜韭黃。一歡君勿惜，豐歉歲何常？（陸游〈與村鄰聚
> 飲・二首其一〉）〔註58〕

從陸游的描述中，可看出即使是在荒僻的村野，其節慶聚會的飲食仍然相當豐富，這種富於傳統節慶風情的飲食文化，自然也符合宋人喜歡書寫生活的趣味，進而影響了南宋飲食的書寫。另外不同地域的節慶文化也讓四處宦遊，作客他鄉的南宋文人興起寫作的強烈情感，如：

> 草粿京糰要賀年，玉融風俗不同天。元正犯醉長洲市，又憶浮家厭
> 海鮮。（陳藻〈元日平江作〉）〔註59〕

> 北土重寒食，東風吹故鄉。不知清野後，還有踏青無？荻筍烹魚
> 美，蔞蒿裹飯肺。異鄉悲節物，歸夢近檣烏。（項安世〈寒食有懷楚

　　　記》，頁254。
〔註55〕《全宋詞》冊5，頁3464。
〔註56〕按寒食節物醴酪、餳都是農業社會中農家自製的節物。
〔註57〕《全宋詩》冊40，卷二二〇六，頁25236。
〔註58〕《全宋詩》冊40，卷二二一一，頁25344。
〔註59〕《全宋詩》冊50，卷二六六六，頁31309。

都〉〉〔註60〕

埂外新陂綠，岡頭宿燒紅。裹魚蒸菜把，饋鴨鎖筠籠。酒侶晨相
命，歌場夜不空。土風並節物，不與故鄉同。（范成大〈南塘寒食書
事〉〉〔註61〕

故鄉飲食是人們根深柢固的生命印記，尤其異地節慶的異味飲食更容易勾動
起對於家鄉節物的思念，因此豐富多元的節慶飲食文化也激發了這些宦旅文
人對於飲食的描寫。

除了上述各種民間節慶文化影響南宋文人的飲食書寫外，文人之間的聚
會與文化活動也與節慶飲食密切相關，宋人張鑑在《賞心樂事》中列出各個
月份中特別重要的文人飲食活動，茲撮舉如下：

正月：「歲節家宴立春日春盤」、「人日煎餅會玉照堂賞梅」

二月：「現樂堂瑞香社日社飯」

三月：「生朝家宴曲水流觴」、「寒食郊游碧宇觀筍」

四月：「初八日亦菴早齋南湖放生食糕麋」

五月：「安閒堂解粽重午節泛蒲」

六月：「清夏堂新荔枝霞川食桃」、「芙蓉池賞荷花約齋夏菊」

七月：「立秋日秋葉玉照堂玉簪」、「西湖荷花南湖觀魚」

八月：「社日糕會眾妙峰山木犀」

九月：「重九登城把萸把菊亭采菊」

十一月：「摘星軒枇杷花冬至節餛飩」

十二月：「二十四夜餳果食玉照堂看早梅」、「除夜守歲」〔註62〕

文人往往藉由這類民俗的節慶來舉辦屬於文人情趣的遊宴雅集，也因為一年
四時恆常處在這種熱烈繽紛的節慶飲食文化之中，無形當中節慶多元的飲食
樣貌也就成為南宋文人描寫的重要對象，豐富了南宋飲食書寫的樣貌。以下
將對於南宋飲食書寫影響較深的傳統節慶，分述如下：

（一）立春

立春是二十四節氣中的第一個節氣，是春天到來的重要象徵。立春食春
盤是眾多節慶當中南宋文人最常吟詠的食俗，如：

〔註60〕《全宋詩》冊44，卷二三七八，頁27386。
〔註61〕《全宋詩》冊41，卷二二四一，頁25784。
〔註62〕（宋）張鑑：《賞心樂事》（臺北：藝文印書館，1965年），頁1～5。

十千呼酒醉長安，猶記年時客裏歡。有約南山南畔去，只挑野菜當
春盤。（王琮〈立春有懷〉）〔註63〕

梅柳陰中漫寄家，閒如翠鵁立晴沙。癭藤缸內抄松子，行玉盤中揀
蕨芽。猶有鄉風餐白啖，更無春夢草黃麻。郊行莫待芳菲月，花未
開時好看花。（吳泳〈用韻謝帥機惠春盤〉）〔註64〕

蓼芽蔬甲簇青紅，盤箸紛紛笑語中。一餅不分空恨望，暮年知有幾
春風。（陸游〈立春前七聞有預作春盤，邀客者戲作日〉）〔註65〕

餅如繭紙不可風，菜如縹茸劣可縫。韭芽卷黃苣舒紫，蘆服削冰寒
脫齒。臥沙壓玉割紅香，部署五珍訪詩腸。野人未見新曆日，忽得
春盤還太息。新年五十奈老何？霜須看鏡幾許多。麴生嗔人不解事，
且為春盤作春醉。（楊萬里〈郡中送春盤〉）〔註66〕

菜服根松縷冰玉，蔞蒿苗肥點寒綠。霜鞭行苗軟於酥，雪樹生釘肥
勝肉。與吾同味蔊絲辣，知我長貧韭葅熟。更蒸豝壓花層層，略糝
麨成金粟粟。青紅餛飣映梅柳，紫翠招邀醉松竹。擘將碧脆卷月明，
嚼出宮商帶詩馥。賜幡羞上老人頭，家園不負將軍腹。人生行樂未
渠央，物意趨新自相續。五十三翁日落山，三百六旬車轉轂。不妨
細雨看梅花，且喜春風到茅屋。（方岳〈春盤壬子〉）〔註67〕

從這些詩歌可知，春盤即是用各種五彩繽紛的蔬菜組成的生菜盤，並以之款
待親友。生菜盤中的生菜主要有韭菜（韭黃）、蘿蔔、菘（大白菜）、苣、竹
筍、蔊菜，亦包括一些如薺、蓼、蔞蒿、蕨、苦菜、苜蓿等野菜〔註68〕，且
主要都採取其嫩芽（蔬甲）部位，也會把蘿蔔染色，以增添視覺上的效果。
春盤的製作主要是以新鮮蔬菜為主，不過從方岳（1199～1262）〈春盤〉中的
「更蒸豝壓花層層，略糝麨成金粟粟」提及了蒸肉及野鴨，可知在南宋立春
的食俗中，亦出現了肉類。另外，也出現了以春餅包裹生菜食用的情形，楊

〔註63〕《全宋詩》冊 40，卷三一七七，頁 38136。
〔註64〕《全宋詩》冊 56，卷二九四三，頁 35073。
〔註65〕《全宋詩》冊 40，卷二二二二，頁 25495。
〔註66〕《全宋詩》冊 42，卷二三〇八，頁 26533。
〔註67〕《全宋詩》冊 61，卷三二一九，頁 38451。
〔註68〕張曉紅：〈蓼茸蒿筍試春盤——以宋代為中心〉，《文史知識》2011 年第 2 期
　　　　（總第 356 期），頁 189。

萬里所謂「餅如繭紙不可風」，描寫餅皮有如薄紙，項安世（1129～1208）〈立春前一日書事〉提到「旋烘寒餅纏生菜」〔註 69〕，大致上已經與今日的春捲形式差不多了。

（二）元日

元日是農曆正月初一，是新年的開始，故稱之爲元日。（梁）宗懍《荊楚歲時記》一書提到元日的食俗：「於是長幼悉正衣冠。以拜賀。進椒柏酒。飲桃湯。進屠蘇酒。膠牙餳。下五辛盤。進敷于散。服卻鬼丸。各進一雞子。」〔註 70〕文中提到的五辛盤乃是辛味生菜盤，其功用在於去除五臟的穢氣〔註 71〕，事實上唐代立春時的春盤，應該是由五辛盤演變而來，而到了宋代，五辛盤與春盤幾乎不分，皆稱之爲春盤，故除夕、元日也吃春盤，如方岳〈除夕〉：「生菜春盤草八珍」〔註 72〕，甚至到了寒食、清明亦吃春盤，如洪咨夔（1176～1236）〈次趙保之清明即事·五絕其四〉：「可是家貧風物晚，郎當萬筍鬥春盤。」〔註 73〕元日除了食春盤的食俗外，文人描寫較多的還有屠蘇酒，如：

> 椒盤爲計定春前，客裏那知歲籥遷？行路間關穿履雪，薄官羞澀看囊錢。愧無黃帝屠蘇酒，試謁淵明種秫田。令尹可人應拍手，從教滿意作新年。（鄭清之〈除夕求屠蘇〉）〔註 74〕

> 飲罷屠蘇酒，眞爲八十翁。本憂綠直死，卻喜坐詩窮。米賤知無盜，雲黔又主豐。一簞那複慮？嬉笑伴兒童。（陸游〈甲子歲元日〉）〔註 75〕

大體而言，屠蘇酒是一種藥酒，除具有祈禳的宗教意涵，最主要的是具有保健養生的功能〔註 76〕，因而也成爲南宋元日的重要節物。

〔註 69〕《全宋詩》冊 44，卷二三七九，頁 27404。

〔註 70〕（梁）宗懍：《荊楚歲時記》（北京：中華書局，1991 年），頁 2。

〔註 71〕《荊楚歲時記》提到：「《風土記》曰：『元日造五辛盤，正元日五薰煉形。』注，五辛所以發五臟之氣，即大蒜、小蒜、韭菜、雲臺、胡荽是也。莊子所謂正月飲酒，茹蔥以通五臟也。」頁 2～3。

〔註 72〕《全宋詩》冊 61，卷三二二四，頁 38482。

〔註 73〕《全宋詩》冊 55，卷二八九五，頁 34572。

〔註 74〕《全宋詩》冊 55，卷二九〇五，頁 34670。

〔註 75〕《全宋詩》冊 40，卷二二〇九，頁 25287。

〔註 76〕《本草綱目》載屠蘇酒的配製法爲：「用赤木桂心七錢五分，防風一兩，菝葜五錢，蜀椒、桔梗、大黃五錢七分，烏頭二錢五分，赤小豆十四枚，以角絳

（三）寒食與清明

宋代將寒食、元旦、冬至並列三大節〔註 77〕。由於寒食正當春暖花開，是春意最濃厚的時期，因此唐宋以來，文人留下的作品也就特別的多。南宋寒食的節物飲食主要是餳（麥芽糖）與大麥粥（醴酪）〔註 78〕，如王十朋（1112～1171）〈次韻潘先生寒食有感〉：「花媚韶光柳弄煙，簫聲處處賣餳人。」〔註 79〕程公許（？～1251）〈寒食〉：「賣餳簫咽紙鳶飛，愁思驚隨節物來。」〔註 80〕袁說友（1140～1204）〈野堂惠老惠筍〉：「騎台落日餐秋菊，寒食江南饌餳粥。」〔註 81〕除了餳與大麥粥外，《歲時廣記》也記載了以青精飯為寒食的節物〔註 82〕，所謂的青精飯即是用南燭木所煮成的烏米飯，戴表元（1244～1310）〈寒食〉亦云：「寒食清明卻過了，故鄉風物祗依然。窮中有客分青飯，亂後誰墳掛白錢？」〔註 83〕值得一提的是，唐宋以來，上巳、寒食及清明三個節日已經逐漸融合〔註 84〕，故原本上巳節的桃花粥也出現在宋代洛陽寒食的節物，而寒食與清明的節物基本上已經完全一樣，如南宋董嗣杲（約 1270 前後）〈紅梅花〉：「粥餳風景清明近」〔註 85〕。原本只是附屬於寒食節中第三日的清明，宋代以後也逐漸取代寒食的角色與地位，顯現出節日會隨著時代的變遷而改變的現象，且節日的食俗也會相互影響的情形。

　　囊盛之，除夜懸井底，元旦取出置酒中，煎數沸，舉家東向，從少至長，次第飲之。藥滓還投井中，歲飲此水，一世無病。」

〔註77〕劉樸兵：《唐宋飲食比較研究》（北京：中國社會科學出版社，2010 年），頁 333。

〔註78〕《荊楚歲時記》載：「去冬節一百五日，即有疾風甚雨，謂之寒食，禁火三日，造餳、大麥粥。……陸翽《鄴中記》曰：「寒食三日作醴酪。」又：「煮粳米及麥為酪，搗杏仁，著作粥。」《玉燭寶典》曰「今人悉為大麥粥。研杏仁為酪，引餳沃之。」（梁）宗懔：《荊楚歲時記》（北京：中華書局，1991 年），頁 8。

〔註79〕《全宋詩》冊 36，卷二○一七，頁 22607。

〔註80〕《全宋詩》冊 57，卷二九九○，頁 35568。

〔註81〕《全宋詩》冊 48，卷二五七五，頁 29901。

〔註82〕《歲時廣記》卷十五引（宋）陶岳《零陵總記》：「楊桐葉、細冬青，臨水生者尤茂。居人遇寒食采其葉染飯，色青而有光，食之資陽氣。謂之楊桐飯，道家謂之青精飯，石饎飯。」頁 151。

〔註83〕《全宋詩》冊 69，卷三六四四，頁 43700。

〔註84〕吳婷：《宋代寒食詩研究》（浙江：浙江工業大學碩士論文，2010 年 5 月），頁 9。

〔註85〕《全宋詩》冊 68，卷三五七三，頁 42732。

（四）端午

端午節最初的意涵主要是在避邪祟、止惡氣、驅毒蟲、防疫病等功能，
與屈原的傳說並不相關，直到（梁）吳均《續齊諧記》才出現相關的記載
〔註86〕。不過到了宋代，紀念屈原之說被認為只是附會之詞〔註87〕。五月重
要的節令，尚有與其相鄰的夏至，最初其重要性並不亞於端午，只是後來相
關的活動與節物逐漸匯集到端午所致〔註88〕，從《荊楚歲時記》將粽子歸屬
於夏至節物的記載正可以說明這種變化的過程。關於端午食粽的習俗，在南
宋文人筆下留下了許多記載，如：

> 菰飯沾花蜜，冰團裹蔗腴。油淹枯茹滑，糟悶活鱗濡。餉篚爭門
> 入，瘟船出市驅。屑蒲形武獸，編艾寫髯巫。朱揭橫楣牓，黃書闔
> 戶符。辟邪釵篆瘥，解厄腕絲紆。惡月多憂畏，陰爻足備虞。更聞
> 因屈子，采動楚人籲。（項安世〈重午記俗八韻〉）〔註89〕

> 熨斗薰籠分夏衣，翁身獨比去年衰。已孤菖渌十分勸，卻要艾黃千
> 壯醫。蜜粽冰團為誰好？丹符彩索聊自欺。小兒造物亦難料，藥裏
> 有時生綱絲。（范成大〈重午〉）〔註90〕

> ……菰粽蘸蜜綵作絲，竹萌尚籜榴未子。官居端午不可孤，小卻文
> 移謝胥史。……（陳造〈次韻梁廣文重午弔古〉）〔註91〕

〔註86〕 《續齊諧記》：「屈原五月五日投汨羅水，楚人哀之，至此日，以竹筒子貯米
投水以祭之。漢建武中，長沙區曲忽見一士人，自云：『三閭大夫』，謂曲曰：
『聞君當見祭，甚善。常年為蛟龍所竊，今若有惠，當以楝葉塞其上，以彩
絲纏之。此二物，蛟龍所憚。』曲依其言。今五月五日作粽，並帶楝葉、五
花絲，遺風也。」（梁）吳均：《續齊諧記》，收於嚴一萍選輯《百部叢書集成》
（台北：藝文印書館，1967年），頁3。

〔註87〕 《項氏家說·節序說》云：「俗言端午為屈原，七夕為女牛，皆附會之說也。
大率人情，每兩月必一聚會，而陽月必用、陽日必重之，此古人因人情而立
教，示尊陽也。是故正月則用一日，三月則用重三，五月則用重五，七月則
用重七，九月則用重九，皆取陽月陽日，獨十一月用冬至，蓋陽生之日，亦
重陽也。」（宋）項安世：《項氏家說》（台北：藝文印書館，1967年），卷八，
頁2。

〔註88〕 王利華：〈端午風俗中的人與環境——基於社會生態史的新考察〉（天津：南
開學報（哲學社會科學版），2008年第2期），頁24。

〔註89〕 《全宋詩》冊44，卷二三七一，頁27252。

〔註90〕 《全宋詩》冊41，卷二二六四，頁25973。

〔註91〕 《全宋詩》冊45，卷二四二八，頁28054。

……庭前綠艾制綠虎，細切菖蒲斟綠醑。羹鵝鱠鯉辦華筵，冷浸水團包角黍。……（白玉蟾〈端午述懷〉）〔註92〕

菖歜碎瓊，角黍堆金，又賞一年佳期。……（史浩〈花心動・端午〉）〔註93〕

菰粽（角黍）的吃法主要是冰涼沾蜜食用，類似今日的鹼粽。另外端午節用來辟邪用的藥草——艾草，也會被用來製作粽子，陸游〈乙丑重五・二首其一〉云：「盤中共解青菰粽，衰甚猶簪艾一枝。」〔註94〕青菰粽所呈現的青色，即是艾草汁所染。另外菖蒲酒也是端午節的重要節物，《歲時廣記》卷二一引《歲時雜記》云：「端五以菖蒲或縷或屑泛酒，又坡詞註云：『近世五月五日以菖蒲漬酒而飲。』」〔註95〕而除了傳統的角黍、水團、菖蒲酒等節物，從上述引詩可知，南宋人的端午筵席也會準備各式家禽與魚類，可以說相當的豐盛。

（五）重九

重陽的由來，始自東漢，傳說是為了躲災避疫，《續齊諧記》提到：

汝南桓景從費長房遊學累年，長房謂曰：「九月九日汝家中當有災，宜急去，令家人各作絳囊盛茱萸以繫臂，登高飲菊花酒，此禍可除。」景如言，齊家登山。夕還，見雞犬牛羊一時暴死，長房聞之曰：「此可代也。」今世人九日登高飲酒、婦人帶茱萸囊，蓋始於此。〔註96〕

從引文中可知，相關的重陽活動如登高、飲菊花酒、配帶茱萸都環扣著此一避疫的需求而來。關於釀製菊花酒、飲用菊花酒的風尚，亦見《西京雜記》：「菊花舒時，並採莖葉雜黍米釀之，至來年九月九日始熟，就飲焉，故謂之菊華酒。」〔註97〕由於菊花具有辟邪的作用，故成為重陽的重要節物。到了唐代，重陽開始成為感懷親友與相邀遊賞的重要節日，在唐詩中經常呈現的

〔註92〕《全宋詩》冊60，卷三一三七，頁37576。
〔註93〕《全宋詞》冊2，頁1275。
〔註94〕《全宋詩》冊40，卷二二一五，頁25374。
〔註95〕《歲時廣記》卷二一，頁238。
〔註96〕（梁）吳均：《續齊諧記》，收於嚴一萍選輯《百部叢書集成》（臺北：藝文印書館，1967年），頁5。
〔註97〕（漢）劉歆：《西京雜記》，收於嚴一萍選輯《百部叢書集成》（臺北：藝文印書館，1965年），頁18。

重陽節物亦是菊花酒。到了南宋時，文人已開始將重陽變成一個享用秋日美食的佳節，因此秋日盛產的蟹、橙躍升成爲重要的節物，情感則多表現爲飲酒持螯的豪興，如：

> 前朝無蟹惟有詩，亦復無酒供一瓶。今朝有蟹仍有酒，極目征帆更搔首。古爲樂事誇持螯，赤瓊釀髓玄玉膏。菊花吹英好時節，況是九日將登高。旌旗半江笳鼓發，不作詩人淡生活。待君淨洗沙漠塵，歸趁看燈更奇絕。（自注：蟹至正月重出，俗謂之看燈蟹。）（岳珂〈以螃蟹寄高紫微，踐約侑以雪醅，時猶在黃岡〉）〔註98〕

> ……重陽佳辰可慮辱，橙香蟹肥家釀熟。……（陳造〈招鄭良佐〉）〔註99〕

> 苦無多雨便重陽，憶殺池頭煮蟹涼。政用此時消幾輦，菊花先作故山香。（高似孫〈江寺丞送蟹〉）〔註100〕

除了蟹、橙、菊花酒外，糕也是傳統的重陽節物，南宋仇遠（1247～1326）〈九日客中〉：「菊糕莫蟹年年有，未信今年此地無。」〔註101〕在唐代以前都稱糕爲「餌」，種類不多。唐代重陽糕的花樣逐漸增多，有麻葛糕、米錦糕及菊花糕等〔註102〕。到了宋代的糕的花樣更多了，不過南宋文人對於蟹、橙、酒的興趣明顯是高過於那些新奇的糕，故少有描寫。

（六）冬至

冬至是陰消陽長轉化的關鍵節氣，乃陽氣開始逐漸旺盛之始，在氣候上具有特別的意義，因此很早就受到重視。早在漢代崔寔（約103～170）《四民月令》就提到：「冬至之日薦黍糕。」〔註103〕除了黍糕之外，豆粥也是冬至的節物，《荊楚歲時記》載：「按共工氏有不才之子，以冬至死爲疫鬼，畏赤豆，故冬至日作赤豆粥以禳之」〔註104〕到了南宋時期，人們更重視冬至，

〔註98〕《全宋詩》冊56，卷二九六五，頁35334。
〔註99〕《全宋詩》冊45，卷二四二七，頁28038。
〔註100〕《全宋詩》冊51，卷二七二〇，頁31988。
〔註101〕《全宋詩》冊70，卷三六七九，頁44180。
〔註102〕姚偉鈞：《中國傳統飲食禮俗研究》（湖北：華中師範大學出版社，1999年），頁132。
〔註103〕（漢）崔寔：《四民月令》，收於嚴一萍選輯：《百部叢書集成》（臺北：藝文印書館，1965年），冊1，頁31。
〔註104〕（梁）宗懍：《荊楚歲時記》（北京：中華書局，1991年），頁15。

《夢梁錄》卷六：「最是冬至節，士庶所重，如饋送節儀，及舉杯相慶，祭享宗，加於常節。」〔註105〕而南宋的冬至節物主要是餛飩，《歲時廣記》引呂原明《歲時雜記》云：「京師人家，冬至多食餛飩。」〔註106〕周密在《武林舊事》亦云：「享先則以餛飩。」〔註107〕由於餛飩以皮包餡有含藏萬物的渾沌之象，寓有破陰釋陽，表達冬至乃是天地新舊交接的混沌狀態，更意味著新世界即將被開闢，故成為冬至的重要節物。南宋文人提到冬至節物的詩歌尚有：

> 江浙羈棲怕雪霜，早年聽得晚年嘗。生涯敗意多諳歷，節序隨緣少感傷。鴨肉餛飩看土俗，糯丸麻汁阻家鄉。二千里外尋君話，今日那堪各一方？（陳藻〈冬至寄行甫騰叔〉）〔註108〕

> 陽復且閉關，萬物畏坤含。雙梟飛天外，鷙食何貪婪？……之子愛野鷺，驥駒舞兩驂。厚顏酒食饌，不獵縣鶉鴿……爛碎尋梅花，登峰吾尚堪。（謝枋得〈謝人冬至送鴨酒〉）〔註109〕

除了餛飩外，鴨子也是冬至滋補驅寒的良物，故也成為南宋人喜愛的節物。

　　從上面所列舉的節慶飲食的書寫可知，平淡的生活當中，熱鬧歡娛的節慶是南宋文人聚會、遊賞，以及一起享用大餐的日子。南宋多元的節慶文化，乃至於文人的文娛活動，可謂以節慶為重心在舉行，故節慶往往是直接產生飲食書寫的重要因素，刺激南宋飲食書寫的興盛。

第四節　文人交誼活動與飲食書寫

　　與南宋飲食書寫最有關係的文人交誼活動，主要有兩個部分：一個是宴飲文化的詠物書寫；另一個是文人間的飲食饋贈。首先就宴飲文化對飲食書寫的影響說起。文人宴飲的首創者是西漢梁孝王的兔園遊宴，雅好文學的梁孝王，匯聚了一批文士於兔園，當時著名的文士如司馬相如、枚乘、鄒陽等都曾遊宴其中，司馬相如著名的《子虛賦》、《上林賦》便是創作於此際。到了漢末，熱愛文學的曹氏父子也在鄴下聚集了一批文人，文士在宴飲之際，

〔註105〕《夢梁錄》卷六「十一月冬至」，頁41。
〔註106〕（宋）陳元靚：《歲時廣記》卷三十八「食餛飩」引，頁418。
〔註107〕（宋）周密：《武林舊事》卷三「冬至」，頁359。
〔註108〕《全宋詩》冊50，卷二六六六，頁31309。
〔註109〕《全宋詩》冊66，卷三四七九，頁41410。

競展文才，公讌詩盛極一時。到了兩晉，則有晉武帝的華林園宴、石崇的金谷園會與蘭亭雅集，在杯觥交錯與曲水流觴之間，著名的〈蘭亭集序〉寫成了。不過文人在這些宴飲文會之中的角色，實質上只是統治者的文學侍從，其作品亦只是歌頌昇平的娛興之物，爲了滿足貴族的品味與喜好，因此文人所賦詠的飲食，也大抵集中在那些珍異或美麗的水果上，如〈荔枝賦〉、〈石榴賦〉、〈橘賦〉、〈葡萄賦〉、〈胡栗賦〉等，文人爭相競詠眼前的珍果以展現個人文才。不過在這樣宴飲文化下的文學創作，日常性的生活飲食還不是文人審美關注的對象，因此宴饗雖說是文人重要的交誼活動，但對於飲食書寫並沒有太大的影響。這種情況一直到了唐代還是如此，據吳秋慧的統計，唐代宴飲詩中的食物描寫所佔的比率大體都在一成上下〔註110〕，可以說唐代宴飲活動的焦點仍是著眼於社會性的交誼功用，因此對於飲食創作的影響仍低。不過從中唐開始，隨著社會結構的改變，文人宴飲與文學創作間的關係變得更加密切了，大批平民新貴的崛起爲社會注入了新的文化價值，他們追隨杜甫生活化的寫作風格，因而也讓文學的創作日益生活化，這也奠定了宋代飲食文學興起的基礎。

　　自北宋開始，文人的宴飲活動與飲食書寫開始有了突破性的發展。原因即在於文人士大夫開始在公領域以外的地方追求屬於個人閒情雅逸的生活空間，文人藉著宴集或進行酬唱或閑談議論，營造出各種宴飲氛圍，或詩意盎然或諧謔逸趣或痛快豪興，總之都充滿了濃厚的文人雅興與情趣。這種宴集早已不是那種帝王與臣僚之間具有上對下權力關係的應酬活動，而是文友之間的私人飲宴。這類文人宴飲除了共同享受美食與情感交流外，學問的論辯與詩文的切磋更是這類文人宴會的重要話題，梅堯臣（1002～1060）在〈和李廷老家會飲〉一詩便生動的描述出這類宴飲的情境，其詩云：

> 食案施黃金，饌炙厭白鵝。漢糟楂頭美，吳羹成呫呵。既醉或放言，抉莊引駞佗。縱論或好辨，排墨同孟軻。日將薄虞淵，執策交相摩。欲去舉大白，酌我苦大苛。〔註111〕

滿桌的美食與醉後的大發厥辭，顯見這類文會的熱烈與盡興。魏泰在《臨漢隱居詩話》也記載了一則歐陽修「恁的作鬧」的情事：

〔註110〕吳秋慧：《唐代宴飲詩研究》（臺北：國立政治大學中文研究所博士論文，1990年），頁170。

〔註111〕（宋）梅堯臣、朱東潤編年校注：《梅堯臣集編年校注》（上海：上海古籍出版社，1980年），頁595。

> 晏元獻殊作樞密使，一日雪中退朝，客次有二客，乃永叔與學士陸
> 經，元獻喜曰：「雪中詩人見過，不可不飲酒也。」因置酒共賞，即
> 席賦詩。是時西師未解，永叔句有「主人與國同休戚，不惟喜樂將
> 豐登。須憐鐵甲冷透骨，四十餘萬屯邊兵。」元獻怏然不樂，後嘗
> 語人曰：「裴度也曾宴賓客，韓愈也會做文章，但言『園林瓊勝事，
> 鐘鼓樂清時』，卻不曾恁的作鬧！」〔註112〕

從中可見到宋人明辨公私的性格，退朝之後的私人宴饗，充滿閒愉的生活情
趣，是不容公領域的事務肆意進入而破壞的，歐陽修將憂國憂民的心境形諸
詩文，卻被認為是極其掃興之事，甚至被主人猛嘀咕說「恁的作鬧！」這足
見是與宋人平日以國計民生為念的嚴肅使命大相逕庭。

　　由於宋代文人宴集的風氣興盛，因此還促進了文人集團的興起，根據葛
立方《韻語陽秋》的記載：宰相李昉慕白樂天等九人的宴集，於是召宋祈等
八人為「九老會」；後又有文彥博發起，包括司馬光等十三人的「耆英會」；
以及文彥博與程伯溫等四人的「同甲會」；文彥博與范鎮五人的「五老會」；
司馬光在洛的「眞率會」；司馬光與杜衍的「五老會」等等。〔註113〕由於這類
宴飲的參與者基本上都是志同道合的朋友，在寫作態度上自然比較輕鬆，因
此飲食這類充滿生活氣息的題材也就成為宴席間即席吟詠的書寫題材，如梅
堯臣〈設膾示坐客〉：

> 汴河西引黃河枝，黃流未凍鯉魚肥。隨鉤出水賣都市，不惜百金持
> 與歸。我家少婦磨寶刀，破鱗奮鬐如欲飛。蕭蕭雲葉落盤面，粟粟
> 霜蔔為縷衣。楚橙作虀香出屋，賓朋競至排入扉。呼兒便索沃腥酒，
> 倒腸飫腹無相譏。逡巡餅竭上馬去，意氣不說西山薇。〔註114〕

這首詩與前代宴飲詩截然不同的書寫焦點，在於將重心幾乎都放在魚膾上，
這與前代描寫宴飲時，食物頂多只是一筆帶過的粗描略寫完全不同，由此可
見在這樣自在的與友朋的聚餐中，去描寫那些讓人興奮開懷的飲食也就再自
然不過的事了。再加上隨著北宋經濟活動的熱絡，新奇的南方風物應接不暇
的來到汴京，這些新鮮奇特的物品也為宴飲中的文學活動提供了源源不絕的
新鮮題材，以歐陽修為首的文人集團，在他們的文會中就創作了相當多吟詠

〔註112〕（宋）魏泰：《臨漢隱居詩話》，收入（清）何文煥：《歷代詩話》（臺北：漢
　　　　京文化，1983 年），頁 329。
〔註113〕（宋）葛立方：《韻語陽秋》（臺北：藝文印書館，1965 年），卷十九，頁 5。
〔註114〕《全宋詩》冊 5，卷二五二，頁 3019。

南方風物的飲食詩，如歐陽修的〈初食車螯〉：「纍纍盤中蛤，來自海之涯。坐客初未識，食之先嘆嗟。」〔註115〕甚至席間若是對於某種食物吟詠得相當熱烈，也會帶動吟詠這類食物的風潮，如梅堯臣於范希文的飲宴中所作的〈范饒州坐中客語食河豚魚〉，這首詩在受到歐陽修的大力讚賞之後，因而掀起宋代吟詠河豚的熱潮。可以說北宋文人的宴飲活動，已經將前代那種附和貴族、少有自己生活感受的應制詩文，拉回到詩人自己的情感抒發與生活經驗的表達，因而也開創了宋代宴飲文化中特有的飲食書寫風氣。

南宋繼承了北宋文人宴飲的書寫風氣，從南宋文人的詩題中即可發現許多飲食詩都是產生於宴飲活動中，例如〈慶長叔招飲一杯，未醺，雪聲璀然，即席走筆賦十詩〉、〈食河豚鱸魚席間口占〉、〈澹菴坐上觀顯上人分茶〉、〈立春大雪，招親友共春盤，坐上作〉，這些詩題都說明宴席中的即席創作，是相當普遍的藝文活動。而這類即席發揮的創作方式，眼前的食物自然就是最好的題材，如楊萬里〈德遠叔坐上賦看核八首·糖霜〉，從詩題可知，這首詠糖霜的作品，乃是針對宴會裡的珍餚所作的吟詠，由於糖霜在當時還相當稀罕，因此詩人用一種類似啞謎的方式來書寫它的特性，詩云：「亦非崖蜜亦非餳，青女吹霜凍作冰。透骨清寒輕著齒，嚼成人跡板橋聲。」〔註116〕他告訴你這個東西既不是蜜，也不是麥芽糖，看起來像冰，嚼起來就像踩過板橋的腳步聲。這樣的作品顯然就是一種隨意的遊戲之作，亦見飲宴中的即席賦詠，飲食是相當重要的描寫主題。

除了室內的宴飲外，戶外遊賞也是相當普遍的宴飲方式，例如：

今年春在臘前回，怪底空山早見梅。數點有情吹面過，一花無賴背人開。為攜竹葉澆瓊樹，旋折冰葩浸玉杯。近節雨晴誰料得？明朝無興也重來。（楊萬里〈梅花下小飲〉）〔註117〕

故人京尹劇風流，走送廚珍佐勝遊。青李來禽沈（自注：去聲。）冰雪，黃金白璧斫蜻蛜。（楊萬里〈大司成顏幾聖率同舍招游裴園，泛舟繞孤山賞荷花，晚泊玉壺得十絕句〉其八）〔註118〕

鱸肥蟹可持，棗剝稻且穫。黃雞與白酒，樂事正參錯。胡為抱空悲，

〔註115〕《全宋詩》冊6，卷二八七，頁3636。
〔註116〕《全宋詩》冊42，卷二二八八，頁26262。
〔註117〕《全宋詩》冊42，卷二二八一，頁26162。
〔註118〕《全宋詩》冊42，卷二二九三，頁26324。

常若遠行客。(衛宗武〈約友秋賞〉)〔註119〕

暑月，命客泛舟蓮湯中，先以酒入荷葉束之，又包魚鮓他葉內，俟舟風迴，風薰日熾，酒香魚熟，各取酒及鮓，真佳適也。(林洪《山家清供‧碧筒酒》卷下)〔註120〕

無論是梅下飲酒，遊園賞荷、秋天偕遊，還是泛舟蓮湯，飲食與美景彼此交融成令人快意的賞心樂事，從中亦可見南宋文人清雅的審美情趣。除了以賞景為號召的宴飲外，還有一些是以食物為名的飲宴活動，如范成大〈題現老真〉：「茶瓜櫻筍遊山會」〔註121〕、范成大《吳郡志》卷二九：「吳人春初會客有此魚（河豚），則為盛會」〔註122〕、洪適（1117～1184）〈送朱叔召歸吳中〉：「老來無復鱸魚會」〔註123〕從這裡也可以知道南宋的宴飲活動相當多，而這些與飲食相關的各種活動，自然也帶動了飲食書寫的風氣。

除了上述的宴飲活動，影響南宋飲食書寫的風氣外，文人之間的飲食餽贈也是相當重要的人際交誼，其對於飲食書寫的影響並不小於宴飲的活動。一般而言，惠贈食物予友人時，通常都會附上相關的文書以說明原由，而受贈者也會回覆相關的感謝辭，不過在唐代之前這些文書的寫作方式，基本上都是以應酬文書的方式來表現的，晉朝王羲之（303～361）送橘於友人的〈奉橘帖〉上只題了：「奉橘三百枚，霜未降，未可多得。」內容相當簡略，只說明所贈之物的數目，並未針對橘子做太多的發揮。到了唐代，才開始出現一些關於贈送與感謝的飲食詩文，如李白（701～762）〈酬中都小吏攜斗酒雙魚於逆旅見贈〉：

魯酒若琥珀，汶魚紫錦鱗。山東豪吏有俊氣，手攜此物贈遠人。意氣相傾兩相顧，斗酒雙魚表情素。雙鰓呀呷鰭鬣張，潑刺銀盤欲飛去。呼兒拂几霜刃揮，紅肌花落白雪霏。為君下箸一餐飽，醉著金鞍上馬歸。〔註124〕

從這首詩中，可深切感受到李白由衷感謝對方的慷慨贈食，對友人所贈之酒

〔註119〕《全宋詩》冊63，卷三三一〇，頁39430。

〔註120〕（宋）林洪：《山家清供》，收入《飲饌譜錄》（臺北：世界書局，2010年），頁24。

〔註121〕《全宋詩》冊41，卷二二六〇，頁25956。

〔註122〕（宋）范成大：《吳郡志》（北京：中華書局，1985年），頁281。

〔註123〕《全宋詩》冊37，卷二〇七九，頁23462。

〔註124〕《全唐詩》冊5，卷一七八，頁1815。

與魚不憚筆墨詳細描述，對於汶魚的形貌以及宰殺切鱠的描寫尤其細膩，完全突破了過往應用文書的應酬方式。到了晚唐，陸龜蒙（？～881）與皮日休（834至839間～902以後）則進一步把食物酬贈與書寫結合在一起，並用來相互酬答。皮日休因病不能食蟹而將之轉贈給陸龜蒙，並因而寫了〈病中有人惠海蟹轉寄魯望〉一詩給陸龜蒙。陸龜蒙在得到惠贈的螃蟹後，亦回贈了〈酬襲美見寄海蟹〉。這種以食相贈，以詩相酬的方式，到了宋代就更加普遍，如歐陽修送鴨腳（銀杏）予梅堯臣，梅堯臣於是作〈永叔內翰遺李太傅家新生鴨腳〉一詩感謝其贈。歐陽修收到這首詩之後，又以〈和聖俞李侯家鴨腳子〉一詩相和。

這種因食酬答最能表現文友之間的情誼，因此也廣泛影響了南宋飲食詩的寫作，從南宋詩歌中可以發現，這類飲食的惠贈與致謝的詩歌俯拾皆是，如方岳〈趙尉送菜〉、姜特立（？～1192）〈王思叔惠象牙筍〉、劉過（1154～1206）〈郭帥遺蕨虀〉、張鎡（1153～1235）〈謝豈庵餉澄粉圓子〉、陳造（1133～1203）〈送瑞蓮新米白酒與韓監倉〉、虞儔（生卒年不詳）〈以蓮心茶送鞏使君小詩將之〉、虞儔〈謝友人寄芡實〉、謝枋得（1226～1289）〈謝人惠米線〉等。這些與饋贈食物相關的詩題，其內涵通常也都扣住食物的特性來加以吟詠，例如楊萬里〈寄朱元晦長句，以牛尾狸、黃雀、多猫筍伴書〉：

> 大武尾裔名季狸，目如點漆膚凝脂。江夏無雙字子羽，九月授衣先著絮。何如苗國孤竹君，排霜傲雪高拂雲。子孫總角遁歸根，金相玉質芝蘭芬。三士脂韋與風節，借箸酒池俱勝絕。先生胸次有皂白，一醉不須向人說。〔註125〕

楊萬里寄送牛尾狸、黃雀鮓、多猫筍三種美食予朱熹（1130～1200），詩中還分別就這三種食物的特性來加以描寫，每一項食物都被賦予了人格化的特徵，除了有名有字有來歷外，還有不同的人格特點，牛尾狸與黃雀鮓的脂白肥嫩以及筍的高節，都是下酒的好東西，並稱相信以朱子明辨皂白的胸次，當有一番見地。此詩不但呈現出食物的美好，還有作者的豐富才學，亦表達受贈者的人格美，既詠物亦詠人可謂相得益彰。透過飲食的饋贈，飲食詩的書寫也因此展現出豐富的人情內蘊，與文人化的特點。像這類飲食饋贈的詩歌，其影響力並不亞於南宋飲宴風氣，因此它對於南宋飲食詩的書寫風氣，絕對有不容小覷的影響作用。

〔註125〕《全宋詩》冊 63，卷二三一〇，頁 26561。

　　飲食乃人之大欲，因此無論古今中外，都是透過飲食之事來達到溝通人我的社交作用，因此無論是在宴飲還是餽贈，都是透過飲食來產生人際交誼的作用。不過這類的飲食交誼活動產生雖早，卻未對飲食書寫產生明顯的推展，一直要到北宋，文人將這類活動做了質化上的改變才形成明顯的影響。而從南宋文人的交誼活動中，可發現食與詩早已成為密不可分的關係，文人熱烈的飲宴與餽贈食物的風氣，也因而促進了飲食書寫的風氣。

第五節　時代思潮與飲食觀的改變

　　受到孟子諸多「君子遠庖廚」、「大體與小體之辨」的觀念影響，傳統士大夫不僅對於廚事退避三舍，甚至對於具有嗜欲色彩的飲食書寫也敬謝不敏。但有趣的是，宋代士大夫不僅愛吃〔註126〕，對於烹飪也相當感興趣，當他們吃到好吃的料理時常常主動向主人求取煮菜的秘方，陸游甚至還說：「不願封侯印，惟求煮菜方。」〔註127〕更特別的是宋代士大夫不但能親自下廚，還能研發新的料理方法，甚至於還在傳統菜系中開創出文人菜這個烹飪系統，其中最讓人津津樂道、耳熟能詳的就是蘇東坡了。事實上不僅僅蘇軾懂烹調，南宋的陸游、楊萬里、林洪亦莫不擅長此道。相較於前面所闡述的南宋飲食書寫興起的外緣因素，若無文人對於飲食之思想觀念的改變，那麼此一時代風潮就算再風起雲湧也進入不了文人的創作意識。本節即是在探討造成士大夫對於廚事與飲食書寫態度之根本改變的因素。

一、以俗為雅的觀念形成

　　宋代是中國歷史上一個相當尊重士大夫的時代，因此當廣大的農村子弟透過科舉取士獲得了國家的重用後，這群出身於民間而又充滿文化理想的士大夫，遂取得了文化思潮的主導權。宋代以前主導文化價值的往往是貴族，文人只能去附庸貴族的價值品味。從儒家雅正觀念形成以來，其所認為雅的價值或事物，基本上就是一種貴族價值底下的思想與品味，於是在這種雅正

〔註126〕相較於前人往往以少食標榜自身德性之廉潔，宋人不同於前代文人處，即是相當坦然承認自己好吃，如蘇軾有「蓋聚物之夭美，以養吾之老饕」（〈老饕賦〉）、「吳兒膾縷薄欲飛，未去先說饞涎垂」（〈將之湖州〉）、楊萬里有「先生清貧似飢蚊，饞涎流到瘦脛根」（〈夜飲以白糖嚼梅花〉）、陸游有「灶鼎若為占食指，麴車未用墮饞涎」（〈雜詠園中果子詩・四首其三〉）。

〔註127〕陸游：〈招鄰父啜菜羹〉，《全宋詩》冊41，卷二二三三，頁25650。

觀念的主導之下，生活的事物往往是俗的象徵，是一種不能上不了檯面的東西，所以唐人劉禹錫在重陽節作詩時，才要刻意去避開「糕」這個他認為是俗的飲食字眼〔註128〕。由此可知宋代以前飲食書寫不發達，主要是受到雅正觀念的影響。書寫尚如此避諱，那就更別說要士大夫入廚煮飯了。不過當宋代這群從民間來的文人逐漸掌握國家政經的權力之後，他們在文化上也開始展開主導權。此時他們不再遵循傳統貴族意識之下的雅正觀，宋代士大夫重新在他們的生活經驗與事物中，賦予了新的審美觀照與思想價值，重塑了宋代士大夫的精神風貌與文化價值，於是形成了「以俗為美」的審美特色。不過這裡也必須清楚說明，宋代士大夫其實是用雅俗來取代儒家的雅正觀念。二者主要的差別在於，雅正觀念著眼在事物本身客觀的價值屬性，因此什麼事物是雅正，何者又不是？它是有一個客觀的價值標準在區別。至於宋人的雅俗之分，則是強調主體心靈是否能夠在客體上展現出全然不同的審美觀照，而不在於事物本身的客觀價值，因此即使只是普通的尋常事物，只要能夠賦予它全然不同的審美觀照與價值意義，那麼它就是「雅」，此乃所謂「化俗為雅」的審美功夫。相反的，即使原本是雅事，但卻用一種流俗的心態去看待或從事，那也不過是俗事一樁。蘇軾在〈答畢仲舉〉一文就表現出這樣的思想：

> 菜羹菽黍，差飢而食，其味與八珍等。而既飽之餘，芻豢滿前，惟恐其不持去也。美惡在我，何與於物？〔註129〕

蘇軾認為美惡並無絕對標準，此乃否定傳統儒家雅正觀念中的正味觀，他認為美惡的重點在於主體的感受，而非客體本身的屬性，其在〈超然臺記〉亦曰：

> 凡物皆有可觀。苟有可觀，皆有可樂，非必怪奇偉麗者也。餔糟啜醨，皆可以醉；果蔬草木，皆可以飽。推此類也，吾安往而不樂？
> 〔註130〕

凡物皆有可觀的態度，完全顛覆了前人必以物之瑰麗偉奇為審美的態度，於是宋代文人開始將目光投射到身邊周遭的事物，昔日文人認為俗不可耐的事物，開始堂而皇之地進入詩人的審美視野。在這種「以俗為雅」的風尚中，

〔註128〕（宋）宋祁：〈九月食糕〉一詩有「劉郎不敢提糕字」之句，見（宋）邵博：《邵氏聞見後錄》（北京：中華書局，1985年），卷十九，頁148。

〔註129〕蘇軾：〈答畢仲舉〉，《全宋文》冊88，卷一九〇九，頁195。

〔註130〕蘇軾：〈超然臺記〉，《全宋文》冊90，卷一九六七，頁388。

飲食不僅成爲文人的吟詠對象，甚至向來遠庖廚的文人，也都能夠洗手做羹湯，充分體現出宋人凡物皆有可觀、可樂的生命態度。

二、生活逸趣的追求

中唐以來隨著國家社會的劇變，士大夫開始將外在功業的追求轉向對於生活情趣的追求，李澤厚先生於《美的歷程》云：

> 中唐開始大批湧現的世俗地主知識分子們（以進士集團爲代表）很善於「生活」。他們雖然標榜儒家教義，實際卻沉浸在自己的各種生活愛好之中：或享樂，或消閒，或沉溺於聲色，或放縱於田園，更多的是相互交織配合在一起。〔註131〕

由於宋代重視文治，優禮士大夫，他們因而得以享有極其優越的社會地位。中唐以來所興起的這股風氣得到了更大的發展。這群新興的士大夫不僅在政治上相互結盟，更主導了北宋文學與藝術的發展。而他們私底下也時常舉辦各種遊賞宴飲與藝文活動，更推動了這股以士大夫審美情趣爲基調的雅文化風潮。這股生活情趣的追求讓飲食開始從溫飽與美味的口腹之欲，逐漸提昇爲風雅的清趣。文人甚至於開始嚼雪餐英，吃一些原本不在飲食範疇內的東西，將飲食從世俗的範疇全面提昇到雅緻的文化層次。這種化俗爲雅的清趣追求，也讓飲食書寫不再是一種難以進入大雅之堂的鄙俗創作。相反的，這種飲食清趣的書寫，不但可以展現詩人的生活美感，更能標誌出文人不凡的胸次與生命意境。如楊萬里在〈昌英知縣叔作歲坐上，賦瓶裏梅花，時坐上九人七首〉一詩所云：

> 寒盡春生夜未央，酒狂狂似醒時狂。吾人何用餐煙火？揉碎梅花和蜜霜。〔註132〕

詩人所描寫的白梅蜜霜，根本不是爲了滿足口腹的食物，他所餐者乃是沒有煙火與世俗味的清雅之氣，因此詩人在這首詩中所要呈現的是一種文人雅士的食趣。這種文人情趣不僅表現在詩歌，甚至表現在文人著作的食譜當中。而集宋代文人飲食大成的《山家清供》，其每一道飲食從興發到呈現，無不是在表現這種文人雅士的生活美學。可以說宋人已經將原本世俗的飲食內涵透過文化與美學的灌注，成功的將之轉變成清雅之事，是故日常飲食之事不僅成爲「雅食」，還是一件「雅事」。於是乎無論是吟詠與烹飪，文人只要透過

〔註131〕李澤厚：《美的歷程》（臺北：三民書局，2007年9月），頁171。
〔註132〕《全宋詩》冊42，卷二二七九，頁26128。

審美的角度來從事，無不能夠得到極高的讚賞，而這也廣泛的影響南宋飲食書寫的風氣與文人食譜的著作。

三、理學思想的影響

融合了儒、釋、道三家思想的理學是宋代學術的主流化思潮，雖然說文人與理學家之間曾經出現過蜀洛黨爭，然而一般而言，宋代文人普遍具有宗理的精神與審美意識，特別是到了南宋理宗朝，理學被建制成官方的學說，其對於文人士大夫的影響也就更加深遠了。

一般提及理學，最為人所熟知的就是朱熹（1130～1200）的「存天理，滅人欲」，而說到人欲則莫過於食與色，在理學最興盛的時代，對於文人下廚與飲食書寫等「縱欲」現象，又該如何理解？事實上這一句廣被流行的話，並不是那麼的精當，因為朱熹也說過：「若是饑而欲食，渴而欲飲，則此欲亦豈能無？」〔註 133〕、「天理人欲，幾微之間」、「天理人欲無硬定底界」〔註 134〕，而就現實的表現而言，朱熹本人也有一些飲食的詩歌，與友人之間也有一些飲食餽贈的酬答之作。事實上相較於先秦儒家對於道德義理有一清楚的判準，宋儒的哲學思想便經常帶有一種自覺的模糊思維的色彩，表現在價值判斷上則是一種臨界現象〔註 135〕，說得更簡明一點，就是在孟子那裏清清楚楚的價值判斷，如「義利之辨」、「人禽之辨」、「大體與小體之辨」，到了宋儒這裡，飲食一事則成了「天理人欲幾微難辨」之事了。

在朱熹的思想中，還有一個著名的「理一分殊」也能用來解釋在先秦時期被視為口腹嗜欲的飲食，何以能與理學思維並行不悖，《朱子語類》中記載：

> 問理與氣。（朱子）曰：伊川說得好，理一分殊，合天地萬物而言，
> 只是一個理；及在人，則又各自有一個。〔註 136〕

所謂的「理一分殊」，就是禪宗所謂的「月映萬川」，也就是宇宙之一理，卻能統攝萬物萬理，有如天上一輪明月，散而為江河湖海之萬月；但另一方面，萬理又歸於一理，猶散在江河湖海裡的萬月，其共同的根源乃是天上

〔註 133〕《朱子語類》卷九十四「周子之書」，（宋）黎靖德編、王星賢點校：《朱子語類》（北京：中華書局，1986 年），頁 2414。
〔註 134〕《朱子語類》卷十三「學七」，頁 240。
〔註 135〕韓經太：〈宋人美學觀念的結構分析〉，《第一屆宋代文學研討會論文集》（高雄：復文圖書出版社，1995 年），頁 373。
〔註 136〕《朱子語類》卷一「理氣上」，頁 3。

之月。就此而論，則天下萬有，何物無理？何物不是那一理所分殊下來的眾理？此一思維也因此泛化為宋人一種觀照生活、觸發思維的審美方式〔註137〕。也因此飲食之事，對宋人而言，再不是見不得人的人欲了，相反地其中亦體現著天道與義理，亦不是孟子口中所謂「養小以失大」為人所鄙賤之事了〔註138〕，甚至在宋人筆下，飲食還成了踐德修道的重要場域。

　　不過雖說宋人對於飲食的態度已經比較坦然，然而因其解放來自理學，自然也受到理學思想的制約與規範。此外，北宋理學家程顥（1032～1085）曾提出：「昔受學於周茂叔，每令尋顏子、仲尼樂處，所樂何事？」〔註139〕理學之祖周敦頤（1017～1073）所提出的「孔顏樂處」，對於宋代文人的價值精神影響非常大，所謂的「孔顏樂處」，事實上就是簞食瓢飲而不改其志的樂道精神。這種安貧樂道的思想價值，廣泛的影響宋代士大夫的飲食思想，因此宋代文人的飲食觀與所呈現出來的飲食風貌普遍有著甘蔬食、輕肉味與貴修養的傾向，如（南宋）袁燮（1144～1224）在〈園蔬六首〉所云：

> 攜鋤抱瓮不辭勞，要使霜根足土膏。我去艱難生理窄，卻疑學圃屬吾曹。
>
> 白菘肥胞真佳品，紫芥蒙茸亦可人。環舍滿畦多且旨，寒儒專享未為貧。
>
> 深林十月飽清霜，寒氣侵凌味轉長。世上甘腴有如此，擬排閶闔獻君王。
>
> 良朋過我食無魚，茅屋相尋只茹蔬。莫道藜羹滋味薄，要知瓜祭必齊如。
>
> 朱門終日飫甘肥，綺繡盤筵鱠縷飛。寧識山林枯槁士，清風千古首陽薇。
>
> 葷羶屏去忽三年，筋力扶持老尚堂。所養固知先大體，人生何苦嗜肥鮮？〔註140〕

〔註137〕崔海英：《宋代理學語境中的宋代美學》（山東：山東大學碩士學位論文，2005年4月），頁12。

〔註138〕《孟子‧告子上》：「飲食之人，則人賤之矣，為其養小以失大也。」

〔註139〕（宋）程顥、程頤：《河南程氏遺書》（臺北：漢京文化事業，1983年），卷二，頁16。

〔註140〕《全宋詩》冊50，卷二六四七，頁31014。

在這組詩中，詩人透過對蔬食之美的歌頌，表達出自己踐德修道、修身以俟的人生修養，其以感性的詩歌吟詠，抒發安貧樂道的價值思想，這正是典型受到南宋所興盛的理學思維影響下的結果。在這種思潮底下，飲食書寫就不再只是孟子所謂的小體之事，而是能夠去展現士大夫精神修養的高尚之事。

而在理學的影響下，也造成了宋詩宗理的美學取向，使其能夠超脫外物，以冷靜理性的眼光來面對審美對象，以挖掘出物象之外的哲理，遂造就了宋人濃厚的比德傾向，南宋人的飲食書寫亦充滿了此一特質，如：

> 黃中通理，美在其中，暢於四肢，美之至也。（危巽齋〈贊蟹〉）
> 〔註141〕

> 落盡紅鹽子更青，餘甘風韻未爲珍。從來獨有茶知己，勘破生生一點仁。（葉茵〈橄欖〉）〔註142〕

> 藜藿盤中忽眼明，駢頭脫縫白玉嬰。極知耿介種性別，苦節乃與生俱生。我見魏徵殊媚嫵，約束兒童勿多取。人才自古要養成，放使干霄戰風雨。（陸游〈苦筍〉）〔註143〕

傳統的詠物詩不外吟詠其形貌、滋味乃至於文化典故，不過受到理學的影響，蟹黃、橄欖、苦筍都被賦予超越原本物象以外的意義，如蟹黃被比附上《周易》君子「黃中通理」內蘊美質之德、橄欖的果仁被拿來作爲抽象義理「生生之仁」的闡發，而苦筍也被聯想成人才的養成必須歷經風雨的過程。從上述例子也可以看出，對宋人而言，審美對象（在此指飲食）在其眼中經常表現爲哲理的中介物。

此外，理學認爲每一個物上面都有一個理，必須要窮究事事物物之理，才能對天道性命有所體悟。此種格物窮理的思想大大影響了宋代文人的特質，使宋代士大夫集文人與學者於一身的特點，表現在飲食書寫上，便顯現出一種博學好古與追根究柢的精神，如楊萬里〈羅仲憲送蒒菜，謝以長句〉：

> 學琴自有譜，相鶴自有經。蔬經我繙盡，不見蒒菜名。金華詩裏初相識，玉友尊前每相憶。坐令芥孫薑子芽，一見風流俱避席。取士取名多失眞，向來許靖亦誤人。君不見鄭花不得半山句，卻參魯直

〔註141〕（宋）林洪：《山家清供》卷上，收入《飲饌譜錄》（台北：世界書局，2010年），頁16。

〔註142〕《全宋詩》冊61，卷二一八六，頁38227。

〔註143〕《全宋詩》冊39，卷二一五八，頁24348。

稱門生。〔註144〕

從「學琴自有譜，相鶴自有經」，說明了宋人對各種專業知識的重視，即使是友人相贈的一個不知名的蒪菜，也要勤加翻閱蔬經，以明其所以然。然而就在翻遍了蔬經，仍不見「蒪菜」之名，楊萬里依舊不懈怠地對此一名不見經傳的蔬菜提出了種種可能的推論。像這種絕不敷衍苟且，對事事物物詳加追究與求證的態度，普遍體現在南宋文人的飲食詩作中，如范成大〈上元紀吳中節物，俳諧體三十二韻〉一詩，每一句均對所寫的吳地特有節物詳加註解。林洪《山家清供》一書，亦充分發揮實事求是的精神，其云：「君子恥一物不知，必遊歷久遠而後見聞博」〔註145〕，文中對於從古籍中所讀到的如「苜蓿」、「元修菜」等只知其名，卻未詳其實之物，「未嘗不實搜畦壟間，必求其是」〔註146〕並經常詢問經驗豐富的老菜農，一個疑問甚至可以擱在心裡二十年；此外其對於寒食節所吃的「寒具」，與其他類似甜食的差別亦都有所析辨；對於湖北人以魚為蔬的習俗也有一些探究。像這類格物窮理的思想不僅影響文人的飲食書寫，自然也影響了宋代文人對於烹飪食物之理的探究與實踐。

從上述的說明可知，由於受到理學思想的影響，飲食一事對宋人而言，已從養小體的嗜欲層次，躍升成為體現天理、踐德修道的重要場域。這種思維特色，使得宋人在吟詠飲食時有濃厚的比德與尚理傾向，既歌詠孔顏樂處的樂道精神，又表現出一種對事物深入觀察與探究的鑽研精神，透過再日常不過的飲食來體現超凡的生命境界，也因而也形成飲食書寫與烹飪的風氣。

總之，宋代飲食書寫的盛行與文人菜的形成，最重要的影響因素就是時代思潮改變。也因為這種箝制文人觸碰飲食的力量已經完全被時代思潮解構，並且進行轉化之後，宋代文人的飲食書寫與相當特殊的文人菜，才得以獲得充分的發展空間。

第六節　結　語

從前述諸多探討中，可以發現南宋社會的發展有著與前代截然不同的政經、文化與思想上的變化，這種外在社會的變化形塑出了宋代士大夫相當特

〔註144〕《全宋詩》冊42，卷二二九一，頁26294。
〔註145〕（宋）林洪：《山家清供》卷上「元修菜」，頁13。
〔註146〕同上註。

殊的文化心靈與價值意識。一來經濟的富庶與物產的豐隆，爲飲食文學的興起提供了必要的物質基礎，品類繁多的飲食視野大大刺激士大夫的嘗鮮尚奇的心靈，乃至形諸翰墨、吟詠成章；二來，唐宋以來的宦遊與貶謫的際遇形塑了宋人的命運，異地新鮮的風物與迫切的求生需求，遂造就了文人關注飲食的最大動力；三來，宋代重視文治，文人的地位大幅提升，遂在公領域的淑世情懷之外追求個人的生活情趣，於是風雅的文人會蔚爲風尚，宴席間的飲食也就成了文人們樂於吟詠的對象；四來，是文人思想意識的改變，其能徹底轉變飲食爲小道的觀念，將生命完全聚焦在當下的日常人事時地物，對尋常的事物展現無窮的興味，當是與宋人以理性來提舉生命的時代精神密不可分，這明顯有別於前代發憤舒憂的文學傳統。換句話說，宋人的心境大抵是理性平和的，縱使在宴席間或有狂放之舉，但在本質上實有別於漢唐間人的及時行樂，即使澹泊自適如陶淵明都有「揮杯勸孤影，欲言無與和」（〈雜詩〉）之語，就更別說那「對案不能食，舉箸常嘆息」〔註147〕、想要「與爾同銷萬古愁」〔註148〕的沉痛之人了，宋人對於「悲哀的揚棄」〔註149〕，試圖透過體道，將個人的位置從社會拉拔到自然的高度，以超越現實榮辱得失的際遇〔註150〕。此外，他們對於科學世界的物理也有相當的研究精神，因此他們不再是「四體不勤、五穀不分」〔註151〕的文弱書生，他們只要捲起袖子，無論是興修水利的大工程，還是下田耕種，乃至於入廚去煮飯，幾乎沒有什麼能夠難得倒他們的事物。這種對於生活的好奇與重視，其實都源自於這個時代的精神所賦予的文人特質，他們不再需要靠外在的功名才能肯定自我的價值，他們透過道德修養與審美情趣，展現出自我人格的獨特性與價值感，而這也是在這個充滿道德束縛與階級意識的傳統社會中，愛吃愛煮菜的蘇軾竟能夠有如此鮮明的人格魅力，幾乎沒有人會去批判蘇軾滿足於生活嗜欲的小道，反而特別能夠去欣賞這種於艱困生活當中自得其樂的生命境界。

〔註147〕鮑照：〈擬行路難・其六〉，（南朝宋）鮑照撰、錢仲聯增補集說校：《鮑參軍集註》（上海：上海古籍出版社，1980年），頁231。

〔註148〕（唐）李白：〈將進酒〉，《全唐詩》冊5，卷一六二，頁1683。

〔註149〕（日）吉川幸次郎語。吉川幸次郎：《宋詩概說》（臺北：聯經出版社，1977年），頁32。

〔註150〕此處參考廖美玉的說法，見其：〈物理與人情——宋詩中所映現的生命樂境〉，《回車：中古詩人的生命印記》（臺北：里仁書局，2007年），頁376。

〔註151〕《論語・微子》：「丈人曰：『四體不勤，五穀不分，孰爲夫子？』」（宋）朱熹：《四書章句集註》，頁184。

　　凡此種種正說明瞭飲食書寫之所以能夠進入風雅的書寫殿堂，宋人這種可上可下、可外可內的生命自信是一個相當重視的因素。也就是說，宋人在外在事功與個人生活情趣間尋找到一個平衡點，他們之間的多數人並不曾真正歸隱山林，卻又忘卻無情官場對他們心靈的羈絆，他們的出處是既仕既隱，卻又非仕非隱，總之心靈的自由與開闊，使其心緒不再大喜大悲，動盪流離。飲食對宋人而言，已不再是得失時發洩與感嘆的興發之物，宋人認真的活在當下，用心地對待眼前的每一餐飲食，透過書寫去展現出他們對於現實人生的深刻體會，這種文人心態與價值意識的改變，才使得飲食小道成為顯學。

第四章　南宋三大詩人的飲食書寫

　　傳統上將尤袤、楊萬里、范成大、陸游等四人稱爲南宋中興四大詩人，原因即在於他們是在擺脫江西詩風的負面影響之後，以個人鮮明的詩歌風格締造南宋詩歌高峰的開創者。南宋詩人固然相當多，且每位詩人或多或少都有一些飲食詩歌的創作，但與陸游或楊萬里相較，他們的飲食詩無論是在數量、風格與內容等各方面，都難以與這些大家相提並論。因此本文擬考查南宋這些最具代表性的詩人的飲食詩歌創作，審視其有何新的發展與個人書寫特色。不過遺憾的是，尤袤作品已佚。清人尤侗雖然輯佚了四十七首，再加上屬鶚輯得的六首、逸句四聯，現存詩歌亦不過五十餘首，實難窺其詩歌原貌，況且從現存詩歌來看，其中並沒有任何飲食書寫，且四大家中尤袤的評價向來較低，其影響力亦遠不如陸游、范成大與楊萬里三人，因此本章僅針對三人來作探討。所幸三人因氣質才性、學經歷程與宦途成就各自不同，因而能夠鮮明地表現出個人性的飲食觀與書寫特色，故雖然僅探討三人，仍不失爲理解南宋飲食書寫的重要指標。

第一節　陸游的飲食書寫

　　陸游（1125～1210），字務觀，號放翁，越州山陰（今浙江紹興）人。年十二，能詩文。以蔭補登仕郎。高宗紹興二十三年（1153）兩浙轉運司鎖廳試第一，以秦檜孫塤居其次，抑置爲末。明年禮部試，主司復置前列，爲檜黜落。檜死，紹興二十八年（1158），始仕福州寧德縣主簿。三十年，召除敕令所刪定官。三十一年，遷大理寺司直兼宗正簿。孝宗即位，遷樞密院編修官

兼編類聖政所檢討官，賜進士出身。因論龍大淵、曾覿招權植黨，出通判建康府。乾道元年（1165），改通判隆興府，以交結臺諫，鼓唱是非，力說張浚用兵論罷。六年，起通判夔州。八年，應王炎辟，為四川宣輔使幹辦公室。其後曾攝通判蜀州，知嘉州、榮州。淳熙二年（1175），范成大帥蜀，為成都路安輔司參議官。三年被劾攝知嘉州時宴飲頹放，罷職奉祠，因自號放翁。五年，提舉福建路常平茶鹽。六年，改提舉江南西路。以奏發粟賑濟災民，被劾奉祠。十三年，起知嚴州。十五年，召除軍器少監。光宗即位，遷禮部郎中兼實錄院檢討官，未幾，復被劾免。寧宗嘉泰二年（1202），詔同修國史，實錄院同修撰，兼秘書監。三年，致仕。開禧三年（1207），進爵渭南縣伯。嘉定二年卒，年八十五。陸游是著名愛國詩人，畢生主張抗金，收復中原，然時移世易，有志難伸，壯志未酬，最終鬱鬱而終。著作繁富，有《劍南詩稿》八十五卷、《渭南文集》五十卷等。

陸游詩歌多達九千三百多首，是古代詩人中創作數量最多的文人。詩集中與飲食相關的書寫更是俯拾皆是，並有著特殊的個人寫作特色。以下即將陸游遊飲食詩歌中常見的主題分述如下：

壹、清貧的飲食書寫

有別於喜愛記錄異地風土的范成大與熱愛各式山珍海味及閒適清雅之飲饌情懷的楊萬里，陸游的飲食書寫是最貼近一般庶民的清貧生活。這種以庶民清貧飲食為主的書寫特色，其形成的因素主要有三：

一者，受限於現實經濟的狀況

由於陸游在仕途上的發展相當不順遂，因其耿直敢言的人格特質而得罪權勢，故多次遭到罷黜，故只當過一些地方小官或幕僚，其〈投梁參政〉一詩提到：「游也本無奇，腰折百僚底。流離鬢成絲，悲吒淚如洗。殘年走巴蜀，辛苦為斗米。」〔註1〕因為經濟的困頓，因此在年近半百時，仍不顧路險體衰而赴任通判夔州，最大的因素即是經濟的困窘。歷經宦海浮沉之後，陸游終於在光宗紹熙元年之後的二十餘年，長期歸隱在山陰老家的鄉村，這時期過得基本上也是相當艱苦的躬耕生活，所謂「陸君拙自謀，七十猶穤食。」〔註2〕是故陸游的飲食書寫，自然也就反映躬耕生活的清貧飲食。由於

〔註1〕《全宋詩》冊39，卷二一五五，頁24280。
〔註2〕陸游：〈自規〉，《全宋詩》冊40，卷二一八五，頁24900。

宋代士人通常多出身於農家，農耕生活對他們而言本來就是一種相當熟悉而又能自食其力的生活方式，因此士人若未能任官，自然也就會選擇耕稼謀生，故陸游說：「謀生在衣食，不仕當作農」〔註3〕、「古人恥懷祿，不仕當力稼」〔註4〕。不過「為農得飯常半菽」〔註5〕的躬耕生活，也讓陸游在經濟上長期處於貧窮的狀態，如〈炊飯〉一詩所云：

> 米分齋鉢供，薪拾墮巢枝。偶爾成幽事，欣然慰午饑。炊時珠瀉甑，嘗處雪翻匙。欲作明朝計，還須賣漉籬。〔註6〕

從寺廟分得的米，讓陸游暫時有一頓美好的午餐，雖然明日的伙食還是要把籬笆當柴賣才有著落，但眼前炊煮的米飯早就讓他心滿意足。從他把米飯炊煮與品嚐寫得如此美妙，可知陸游的日常飲食是相當匱乏的，又如〈貧甚戲作絕句・八首其三〉：

> 貸米東村待不回，缽盂過午未曾開。饑腸雷動尋常事，但誤生台兩鵲來。〔註7〕

這種因飢餓而不得不去借米的困頓，是陸游飲食詩歌中相當常見的描寫。連主食的基本滿足都有問題，更別談其他的副食與配菜的供應了，這也是陸游飲食書寫中經常出現蔬食與米飯這類基本膳食的主因。

二者，簡樸家風的影響

陸游的高祖、祖父、父親雖然都曾在北宋時期任官，但家境並不富裕，祖父陸佃甚至因家貧靠月光讀書的事蹟而被傳為美談，因此陸游雖是官宦人家之後，但仍持守先人的簡樸家風，其〈雜興・五首其三〉云：

> 家世本臞儒，自奉至儉薄。肉食固難期，間亦闕鹽酪。賓朋飯芋豆，時節羹藜藿。偶然設雞豚，變色相與作。家居常守此，自計豈不樂？蔬園畏蹢躅，切勿思大嚼。〔註8〕

詩中提到自己稟承儉薄家風，因此日常飲食少有肉食與調味的鹽酪。朋友來訪時，連一般待客的雞黍都沒有，只能吃的是芋豆，並根據野菜的時令採集作羹羹。偶爾看到飯桌上的雞豚也讓他臉色變得嚴屬起來，哪裡會不知道因

〔註3〕陸游：〈雜興・五首其一〉，《全宋詩》冊40，卷二二一九，頁25438。

〔註4〕陸游：〈自廣漢歸宿十八里草市〉，《全宋詩》冊39，卷二一六一，頁24433。

〔註5〕陸游：〈飯飽晝臥戲作短歌〉，《全宋詩》冊40，卷二二〇七，頁25259。

〔註6〕《全宋詩》冊40，卷二一九五，頁25062。

〔註7〕《全宋詩》冊40，卷二二一六，頁25390。

〔註8〕《全宋詩》冊40，卷二二一九，頁25438。

吃肉而夢見菜園被羊踏破的故事〔註9〕？從這首詩中可以瞭解，陸游所稟承的簡樸家風，是不容許自己過於鋪張浪費的，故僅以簡單的蔬食芋豆作為基本的食物需求，至於肉類，乃至於珍貴的乳酪都是不容許恣意享用的奢侈品。事實上陸游對於這種簡樸的家風非常看重，其不斷在詩歌中提及與告誡子孫，如：

> 我本杞菊家，桑苧亦吾宗。種藝日成列，喜過萬戶封。今年夏雨足，不復憂螟蟲。歸耕殆有相，所願天輒從。（〈村舍雜書・十二首其一〉）〔註10〕

杞菊在陸龜蒙〈杞菊賦〉與蘇軾〈後杞菊賦〉的先後書寫之後，儼然已成為清貧文士重要的飲食象徵，陸游進而將之作為清簡家風的重要象徵而謂之「杞菊家風」；而桑苧，指的是桑樹與苧麻，泛指農桑之事，亦即致力於農圃的躬耕之事。陸游在〈對食戲作二首〉中更是將休官之後，依然能夠無待於外的自適，歸功於清簡家風的教養，其詩云：

> 香粳炊熟泰州紅，苣甲蓴絲放箸空。不為休官須惜費，從來簡儉作家風。米如玉粒喜新舂，菜出烟畦旋摘供。但使胸中無愧怍，一餐美敵紫駝峰。〔註11〕

三餐所需的一切，完全取自自家田圃，過的雖然是如此清簡的躬耕生活，卻如此自適可喜，這種無愧與無待的安然生活，在陸游看來是比什麼山珍海味都更加令人滿足。也就是說清簡的生活態度是士大夫之所以能夠自足不待的首要基礎，故陸游將這種價值視作為最重要的家族精神，更希望他的兒孫亦能傳承這種價值，因此經常在詩歌中一再提及，如：

> 得飽不害足，閉門還讀書。翁猶羹不糝，兒固食無魚。衰繡曷加我，簞瓢常晏如。人生隨所遇，勿替此心初。（〈複竊祠祿示兒子〉）〔註12〕

> 蝸舍鶉衣老可哀，衰顏時為汝曹開。朱門莫羨煮羊腳，糲食且安羹芋魁。家塾讀書須十紙，山園上樹莫千回。但令學業無中絕，秀出

〔註9〕（魏）邯鄲淳：《笑林》：「有人常食蔬茹，忽食羊肉，夢五藏神曰：『羊踏破菜園。』」後人遂將「羊踏菜園」用來比喻慣吃蔬菜的人偶食葷腥食物。（魏）邯鄲淳：《笑林》（臺北：新興書局，1988年），頁102。
〔註10〕《全宋詩》冊40，卷二一九二，頁25023。
〔註11〕《全宋詩》冊40，卷二二〇四，頁25203。
〔註12〕《全宋詩》冊40，卷二一八六，頁24951。

安知有後來？（〈示諸孫〉）〔註13〕

平昔飄然林下僧，更堪衰與病相乘。殘年已任身生死，一念猶關道
廢興。皎皎初心質天地，兢兢晚節蹈淵冰。子孫勿厭藜羹薄，此是
吾家無盡燈。（〈平昔〉）〔註14〕

陸游希望兒孫能夠以不求溫飽的儒者精神，勿厭藜羹、莫羨羊腳，能夠將心
思完全放在讀書上面，過著簞瓢晏如的耕讀生活。不過這種以躬耕作為生活
自足的生活方式，其實是相當困頓的，除了仰賴自己種植的糧食外，更需要
採集野生的菜蔬來勉強過活，在〈冬夜〉這首詩中，陸游就將這種生活的艱
困表露無遺：

杞菊家風有自來，充饑藜糝不盈杯。雲迷野渡一聲雁，雪暗山村千
樹梅。宴坐何妨面庵壁？長吟且復畫爐灰。歲殘尚恨新春遠，欲挽
天邊斗柄回。〔註15〕

詩中描寫了為了堅持「杞菊家風」的自主生活，必須艱辛的與饑餓在漫漫冬
夜中搏鬥。雖然這種貧困的生活狀態不是那麼容易讓人完全安然處之，但這
種價值顯然是陸游認為必須堅守的一種人生價值。

三者，清貧的飲食生活表徵著君子的人格精神

受到傳統儒家「君子謀道不謀食」、「大體與小體之辨」的影響，士大夫
最重要的精神價值就是「簞食瓢飲而不改其樂」的為學求道精神，清貧的飲
食生活已然被文人賦予了極高的價值意涵，因此陸游書寫清貧的飲食，背
後的精神即在於此，他在〈儒生〉一詩提到：「高臥茅簷下，羹藜法不傳。」
〔註16〕所指的正是這種價值意識。故陸游這類書寫清貧的飲食詩，最終所要
闡述的意旨總不外乎是儒者安貧樂道的生命價值，如〈蔬食〉一詩所云：

今年徹底貧，不復具一肉。日高對空案，腸鳴轉車軸。春薺忽已
花，老筍欲成竹。平生飯蔬食，至此亦不足。孰知讀書卻少進，忍
饑對客談堯舜。但令此道粗有傳，深山餓死吾何恨？〔註17〕

陸游貧困到不只完全無肉，甚至連原本可供採摘的野薺、山筍都已枯老而不

〔註13〕《全宋詩》冊40，卷二二〇八，頁25277。
〔註14〕《全宋詩》冊40，卷二一九八，頁25111。
〔註15〕《全宋詩》冊40，卷二二〇〇，頁25137。
〔註16〕《全宋詩》冊40，卷二二一七，頁25417。
〔註17〕《全宋詩》冊39，卷二一八二，頁24857。

能食，平日勉強可供度日的基本飲食都已經無法維持。不過詩人並沒有表現出懷才不遇的悲怨，反而拋棄饑渴之憂與客論道，表現出一副謀道不謀食的殉道情懷。陸游總在饑寒交迫之際，越顯露出一種儒者安貧的價值精神，〈冬夜〉一詩云：

> 颸颸黃葉欲辭枝，況著霜風抵死吹。投老難逢身健日，讀書偏愛夜長時。孤村月白聞衣杵，破灶煙青煮芋糜。不是用心希陋巷，爲儒自合耐寒饑。〔註18〕

這種忍受饑饉苦寒的艱苦生活，並沒有讓他怨天尤人，反而將之視作爲儒者的基本修養，靜夜讀書煮芋粥，更見其安然自適的生命態度。在〈感遇六首〉中，他更是用一種超越的態度，去解消寒士困於溫飽的尷尬處境，〈其三〉一詩云：

> 人之所甚患，饑渴與寒暑。粗免則已矣，過計安用許。自奉非其分，三彭將嫉汝。寓形天壤間，大抵皆逆旅，但能飽菜根，何地不可處？堂堂七尺軀，切勿效兒女。〔註19〕

這裡直接將儒者最不看重卻又最難處理的溫飽問題揭示出來，陸游在這裡透過一種整體縱觀的角度，把生命視作一短暫棲止的客居狀態，去解消人對於短暫形軀一時飢飽的執著心態，進而能夠將吃菜根視爲一種追求生命更高價值的修養，成爲一個不被饑飽所圍的堂堂男兒。不過人的形軀畢竟還是肉作的，長期的匱乏並不容易用一種精神價值就可以完全消解。它日日夜夜隨時要俟機竄出來騷擾著人的肉軀，以及人們所敬奉的偉大精神理想，因此偶爾也可以看到詩人有感而發的喟嘆，如〈感貧〉一詩云：

> 經歲無兼味，窮冬止破裘。翁將貧博健，兒以學忘憂。士固安天命，吾寧爲食謀？八荒如可望，時亦上高樓。〔註20〕

貧窮到一整年只能吃單一種食物，多少讓人像子路一樣感嘆：「君子亦有窮乎？」〔註21〕安貧雖然是陸游所信奉的重要價值，但長期的貧困亦不免讓人對「君子謀道不謀食」〔註22〕的理想百感交集。「八荒如可望，時亦上高樓」

〔註18〕《全宋詩》冊40，卷二二○一，頁25167。
〔註19〕《全宋詩》冊40，卷二二一七，頁25414。
〔註20〕《全宋詩》冊40，卷二二○九，頁25285。
〔註21〕《論語・衛靈公》，（宋）朱熹：《四書集註》（臺北：鵝湖出版社，1984年），頁161。
〔註22〕《論語・衛靈公》，頁167。

多少有種「富而可求也，雖執鞭之士，吾亦爲之」〔註23〕的意味，這也是陸游曾自嘆：「鐘鼎山林俱不遂，聲名官職兩無多」〔註24〕之士大夫所追求的隱逸與功名俱不遂的尷尬處境。不過這只是偶一爲之的牢騷，陸游基本上還是秉持著「君子固窮」與追求簞食瓢飲之樂的理想價值，在〈秋夜感遇十首，以孤村一犬吠殘月幾人行爲韻〉一詩，他很明確的表達出對於飲食之欲淡然處之的態度，〈其六〉云：

> 頒曆如昨日，俯仰芳歲殘。蜩螀方鳴秋，砧杵已戒寒。書生賦予
> 薄，何適不艱難？梁肉固所美，食淡心始安。〔註25〕

詩中表明對於厚味美食的追求雖是人之所同欲，但所謂的君子就是能夠有一種清明之心，去釐清人應該追求的眞正價值爲何，亦即孟子所謂「大體與小體之辨」，故「食淡心始安」正是表現出這樣的價值抉擇。

陸游所寫常是飲食的清貧之苦與士人價值的持守，但偶然得到好一點的飲食時，也會讓他非常快樂，如〈雜題・四首其一〉：

> 貧中得味如餐蔗，語下明心似到鄉。對客欲談渾忘卻，笑呼童子替
> 燒香。〔註26〕

在貧困的生活中，偶爾才能滿足一下的口腹，讓陸游的生活一時都快活了起來。從中亦可見在陸游清貧的飲食生活中，雖然主要表達的都是安貧樂道的士人價值，卻也透顯出一種不斷用精神意志去消解口腹之欲的艱苦意味。

貳、飲食養生思想

養生思想是陸游飲食詩中相當重要的一個主題，詩集中出現的養生詩歌相當多，其曾自述「四十餘年學養生」〔註27〕，可以說是南宋最重視飲食養生的文人。陸游重視養生的因素主要有二：一者根源於家族收集醫方的傳統。其於〈跋續集驗方〉一文提到：「予家自唐丞相宣公在忠州時，著陸氏集驗方，故家世喜方書。」〔註28〕陸游先祖是唐德宗宰相陸贄，據《舊唐書》記載：「家居瘴鄉，人多癘疫，乃抄撮方書，爲陸氏集驗方五十卷行於代。」

〔註23〕《論語・述而》，頁96。

〔註24〕陸游：〈自詠〉，《全宋詩》冊39，卷二一五五，頁24293。

〔註25〕《全宋詩》冊40，卷二二一一，頁25321。

〔註26〕《全宋詩》冊40，卷二二一九，頁25440。

〔註27〕陸游：〈春日雜興〉，《全宋詩》冊41，卷二二三四，頁25661。

〔註28〕陸游：《渭南文集》，收於《陸放翁全集》（臺北：世界書局，1961年），卷二十七，頁161。

〔註 29〕由此可知陸游家族早有收集驗方的傳統，而陸游也繼續承襲這樣的傳統，故曰：「予宦遊四方，所獲亦以百計，擇尤可傳者，號陸氏續集驗方，刻之江西倉司民為心齋。」〔註 30〕二者，陸游的身體原就多病體衰。這也是陸游特別重視養生的主要原因，他曾說過：「食必按本草，下箸未嘗輕。」〔註 31〕由於這樣注重飲食養生，陸游雖體弱多病亦得以享有八十五歲的高壽，他自己也頗為自豪：

> 稟賦本不強，四十已遽衰。藥裹不離手，對酒盤無梨。豈料今八十，白間猶黑絲？咀嚼雖小艱，幸未如牛呞。昔雖學養生，所遇少碩師。金丹既茫昧，鸞鶴安可期？惟有庖丁篇，可信端不疑。愛身過拱璧，奉以無缺虧。孽不患天作，戚惟憂自詒。擘蹬豈不苦？害猶在四支。二豎伏膏肓，良醫所不治。衣巾視寒燠，飲食節飽饑。虎兕雖在傍，牙爪何由施？老人不妄語，聊賦養生詩。（〈養生〉）〔註 32〕

體質本弱又早衰，導致藥不離手的陸游，因而特別重視養生。他自豪的說自己八十幾歲猶有黑髮，牙齒也還可以咀嚼，這一切的成果，他歸功於愛惜身體更甚於拱璧的養生之道，亦即注重飲食的節制與寒暑的衣服調配這種相當簡單卻又容易疏忽的起居飲食，並否定六朝以來的金丹服食的延年之道。為了養生保健，陸游非常自律並留心身體狀況，從不會逞一時的口腹之快以致傷生，所謂「起居食飲間，恐懼自貴珍，一念少放逸，禍敗生逡巡。」〔註 33〕這類訓戒的詩歌頗有隨時提醒自我的意味，避免因飲食過度缺乏而產生強烈的嗜慾，進而導致飲食的失衡，可以說陸游隨時都讓自己處於戒慎的飲食態度之中，又如〈家居自戒・六首其四〉：

> 疾病當治本，神醫古難遭。哀哉有限身，日與利欲鏖。大嚼徒為貪，刻飲豈足豪？淡薄以養壽，亦非慕名高。〔註 34〕

陸游認為一切疾病都是根源於飲食失當，大嚼與豪飲都是傷生之舉，飲食唯有淡泊方是長壽之道，故曰：「吾儕學養生，事事當自克。老無聲色娛，戒懼

〔註 29〕（後晉）劉昫：《舊唐書》（北京：中華書局，1975 年），頁 3791。
〔註 30〕同註 28，頁 161。
〔註 31〕陸游：〈冬夜作短歌〉，《全宋詩》冊 40，卷二一九一，頁 25001。
〔註 32〕《全宋詩》冊 40，卷二二○七，頁 25250。
〔註 33〕陸游：〈養生〉，《全宋詩》冊 40，卷二二一五，頁 25383。
〔註 34〕《全宋詩》冊 40，卷二二○九，頁 25285。

在飲食。要須銘盤盂，下箸如對敵。」〔註35〕正是深感口腹之慾最難節制，因此非得用如臨大敵的戒慎態度來面對，故陸游常寫一些自戒的詩歌來警惕自己，如〈對食有感·二首其二〉：

> 杯酌以助氣，匕筯以充腹。沾醉與屬饜，其害等嗜慾。歠醨有餘歡，食淡百味足。養生所甚惡，旨酒及大肉。老翁雖無能，更事嗟已熟。勿歎茆三間，養汝山林福。〔註36〕

飲食乃人之大慾，在沒有自制的狀況下，往往欲求過度。醉飲美酒與飽足大肉都是過度嗜慾的表現，是養生之大忌。飲薄酒、食淡味方是正確的飲食之道，因此陸游特別強調飲食要節制，所謂「少飽則止，不必盡器」〔註37〕，其在〈自詠〉一詩云：

> 食飲從來戒失時，衣裘亦復要隨宜。老人最索調停處，正在初寒與半饑。〔註38〕

這首詩同樣是強調飲食合宜的重要性，老者的飲食當以半饑合理，甚至於連稍微的滿足都顯得過度，足見在陸游的飲食觀之中，飽食是養生首要的大患，其在〈秋興·十二首其六〉提到面對美食只能嘆息的情境，其詩云：

> 白頭韭美醃韲熟，赬尾魚鮮斫膾成。卻對盤餐三太息，老年一飽費經營。〔註39〕

飲食相當貧乏的陸游面對美味的醃韭與生魚片，卻無福消受只能嘆息，只因飽嘗美味之後，老弱的身體又必須調養很久，這裡也顯現出陸游十分留心身體的狀況，只要稍有微恙，馬上就大為警惕一番，〈小疾自警〉一詩云：

> 老來土弗強，舉箸輒作病。造物蓋警之，何啻三下令？而我不自珍，若與疾豎競。豈惟昧攝養？實亦關忠敬。顛踣乃自詒，何用死不暝？自今師古訓，念念貴清靜。羔豚昔所美，放斥如遠佞。淖糜煮石泉，香飯炊瓦甑，采蔬擷藥苗，巾幂相照映。膨脝亦宜戒，僅飽勿憚剩。隱書有至理，要使氣常勝。因之戒友朋，苦語君試聽。
> 〔註40〕

〔註35〕《全宋詩》冊41，卷二二二八，頁25581。

〔註36〕《全宋詩》冊41，卷二二三四，頁25658。

〔註37〕陸游：〈室居記〉，《渭南文集》卷二十，收於《陸放翁全集》（臺北：世界書局，1961年），頁115。

〔註38〕《全宋詩》冊41，卷二二二四，頁25523。

〔註39〕《全宋詩》冊40，卷二二二一，頁25471。

〔註40〕《全宋詩》冊40，卷二二一二，頁25333。

飲食稍微不注意疾病就來，重視養生的陸游甚至將之視爲老天的警示，馬上斷然的遠離那些美食，趕緊煮粥、吃藥苗調理身體，並戒掉飽食的惡習。這裡提到食粥與藥苗，這兩種食物都是陸游相當看重的養生食物，其於〈食粥〉一詩詩題下自注：「張文潛有《食粥說》，謂食粥可以延年，予竊愛之。」其詩云：

> 世人箇箇學長年，不悟長年在目前。我得宛丘平易法，只將食粥致
> 神仙。〔註41〕

陸游表明其食粥養生之法乃得自張文潛的《食粥說》，提出養生之道貴在平實易行。食粥是陸游相當重要的養生之法，陸游在詩中更是屢次提到粥對於他衰老病軀的補益功用，如「食少支撐惟恃粥」〔註42〕、「薄粥枝梧未死身」〔註43〕。粥不僅可以節省糧米又容易製作，對於生活貧困的陸游而言是容易奉行的養生食療。而張文潛的「食粥說」，則見於〈粥記贈潘邠老〉一文：

> 張安道每晨起，食粥一大碗，空腹胃虛，穀氣便作，所補不細；又
> 極柔膩，與腸腑相得，最爲飲食之良。妙齊和尚說：「山中僧每將旦
> 一粥，甚繫利害；如或不食，則終日覺臟腑燥渴，蓋能暢胃氣，生
> 津液也。」今勸人每日食粥，以爲養生之要，必大笑。大抵養性命，
> 求安樂，亦無深遠難知之事，正在寢食之間耳。〔註44〕

晨起食粥與今人的習慣相同，足見此養生之法由來已久。其主要是基於粥食容易消化吸收，進而能夠暢胃氣、生津液，達到養生的目的，這裡引用了妙齊和尚的食粥效用，其實食粥養生與佛教淵源頗深，《四分律》卷十三提到：「食粥有五事：善除飢、除渴、消宿食、大小便調適、除風患。食粥者有此五善事。」〔註45〕足見佛教早已經有了食粥對於身體益處的論述。陸游的粥中有時還會加入一些藥材，使其成爲具食療之效的藥膳粥，《齋居紀事》云：

> 地黃粥：用地黃二合，候湯沸，與米同下。別用酥二合、蜜一合。
> 炒令香熟，貯器中，候粥欲熟乃下。

〔註41〕《全宋詩》冊 40，卷二一九一，頁 25008。

〔註42〕 陸游：〈高吟〉，《全宋詩》冊 40，卷二二一四，頁 25362。

〔註43〕 陸游：〈薄粥〉，《全宋詩》冊 40，卷二二二一，頁 25471。

〔註44〕（宋）費袞：《梁谿漫志》（臺北：藝文印書館，1971 年），卷九，頁 66。

〔註45〕《四分律》卷十三，《大正藏》二十二卷（臺北：世樺印刷事業公司，1990年），頁 655。

> 枸杞粥：用紅熟枸杞子，生細研，淨布捩汁，每粥一碗，用汁一盞，
>
> 加少煉熟蜜乃罻。〔註46〕

這兩道藥膳粥都是在粥米當中，另外再加入地黃與枸杞等藥材。而地黃和枸杞原本是與服食比較密切的仙方藥材，（晉）葛洪《抱朴子》都將之列為仙藥。到了宋代，這類具有仙方色彩的藥物都已經逐漸轉變成為一般的養生藥材，成為文人經常食用的養生食材，（宋）周守中《養生月覽》云：「凡粥有三等，一曰地黃以補虛。」〔註47〕足見以地黃作粥的養生法在宋代已經相當普遍，陸游〈夢有餉地黃者，味甘如蜜，戲作數語記之〉一詩也提到地黃的神效：

> 有客餉珍草，發奩驚絕奇！正爾取嚼齕，炮製不暇施。異香透昆
> 侖，清水生玉池。至味不可名，何止甘如飴？兒稚喜語翁，雪領生
> 黑絲。老病失所在，便欲棄杖馳。晨雞喚夢覺，齒煩餘甘滋。寄聲
> 山中友，安用求金芝？〔註48〕

這首詩雖是因夢戲作，不過卻也表現出地黃在陸游心中的神奇功效。地黃除了甘甜如飴外，更具有返老回春的神異功效，詩末更將地黃等同於金芝，足見地黃是陸游心目中最平民化的靈藥。另外，枸杞也是一種相當平民化的藥材，蘇軾〈小圃五詠・枸杞〉提到：「神藥不自閟，羅生滿山澤。」〔註49〕足見有「仙人杖」之稱的枸杞，是一種隨地可採的藥材，陸游於〈玉笈齋書事・二首其二〉云：「晨齋枸杞一杯羹」〔註50〕、〈道室即事・四首其二〉：「甑中枸杞香動人」〔註51〕足見晨起食枸杞粥是陸游日常生活的養生藥膳，從這裡亦可以看出藥草類的食物在陸游日常飲食生活中所扮演的重要角色。陸游還把藥苗與蔬菜一起烹調，如「菜把青青間藥苗，豉香鹽白自烹調。」〔註52〕、「烹蔬半藥苗」〔註53〕，亦見藥材的食用已經與陸游日常養生密不可分。由此可見，陸游用以養生的食物，無論是粥還是藥材，都是相當取得且容易奉行的。

〔註46〕陸游：《陸放翁全集》（臺北：世界書局，1961 年），頁 74。

〔註47〕（宋）周守中：《養生月覽》（台南：莊嚴出版社，1997 年），頁 743。

〔註48〕《全宋詩》冊 40，卷二一八六，頁 24914。

〔註49〕《全宋詩》冊 14，卷八二二，頁 9524。

〔註50〕《全宋詩》冊 39，卷二一五五，頁 24291。

〔註51〕《全宋詩》冊 40，卷二二二二，頁 25491。

〔註52〕陸游：〈種菜・四首其一〉，《全宋詩》冊 41，卷二二三五，頁 25681。

〔註53〕陸游：〈貧居〉，《全宋詩》冊 40，卷二一九八，頁 25120。

大體而言，陸游養生觀主要有兩點，一者是節制口腹之欲，以半飽爲宜；二者是摒棄膏粱厚味與旨酒，所謂「肥甘藏毒酖猶輕」〔註54〕，而以清淡的食粥、常見的藥膳爲日常的養生法。

叁、肉食與戒殺

從陸游的飲食詩中可知，他的飲食基本上是以蔬食爲主，其描寫肉食的詩歌並不多。一方面是因爲陸游的清貧生活本來就無法有太多的肉食供應，更重要的是他所奉行的養生之道，認爲肥甘藏毒，因此肉類不是合宜的食物。不過在長期粗淡的蔬食中，也有一些詩歌表達出對於肉食的渴望，如〈食新有感，貧居久蔬食，至是方稍得肉〉：

> 壯遊車轍遍天涯，晚得祠官不去家。優老每慚千載遇，食新又歎一年加。出波魚美如通印，下棧羊肥抵臥沙。捫腹笑歌仍索酒，不嫌鄰舍怪謳嘩。〔註55〕

這首詩透露出詩人感嘆時光飛逝而志業無成，由於飲食困苦已久，致使長久蔬食的陸游在得到魚羊之後，不由得縱酒狂歌，足見其開懷的程度，亦見平日奉行蔬食與養生的陸游，在貧乏的飲食中仍渴望有肉食的品嚐。又如〈貧居時一肉食爾戲作〉：

> 身老便居僻，山寒喜屋低。時猶賴僧米，那惜貸鄰醯？湯餅挑春薺，盤餐設凍齏。怪來食指動，異味得豚蹄。〔註56〕

老年的陸游基本上已經棄絕了肉食的喜好，以蔬食養生爲其飲食價值，不過偶得的豚蹄還是讓陸游食指大動，連平日最喜愛的薺菜也顯得貧乏，顯示出這種食肉的強烈興致。並不是陸游說一套作一套，而是在飲食長期貧乏的狀況之下，已經有菜色的身體自然的本能欲求。況且飲食之欲本來就是重要的人生樂趣，並能消弭平日累積下來的困乏之感，陸游自己在〈養生〉亦曰：「抑過補不足，輔相其適平。」〔註57〕其實這類詩歌在相當程度上反而更加凸顯平日陸游安於貧乏的飲食是一件多麼艱難的事。不過對於肉食的渴求，往往也讓將蔬食作爲重要實踐的陸游，產生愧疚的深切反思，如〈雜感·五首其三〉：

〔註54〕《全宋詩》冊40，卷二一九六，頁25075。
〔註55〕《全宋詩》冊40，卷二一九○，頁24982。
〔註56〕《全宋詩》冊41，卷二二三三，頁25648。
〔註57〕《全宋詩》冊40，卷二二○一，頁25166。

> 肉食養老人，古雖有是説。修身以待終，何至陷饕餮？晨烹山蔬
> 美，午漱石泉潔。豈役七尺軀，事此膚寸舌？〔註58〕

陸游於〈肉食〉一詩提到：「平生愛枯淡，老病未免肉」〔註59〕，是故食肉基本上是基於身體虛弱的營養補充，稱不上嗜慾或膏粱厚味的問題。但從修身的角度而言，陷於口腹小體的欲求，卻仍是牴觸陸游的價值觀，不由得趕緊回歸到素淡的蔬食之中。陸游渴望棄絕肉食，除了是因為修養與養生的因素外，亦與佛教戒殺的慈悲心有關，例如：

> 平生愛枯淡，老病未免肉。殺戒苦難持，貪境則易熟。鄙夫五鼎
> 少，達士一瓢足。紛紛刀几間，斷者豈復續？習聞謂當然，乍見可
> 痛哭。長安多貴人，得此試一讀。（〈肉食〉）〔註60〕

> 郊居去市遠，豬羊稀入饌。既畜雞鶩群，復利魚蟹賤。暴殄非所
> 安，擊鮮況親見？那得屠殺業，為客美殽膳？餘年尚有幾，過日如
> 露電。豈無園中蔬？敬奉君子宴。（〈戒殺〉）〔註61〕

> 物生天地間，同此一太虛。林林各自植，但坐形骸拘。日夜相殘
> 殺，曾不置斯須。皮毛備裘褐，膏血資甘腴。雞鶩羊豕輩，尚食稊
> 與菊；飛潛何預汝，禍乃及禽魚？豺虎之害人，亦為饑所驅。汝顧
> 不自省，何暇議彼歟？又於人類中，各私六尺軀。方其忿怒時，流
> 血視若無。我欲反其源，默觀受氣初，挺刃之所加，慘若在我膚。
> 朝飯一釜豆，暮飯一杯蔬。捫腹茆簷下，陶然歡有餘。（〈戒殺〉）
>
> 〔註62〕

> 江上秋風蘆荻聲，魚蝦日日厭煎烹。病來作意停鮮食，留得青錢買
> 放生。（〈病思・六首其三〉）〔註63〕

人為了一己的口腹之慾而讓其他動物無辜喪命，傳統儒家固然也有護生的思想，如《孟子・梁惠王上》云：「君子之于禽獸也，見其生，不忍見其死：聞其聲，不忍食其肉。是以君子遠庖廚也。」不過從這幾首詩中屢屢出現「殺

〔註58〕《全宋詩》冊40，卷二二〇七，頁25255。
〔註59〕《全宋詩》冊40，卷二二〇六，頁25243。
〔註60〕《全宋詩》冊40，卷二二〇六，頁25243。
〔註61〕《全宋詩》冊40，卷二二一五，頁25380。
〔註62〕《全宋詩》冊39，卷二一八〇，頁24818。
〔註63〕《全宋詩》冊41，卷二二三七，頁25706。

戒」、「殺業」、「放生」等佛教相關用語來看，顯見陸游的蔬食飲食觀中，除了受到儒家觀念的影響外，亦包括佛教戒殺護生的慈悲觀。而受到當時理學的影響，陸游認為所有萬物都是來自同一個本源，秉太虛一氣所生，人卻因無知與私慾而肆意屠殺其他生靈。家禽與家畜固然是人所飼養，但天上的禽鳥與水裡的游魚，不受人豢養，卻也同樣遭殃，陸游認為豺狼虎豹之殘害人乃是迫不得已的生存需求，相較而言，人有其他選擇，卻因私心與殘虐而造成其他生命極大的痛苦，因此陸游還進行一種默觀，冥想自己與萬物一體，對其他生靈所受到的痛苦，猶如施在自己身上一樣，因此再沒有什麼比蔬食更讓人安心了，其〈斫膾〉一詩云：

> 玉盤行膾簇青紅，輸與山家淡煮菘。要識坐堂哀穀觫，試來臨水看唲喁。〔註64〕

宋人相當喜歡描寫斫膾時刀法流利，魚片如冰晶剔透的美麗；不過陸游卻說玉盤上青紅相間的美食，實比不他所淡煮的白菜，他要人們去看看牲口要被宰殺時的恐懼與水邊魚嘴開合求生的可憐樣貌。因此與其食肉造成生靈的傷亡，那麼還不如茹素來得安然，〈素飯〉一詩云：

> 放翁年來不肉食，盤著未免猶豪奢。松桂軟炊玉粒飯，醯醬自調銀色茄。時招林下二三子，氣壓城中千百家。緩步橫摩五經笥，風爐更試茶山茶。（自注：曾樂道近餉茶山茶）〔註65〕

少了肉食固然少了許多飲食的樂趣，不過陸游卻還是可以吃得很滿足，透過各種米糧的搭配炊煮，讓飯粒顆顆鬆軟瑩透如玉，再加上自調的醬料將菜色變得更美味可口。飯罷之後呼朋飲茶，談經論學，透過清淡閒逸的生活情趣，轉移了原本食肉的貪欲之心。再看〈村舍雜書·十二首其三〉這首詩如何趣味的轉化食肉的欲求，其詩云：

> 舍北作蔬圃，敢辭灌溉勞。輪囷瓜瓠熟，珍愛敵豚羔。晨餐戒廚人，全項淨去毛。雖雲發客笑，亦足慰老饕。〔註66〕

這首詩的發想應是出自唐相盧懷慎「爛蒸瓠壺」的典故〔註67〕，詩中將瓜瓠

〔註64〕《全宋詩》冊40，卷二二一〇，頁25309。
〔註65〕《全宋詩》冊40，卷二二二〇，頁25456。
〔註66〕《全宋詩》冊40，卷二一九二，頁25023。
〔註67〕《詩律武庫後集》：「唐盧懷慎為相清儉，召客食，曰：『爛蒸去毛，莫拗折項。』客疑其鵝鴨也。已而下粟米飯一盂、蒸葫蘆一枚而已。坡詩：『爛蒸鵝鴨乃瓠壺。』」，（宋）呂祖謙輯：《詩律武庫後集》（北京：中華書局，1985 年），卷

當成鵝鴨，而要廚子仔細的去除瓜皮上的毛，把瓜果蔬菜當成動物般來化解老饕食肉的欲求，雖顯得滑稽，卻透顯出陸游寧食瓜瓠以當肉的慈悲心。而此一戒殺護生的思想，陸游亦在《放翁家訓》中勉勵兒孫戮力奉行：

> 人與萬物，同受一氣，生天地間，但有中正偏駁之異爾，理不應相害。聖人所謂「數罟不入汙池，弋不射宿」，豈若今人畏因果報應哉？上古教民食禽獸，不惟去民害，亦是五穀未如今日之多，故以補粒食所不及耳。若窮口腹之欲，每食，必丹刀幾，殘餘之物，猶足飽數人，方盛暑時，未及下箸，多已臭腐，吾甚傷之。今欲除羊彘雞鵝之類，人畜以食者，姑以供庖，其餘川泳雲飛之物，一切禁斷，庶幾少安吾心。凡飲食但當取飽，若稍令精潔，以奉賓燕，猶之可也。彼多珍異誇眩世俗者，此童心兒態，切不可為其所移。戒之戒之！〔註68〕

這篇家訓與前引詩〈戒殺〉意涵相近，同樣表示人與天地間的一切生物，都是秉受一氣而生，故應要和諧相處，面對其他物種，不應為了滿足一己的口腹之欲，而予以任意殺害。他提出孔孟「數罟不入汙池」、「弋不射宿」之說，認為聖人的好生之德，實是出自於對自然生態的愛護之情，而非是時下流行的畏懼因果報應之說。他進一步闡釋上古之所以有捕食禽獸的行為，是因為五穀尚不足以供應足夠的食物之不得不然的行為。他也對當時為了滿足口腹之欲而大肆殺生的豪奢作風提出嚴厲批判。陸游勉勵兒孫除了款待賓客之外，飲食但當求溫飽。此外，除了一般的家畜如羊豬雞鵝可供庖食用之外，其他無論是天上飛的或是水裡游的，一概禁止宰殺。從陸游一再對兒孫耳提面命，足可見其悲憫情懷的流露。

肆、吟詠的食物類別

一、蔬菜類

陸游的飲食書寫，通常與其所追求的品德修養或養生等價值有關，因此陸游所詠的食物類別主要是以蔬菜類最多。審視陸游所吟詠的蔬菜有兩種類別，一類是人工栽種的園蔬，包括：筍、蕪菁、芋、菘、韭、蔥、蘆服、山

三，頁123。

〔註68〕陸游：《放翁家訓》，《叢書集成初編》（北京：中華書局，1985年），第974冊，頁5。

藥、黃瓜、瓠等。另一類則是自然生長的野菜，包括：薺菜、蕨、菰、石芥、蔞蒿、苜蓿、馬蘭、莧菜、藜、蓴、巢菜、龍鶴菜等。

在一般園蔬中，陸游最喜歡吟詠的是筍，宋人喜歡吟詠竹筍，通常不僅僅詠嘆其滋味，最重要的是比德意義的詠讚，如〈苦筍〉：

> 藜藿盤中忽眼明，駢頭脫繃白玉嬰。極知耿介種性別，苦節乃與生俱生。我見魏徵殊媚嫵，約束兒童勿多取。人才自古要養成，放使干霄戰風雨。〔註69〕

這首詩從盤中之筍開始興發，接到談到竹子耿介與苦節的德性意涵。陸游以唐太宗稱讚魏徵「媚嫵」的典故〔註70〕來頌揚竹子蒼勁之中的柔媚之美，並因竹之苦節而引申出人才之養成必經歷風雨的結論。詠嘆竹筍除了從比德的角度描寫，也有單純詠嘆其風味者，如〈周洪道招食江西筍歸為絕句〉一詩：

> 色如玉版貓頭筍，味抵駝峰牛尾狸。歸向妻孥誇至夕，書生寒乞定難醫。〔註71〕

陸游在友人家中吃到美味的貓頭筍，其顏色如玉版般潔清，而滋味更甚駝峰和牛尾狸等絕頂美味，直到回家後還忍不住向妻子誇讚，不由得讓陸游想到孟子齊人故事中那個無所事事到墳場乞食的良人。這首詩雖寫筍之美，但多少也有一些因飲食困頓而落得要乞食的自嘲意味。再舉〈即席‧四首其三〉一詩：

> 長魚腹腴羊臂臑，饞想久矣無秋毫。今朝林下煨苦筍，更覺此君風味高。〔註72〕

想吃魚羊這些肉類，卻只能去煨苦筍，看似無奈卻另有一番風情，事實上這首詩所指的風味應不單純指滋味，苦竹風味多少還是有人生況味的隱喻。陸游吟詠的園蔬尚有菘、蕪菁、蔥、巢、芋等，如〈蔬園雜詠〉組詩：

> 雨送寒聲滿背蓬，如今真是荷鋤翁。可憐遇事常遲鈍，九月區區種晚菘。（〈蔬園雜詠‧菘〉）〔註73〕

〔註69〕《全宋詩》冊39，卷二一五八，頁24348。
〔註70〕《舊唐書‧列傳》第二十一：「帝大笑曰：『人言魏徵舉動疏慢，我但覺嫵媚，適為此耳。』」（五代）劉昫：《舊唐書》（臺北：台灣商務印書館，1981年），頁2510。
〔註71〕《全宋詩》冊41，卷二二四一，頁25737。
〔註72〕《全宋詩》冊40，卷二二一○，頁25305。
〔註73〕《全宋詩》冊39，卷二一六六，頁24553。

往日蕪菁不到吳，如今幽圃手親鉏。憑誰爲向曹瞞道，徹底無能合
種蔬？（〈蔬園雜詠・蕪菁〉）〔註74〕

瓦盆麥飯伴鄰翁，黃菌青蔬放筯空。一事尚非貧賤分，芼羹僭用大
官蔥。（自注：鄉圃有大官蔥，比常蔥差小。）（〈蔬園雜詠・蔥〉）〔註75〕

昏昏霧雨暗衡茅，兒女隨宜治酒殽。便覺此身如在蜀，一盤籠餅是
豌巢。（自注：蜀中雜彘肉做巢饅頭，佳甚。唐人正謂饅頭爲籠餅。）（〈蔬園雜
詠・巢〉）〔註76〕

陸生晝臥便便，嘆息何時食萬錢？莫誚蹲鴟少風味，賴渠撐拄過凶
年。（〈蔬園雜詠・芋〉）〔註77〕

這些園蔬的吟詠之旨不在表達食物本身的滋味，亦非安貧樂道的耕讀生活，
而是興發出文士困頓的清貧之嘆。除了各別蔬菜的吟詠外，陸游也喜愛吟詠
自己所烹調的菜色，如〈菜羹〉：

青菘綠韭古嘉蔬，蓴絲菰白名三吳。臺心短黃奉天廚，熊蹯駝峰美
不如。老農手自闢幽圃，土如膏肪水如乳。供家賴此不外取，襏襫
寧辭走烟雨。雞豚下箸不可常，況復妄想太官羊。地爐篝火煮菜香，
舌端未享鼻先嘗。〔註78〕

這首詩大大歌頌了蔬食之美，認爲即便是熊掌、駝峰等人間至味都無法與之
相比，這畢竟是來自詩人躬耕園圃所得的美好收穫，雖然不無肉食貧乏之嘆，
卻有著安於貧困飲食的樸實況味。相似的還有一首以菘、蘆菔、山藥、芋等
蔬菜所烹煮的〈甜羹〉：

山廚薪桂軟炊秔，旋洗香蔬手自烹。從此八珍俱避舍，天蘇陀味屬
甜羹。〔註79〕

這道名爲甜羹的菜餚，是一碗由各種園蔬所煮成的菜羹，它主要不在表達如
何烹煮的製法，而是展現一種在尋常食物中創造新意的生活樂趣，是故詩人
誇說味過八珍，可以與天上蘇陀相類，這首詩主要是在呼應蘇軾玉糝羹中安

〔註74〕同上註。
〔註75〕同上註。
〔註76〕同上註。
〔註77〕同上註。
〔註78〕《全宋詩》冊40，卷二二一二，頁25341。
〔註79〕《全宋詩》冊39，卷二一七五，頁24734。

適自得的精神〔註80〕。故此美當不在口腹之味，而貴在一種人生況味的咀嚼，亦即宋人所推崇的菜根香。

由於陸游的飲食相當寒儉，野菜自然就成為重要的糧食補充，〈食野菜‧二首其一〉提到：「野蕨山蔬次第嘗，超然氣壓太官羊。」〔註81〕依時節的生產，採集各種野菜食用，這也是陸游在詩裡經常自稱「山廚」〔註82〕的原因，陸游並將這些野生菜蔬稱為「山家食品」或「山家風味」，如：

> 牛乳抨酥瀹茗芽，蜂房分蜜漬棕花。舊知石芥真尤物，晚得蔞蒿又一家。疏索鄉鄰緣老病，團欒兒女且喧譁。古人不下藜羹糝，斟酌龜堂已太奢。(〈戲詠山家食品〉)〔註83〕

> 春粳入甑香炊玉，壓酒鳴槽滴碎珠。甲第朱門漫豪侈，山家風味定應無？(〈秋晚‧四首其一〉)

> 秋菰出水白於玉，寒薺繞牆甘若飴。正是長齋豈不可？凜然大節固難移。(〈秋晚‧四首其三〉)〔註84〕

山家風味也就是隱士的飲食，因陸游隱逸山林，故其飲食多取之於山野，是一種清貧淡儉的飲食方式，故與一般世俗的飲食風味完全不同。陸游自稱山家、山廚，正表現其隱居時的飲食狀況。其中茶和石芥〔註85〕是飲品，其餘所提到的棕花、蔞蒿、菰、藜、薺皆是野菜，茲敘述如下：

1. 棕花，乃棕櫚未抽出的嫩花芽，又稱為椶魚、椶筍、木魚子等〔註86〕，是宋人喜愛的野食。(南宋)陽枋（1187～1267）〈椶花〉：「滿株擐甲詫椶櫚，葉展蒲葵冬不枯。鬼髮擘開織玉掌，蚌胎剖破細瓊珠。熟煨爐火香于笋，白

〔註80〕蘇軾曾有〈過子忽出新意，以山芋作玉糝羹，色香味皆奇絕。天上酥陀則不可知，人間決無此味也〉一詩，以天上酥陀為喻，將蔬食的清勝之美推崇至無以復加的境地。《全宋詩》冊14，卷八二五，頁9557。

〔註81〕《全宋詩》冊40，卷二二九八，頁25116。

〔註82〕如「遙憶山廚麥飯香」（〈對食〉）、「山廚薪桂軟炊粳」（〈甜羹〉）、「山廚野蕨香」（〈農家〉）等。

〔註83〕《全宋詩》冊40，卷二一九一，頁25005。

〔註84〕《全宋詩》冊40，卷二一八三，頁24874。

〔註85〕石芥又名石蕊，《本草綱目‧草十‧石蕊》：「其狀如花蕊，其味如茶，故名。石芥乃茶字之誤。」（明）李時珍：《本草綱目》草部第二十一卷（北京：人民衛生出版社，1993年），頁1407。

〔註86〕《本草綱目‧木二‧棕櫚》：「棕櫚，……三月於木端莖中出數黃苞，苞中有細子成列，乃花之孕也。狀如魚腹孕子，謂之椶魚，亦曰椶筍。」（明）李時珍：《本草綱目》木部第三十五卷，頁2049。

飣盤銀美似酥。珍膳莫充禪客供，恐猜魚子放江湖。」〔註87〕這首詩用宋人最愛的筍與酥來形容其滋味，可知棕花是山野的珍饈。

2. 蔞蒿，乃春季野菜，爲菊科蒿屬植物，經常與河豚一起烹煮，如蘇軾〈惠崇春江晚景・二首其一〉一詩所云：「蔞蒿滿地蘆芽短，正是河豚欲上時。」〔註88〕

3. 藜，今人稱之爲灰菜，其幼苗和嫩莖葉皆可食用，自古以來藜即是最粗陋的野菜，其可謂清貧飲食最後的底限，但陸游詩中卻到處都充斥著「藜羹」、「藜糝」、「藜粥」等菜餚，如「一碗藜羹似蜜甜」〔註89〕、「茅簷一杯淡藜粥」〔註90〕、「充饑藜糝不盈杯」〔註91〕，由此可知，陸游常用它來表現安貧樂道的生活。

4. 菰，爲禾本科、宿根性多年生植物，生長於水澤，其種子可供糧，稱爲菰米或雕胡，是先秦時期重要的糧食作物，陸游詩中經常出現菰米，如「得飯多菰米」〔註92〕、「秋菰有米亦可飽」〔註93〕，是其經常採集的重要野食之一。此外，在菰的生長過程中，其嫩莖經常被一種菰黑粉菌感染，以致形成肥大的筍狀肉質莖，此即茭白，又名爲菰菜，即今人所稱之茭白筍〔註94〕。茭白相當美味，是宋人喜愛的野菜，特別是在晉代張翰「菰菜、蓴羹、鱸膾」的典型意象〔註95〕形成之後，宋人在吟詠時就經常與蓴菜、鱸魚

〔註87〕《全宋詩》冊 57，卷三○三二，頁 36110。

〔註88〕《全宋詩》冊 14，卷八○九，頁 9374。

〔註89〕陸游：〈午飯・二首其一〉，《全宋詩》冊 40，卷二一九一，頁 25003。

〔註90〕陸游：〈午枕〉，《全宋詩》冊 40，卷二一九六，頁 25081。

〔註91〕陸游：〈冬夜〉，《全宋詩》冊 40，卷二二一七，頁 25417。

〔註92〕陸游：〈貧居〉，《全宋詩》冊 40，卷二一九八，頁 25120。

〔註93〕陸游：〈夜聞姑惡〉，《全宋詩》冊 40，卷二一九二，頁 25023。

〔註94〕宋以前，菰被菰黑粉菌感染的情況並不嚴重，大多數未受到感染的菰均能正常結實，至於受到感染之後的菰就只長茭白，而不結實了。宋元以來，菰黑粉菌感染的情況越來越普遍，由此菰米難見而茭白叢生。見俞爲洁：《中國食料史》（上海：上海古籍出版社，2011 年），頁 287。

〔註95〕《晉書・張翰傳》：「張翰在洛，因見秋風起，乃思吳中菰菜蓴羹、鱸魚膾，曰：『人生貴適忘，何能羈宦數千里以要名爵乎？』遂命駕而歸」，（唐）房玄齡：《晉書》（臺北：中華書局，1965 年），冊 5，卷九十二，列傳第六十二，頁 9。向以鮮在〈宋詞語境原型索隱之一：蓴羹、鱸膾、菰菜及秋風〉一文提及：蓴羹、鱸膾及菰菜等普通的江南風味之所以成爲宋人在詞中經常出現的語境原型，與晉代張翰事件所隱喻的生活理想有著相當密切的關係，遂使張翰或蓴鱸等物成爲宋詞中的典範性原型元素進入宋人的幻想之中。上網日期：2013 年 1 月 29 日，網址：http://www.douban.com/group/topic/26858430/。

一同出現。這亦是陸游喜歡採擷的野蔬,如「稻飯似珠菰似玉」〔註96〕、「菰脆供盤玉片香」〔註97〕。至於詩中出現的菰,究竟是菰米還是茭白,則必須視文意而定。

　　5.薺菜,是春季的野菜,其種子、葉和根皆可食用。在陸游的飲食詩中,陸游對於薺菜表現出強烈的喜愛亦吟詠最多,堪稱是陸游最喜愛的食物,其〈食薺三首〉云:

　　　　日日思歸飽蕨薇,春來薺美忽忘歸。傳誇真欲嫌荼苦,自笑何時得瓠肥?

　　　　采采珍蔬不待畦,中原正味壓蓴絲。挑根擇葉無虛日,直到開花如雪時。

　　　　小著鹽醯助滋味,微加薑桂發精神。風爐歠鉢窮家活,妙訣何曾肯授人?〔註98〕

《詩經‧谷風》提到:「誰謂荼苦?其甘如薺。」〔註99〕可知薺菜早在先秦時期就是人們認為的甘美蔬菜。薺菜是陸游春季最愛的野菜,日日採摘直到開花枯死之際方願罷休,飽食薺菜的滿足感甚至讓清貧的陸游都有羨致張蒼「肥白如瓠」〔註100〕的想像了。他更認為薺菜是中原正味的飲食象徵,其美味足以勝過南方最美味的蓴菜,亦見薺菜在陸游心中的極至地位。至於薺菜要如何烹調才美味呢?陸游通常只是加些鹽、醋及薑、桂等調味略微提升其滋味而已,絕沒有過多的烹煮與調味而喪失其原本的風味,陸游每每在談到薺菜時就相當得意,因為他自認為是烹薺的高手,故常說出「妙訣何曾肯授人」、「秘方常惜授廚人」這類的得意話語。又如〈食薺十韻〉:

　　　　舍東種早韭,生計似庾郎。舍西種小果,戲學蠶叢鄉。惟薺天所賜,青青被陵岡。珍美屏鹽酪,耿介凌雪霜。采擷無闕日,烹飪有

〔註96〕　陸游:〈鄰人送菰菜〉,《全宋詩》冊41,卷二二三一,頁25623。

〔註97〕　陸游:〈對食戲詠〉,《全宋詩》冊40,卷二二〇〇,頁25149。

〔註98〕　《全宋詩》冊39,卷二一六〇,頁24397。

〔註99〕　(漢)毛公傳、鄭玄箋、(唐)孔穎達疏:《毛詩正義》(臺北:藝文印書館,1977年),頁90。

〔註100〕　《史記‧張丞相列傳》:「蒼(張蒼)坐法當斬,解衣伏質,身長大,肥白如瓠。」(漢)司馬遷撰、(宋)裴駰集解、(唐)司馬貞索隱、(唐)張守節正義:《史記》(台北:藝文印書館,2005年),卷九十六,列傳第三十六,頁1088。

> 秘方。候火地爐暖，加糝沙缽香。尚嫌雜筍蕨，而況汙膏粱？炊秔
>
> 及煮餅，得此生輝光。吾饞實易足，捫腹喜欲狂。一掃萬錢食，終
>
> 老稽山旁。〔註101〕

詩中首先將陸游園圃裡的種植概況作個說明，屋子東邊種韭，表達出園圃供餐的貧乏，與生計僅能食韭度日的庾信差不多，屋子西邊種些果子，業餘性的養些蠶來作為生活的補貼。只有薺菜是野生的，乃上天所賜之美味，其滋味之美連鹽酪都比不上。雖是野菜但烹煮它可不容易，要等鍋爐熱後，再加米粉勾芡，其滋味之清，實不宜加其他的食物去增色它，甚至連筍蕨這類清質的食物都不要添加，更不要說膏粱了。如此配個粗飯與麵就可以完全滿足口腹。這首詩不僅將薺菜在陸游生活的重要性完全呈現出來，亦仔細交待如何烹煮，甚至於還被陸游賦予了「耿介凌雪霜」的比德意義，亦見薺菜所滿足的不只是肚子，亦包括精神上的滿足。

二、肉食類

陸游雖然透過蔬食來表現他的生命價值與生活態度，但仍有少數的肉食吟詠，如〈偶得長魚巨蟹，命酒小飲，蓋久無此舉也〉：

> 老生日日困鹽齏，異味椶魚與楮雞。敢望槎頭分縮項，況當霜後得
>
> 團臍？堪憐妄出緣香餌，尚想橫行向草泥。東崦夜來梅已動，一樽
>
> 芳醞徑須攜。〔註102〕

陸游的飲食主要是飯蔬，常年無肉的狀況屢屢在詩中提及，對陸游而言，椶魚（棕櫚花苞）與楮雞（黃耳菌）已堪稱是難得的美味了，偶然得到的肉食，雖然不無悲憫之情，但因久未食肉，自然也觸發飲酒賞梅的興致，以舒緩日常飲食的貧乏之感。不過由此也可以看出，陸游通常不會針對這些肉食的滋味多加著墨。又如〈糟蟹〉：

> 舊交髯簿久相忘，公子相從獨味長。醉死糟丘終不悔，看來端的是
>
> 無腸。〔註103〕

〔註101〕《全宋詩》冊39，卷二一六六，頁24548。

〔註102〕《全宋詩》冊40，卷二一八三，頁24881。詩中的「楮雞」，乃楮樹上所生之菌。（宋）黃庭堅：〈答永新宗令寄石耳〉：「鴈長天花不復憶，況乃桑鵝與楮雞。」史容注：「東坡和陶詩云：『老楮生樹雞。』當是黃耳菌之屬。」；「槎頭」，即鯿魚，縮頭，弓背，色青，味鮮美，以產漢水者最著名，人常用槎攔截，禁止擅自捕殺，故亦稱「槎頭縮頸鯿」。

〔註103〕《全宋詩》冊40，卷二一八四，頁24882。

這首詩含蓄的表達出陸游對於蟹味的思念，不過他並沒有特別去書寫蟹肉的滋味，亦沒有宋人喜愛書寫的持螯快意，僅就蟹的別名無腸公子〔註104〕，以及酒糟上的醃蟹來作發揮，這點大致與陸游輕口腹的飲食觀有關。另一首〈食野味包子戲作〉，同樣亦表現出陸游很久沒有食肉的困頓之情，其詩云：

> 珍餉貧居少，寒雲萬里寬。疊雙初中鵠，牢九已登盤。放箸摩便腹，呼童破小團。猶勝瀼西老，菜把仰園官。〔註105〕

詩中首先述及這種天鵝肉包的野味〔註106〕是平常清貧飲食中所少見的，之後將筆鋒轉到吃飽煮茶，並對比在瀼西（今四川奉節縣）時，飲食靠人供應的困窘。詩中對於野味包子的滋味，幾乎沒有太多的著墨，可以說肉食對於陸游所引起的興發，通常激起的是一種平日飲食的貧困之情，而非一種當下的食味與食樂。雖說如此，不過陸游對於鱸魚的情感倒是比較不同，鱸魚是他宦遊異鄉時最思念的南方食物，如：

> 十年流落憶南烹，初見鱸魚眼自明。堪笑吾宗輕許可，坐令羊酪僭蓴羹。（〈南烹〉）〔註107〕

> 鱸肥蓴脆調羹美，蕎熟油新作餅香。自古達人輕富貴，例緣鄉味憶還鄉。（〈初冬絕句·二首其一〉）〔註108〕

由於肥美的鱸魚是秋天重要的季節風物，因而與秋風懷歸的思鄉情感便形成了密切的關聯，自從張翰蓴羹鱸魚之思形成後，憶鱸思歸可以說是宋人最常使用的食物意象或意境。陸游因五斗米而羈旅於外，志業無成之感必然強烈，故憶鱸棄官的灑脫必然成為他投射的行為典範。換句話說，陸游喜歡鱸魚，不純粹只是想念其滋味，而是受到鱸魚思歸的影響，來表達對於家鄉的思念與人生貴得適志的理念，不然也不會說出「自古達人輕富貴，例緣鄉味憶還鄉」這樣的話了。

三、乳酪

除了蔬菜與肉食這些食物外，乳酪也是陸游情有獨鍾的食物。不同於一

〔註104〕《抱朴子·登涉》：「稱『無腸公子』者，蟹也。」（晉）葛洪：《抱朴子》（臺北：新文豐出版社，1998 年），〈內篇〉卷十七，頁 162。

〔註105〕《全宋詩》冊 40，卷二二二二，頁 25487。

〔註106〕陸游〈與村鄰聚飲·二首其一〉：「蟹供牢九美」下自注：「聞人懋德言《餅賦》中所謂牢九，今包子是。」《全宋詩》冊 40，卷二二一三，頁 25344。

〔註107〕《全宋詩》冊 39，卷二一六三，頁 24468。

〔註108〕《全宋詩》冊 40，卷二二一七，頁 25411。

般的南食，乳酪乃北方游牧民族最主要的食品之一。

　　陸游在提到美味食物時幾乎都是用酪來作比喻，如「菰米如珠炊正熟，蓴羹似酪不論錢」〔註109〕、「惟薺天所賜……珍美屏鹽酪」〔註110〕、「南言蓴菜似羊酪，北說荔枝如石榴」〔註111〕足見乳酪在陸游心目中的美味程度。在每年品嚐應時果品的嘗新佳節，也會一再提到乳酪，如「朱櫻羊酪也嘗新」〔註112〕、「乳酪正甘酸」〔註113〕、「朱櫻羊酪喜新嘗」〔註114〕等。

　　此外，乳酪和鹽一樣也是陸游飲食中相當重要的調味品，如「鹽酪調藜莧」〔註115〕、「秋江菰菜喜新嘗，鹽酪親調匕箸香」〔註116〕、「霜餘蔬甲淡中甜……半銖鹽酪不須添」〔註117〕煮菜時幾乎都有乳酪的調味。不過對貧困的陸游來說，乳酪卻不是時時可得的珍貴食材，故不得不長嘆：「市遙鹽酪絕難求」〔註118〕、「青蔬缺鹽酪」〔註119〕、「今朝鹽酪盡」〔註120〕。〈食酪〉一詩，堪稱是陸游詠酪詩中將酪的美味推崇至最高者，其詩云：

　　　　南烹北饌妄相高，常笑紛紛兒女曹。未必鱸魚茭菰菜，便勝羊酪薦

　　　　櫻桃。〔註121〕

鱸魚與茭白煮羹是正宗的南食美味，而自唐代起，以櫻桃蘸酪的吃法〔註122〕就備受推崇，陸游以身為南人，卻認為北方的羊酪是一點也不輸南方鱸魚的經典美味，由此也可看出陸游對於飲食的兼容性格。

─────────────

〔註109〕陸游：〈長歌行〉，《全宋詩》冊40，卷二二一八，頁25488。

〔註110〕陸游：〈食薺十韻〉，《全宋詩》冊39，卷二一六六，頁24548。

〔註111〕陸游：〈讀史〉，《全宋詩》冊39，卷二一八二，頁24848。

〔註112〕陸游：〈偶得北虜金泉酒小酌〉，二首其一〉，《全宋詩》冊39，卷二一六九，頁24612。

〔註113〕陸游：〈初夏〉，《全宋詩》冊39，卷二一八二，頁24869。

〔註114〕陸游：〈初夏幽居偶題・四首其四〉，《全宋詩》冊40，卷二一八五，頁24902。

〔註115〕陸游：〈鏡湖有鳥名水蒍，於春夏間若日打麥作飯，偶有所感而作〉，《全宋詩》冊40，卷二二二一，頁25470。

〔註116〕陸游：〈書意〉，《全宋詩》冊41，卷二二三一，頁25618。

〔註117〕陸游：〈對食戲坐〉，《全宋詩》冊40，卷二二○九，頁25284。

〔註118〕陸游：〈久雨初霽〉，《全宋詩》冊40，卷二二一四，頁25368。

〔註119〕陸游：〈豐城高安之間憩民家，景趣幽邃，為之慨然，懷歸〉，《全宋詩》冊39，卷二一六五，頁24528。

〔註120〕陸游：〈老民〉，《全宋詩》冊40，卷二一九八，頁25119。

〔註121〕《全宋詩》冊41，卷二二三四，頁25668。

〔註122〕白居易：〈僕射來示，有三春向晚，四者難并之說。誠哉是言。輒引起題，重為聯句。疲兵再戰，勍敵難降。下筆之時，颯然自哂。走呈僕射兼簡尚書〉：「撥醅爭綠醑，臥酪待朱櫻」，《全唐詩》冊22，卷七九○，頁8900。

四、川食

除了針對特定食物吟詠的詩歌外，陸游對於一些特定地域的飲食也展現出強烈的喜好之情，這與他四處宦遊的經歷有著密切關係。在眾多他待過的地方中，他最喜歡的是四川，因此川食在他的飲食詩中佔有相當重要的地位。如果稱陸游為四川的美食嚮導眞是一點也不爲過，其提到四川美食的詩歌有：

> 唐安薏米白如玉，漢嘉栭脯美勝肉。大巢初生蠶正浴，小巢漸老麥米熟。龍鶴作羹香出釜，木魚瀹葅子盈腹。未論索餅與饡飯，最愛紅糟并菌粥。東來坐閱七寒暑，未嘗舉箸忘吾蜀。何時一飽與子同？更煎土茗浮甘菊。（〈冬夜與溥庵主說川食戲作〉）〔註123〕

> ……蒸雞最知名，美不數魚蟹。輪囷犀浦芋，磊落新都菜。……（〈飯罷戲作〉）〔註124〕

> 新津韭黃天下無，色如鵝黃三尺餘。東門彘肉更奇絕，肥美不減胡羊酥。貴珍詎敢雜常饌？桂炊薏米圓比珠。……（〈蔬食戲書〉）〔註125〕

> ……涪陵妃子讜名園，豈是閩南綠一盤？（〈次傳景仁馬家綠荔枝〉）〔註126〕

> 劍南山水盡清暉，濯錦江邊天下稀。煙柳不遮樓角斷，風花時傍馬頭飛。芼羹筍似稽山美，斫膾魚如笠澤肥。客報城西有園賣，老夫白首欲忘歸。（〈成都書事·二首其一〉）〔註127〕

陸游不憚其煩地介紹了薏米、栭脯（木耳）、大巢菜、小巢菜、紅糟、菌粥、龍鶴菜、木魚子（棕花）、索餅（湯麵）、饡飯（羹飯）、土茗、韭黃、蒸雞、綠荔等四川各地的美食。更說出「未嘗舉箸忘吾蜀」，可以說他對於四川的熱愛可以說已經到了魂牽夢縈的地步，故經常用「夢蜀」、「思蜀」這類的詩題爲詩，如〈夢蜀〉一云：

> 自計前生定蜀人，錦官來往九經春。堆盤丙穴魚腴美，下箸峨眉栭脯珍。聯騎雋遊非復昔，數編殘稿尚如新。最憐栩栩西窗夢，路入

〔註123〕《全宋詩》冊39，卷二一七〇，頁24623。
〔註124〕《全宋詩》冊39，卷二一六二，頁24436。
〔註125〕《全宋詩》冊39，卷二一七七，頁24768。
〔註126〕《欽定古今圖書集成》，《草木典》卷二七六，頁2551。
〔註127〕《全宋詩》冊39，卷二一五九，頁24386。

青衣不問津。〔註128〕

陸游熱愛四川到了認爲自己上輩子是蜀人的程度，過往與友朋同遊的美好記憶，以及肥美的丙穴魚和峨眉山美味的木耳都是他作夢都會思念的地步，又如〈思蜀〉一詩：

> 老子饞堪笑，珍盤憶少城。流匙抄薏飯，加糝啜巢羹。枬美傾筠籠，茶香出土鐺。西郊有舊隱，何日返柴荆？〔註129〕

陸游對於食物很少表現出嘴饞的樣貌，不過對於川食，舉凡薏仁飯、巢菜羹、木耳、川茶都是他最想念的食物，這對於不尙嗜欲的陸游確實是不尋常的。甚至於在其他地方吃到類似的食物時，他想到的依然是四川，如〈食薺糝甚美，蓋蜀人所謂東坡羹也〉：「薺糝芳甘妙絕倫，啜來恍若在峨岷。」〔註130〕、〈莆陽餉荔子〉：「星毬皺玉雖奇品，終憶戎州綠荔枝。」〔註131〕薺菜是到處都長的野菜，吃到薺菜羹卻恍若置身峨眉山與岷山；四川的荔枝是遠遠比不上閩荔的，但待過閩地的陸游深深懷念的卻還是四川的綠荔枝。從這裡也可以看出，其實川食所象徵的不僅僅只是食物的美味，更承載陸游過往在四川的生活情感，因此陸游正是透過對食物的懷念，去追憶當年入蜀的美好時光。也因爲如此，川食成爲陸游吟詠最多的地域性飲食，例如〈薏苡（蜀人謂其實爲薏米，唐安所出尤奇）〉：

> 初游唐安飯薏米，炊成不減雕胡美。大如芡實白如玉，滑欲流匙香滿屋。腹腴項臠不入盤，況複餐酪誇甘酸。東歸思之未易得，每以問人人不識。嗚呼奇材從古棄草菅！君試求之籬落間。〔註132〕

薏苡，今人稱之爲薏仁。陸游在四川唐安曾吃到美味的薏仁飯，其大如芡實而色美如玉，入口滑順而香氣滿室，甚至不比故鄉的菰米遜色，這讓東歸之後的陸游仍時時想念，想要尋找卻無人知曉。陸游感嘆薏苡奇材卻被當作棄物而流落荒野，頗有自喻的意味。最喜歡蔬食的陸游亦對四川的巢菜、龍鶴菜特別留下難忘的印象，如〈巢菜（並序）〉：

> 蜀蔬有兩巢，大巢，豌豆之不實者；小巢，生稻畦中，東坡所賦元修菜是也。吳中絕多，名漂搖草，一名野蠶豆，但人不知取食耳。予小舟過梅市得之，始以作羹，

〔註128〕《全宋詩》冊41，卷二二二九，頁25590。
〔註129〕《全宋詩》冊39，卷二一七○，頁24637。
〔註130〕《全宋詩》冊41，卷二二二七，頁25556。
〔註131〕《全宋詩》冊39，卷二一六四，頁24493。
〔註132〕《全宋詩》冊39，卷二一六九，頁24604。

> 風味宛然在醴泉、蟆頤時也。
>
> 冷落無人佐客庖，庾郎三九困嘲。此行忽似蟆津路，自候風爐煮
>
> 小巢。〔註133〕

這首詩主要是描寫小巢菜在吳地雖多，卻無人懂得食用的冷落之情，貧困的庾信才會落到只有三韭可食的窘境〔註134〕。旅途中偶得的巢菜，讓陸游恍然有當年在四川蟆津的感受。由於受到范成大的知遇而邀請陸游入川，故此詩頗有藉巢菜為蜀人所識而吳人不知來自喻的況味。另外，龍鶴菜也是陸游喜愛的蜀蔬，其〈食野菜・二首其二〉云：

> 萬里蕭條酒一杯，夢魂猶自度邛郲。可憐龍鶴山中菜，不伴峨眉梗
>
> 脯來。〔註135〕

三杯黃湯下肚，懷想的還是四川。吃著峨眉的木耳，更想念當年山中採龍鶴菜的閒逸生活。大體而言，陸游吟詠川食的詩歌，不外都是藉由川食來懷念當年在四川的安適生活。

伍、酒與茶

一、酒

在陸游的飲食詩中，實展現出一種相當理性而自我節制的人生修養與養生之道。在極端刻苦的清貧生活中，對食物始終展現出極端理性而甘之如飴的態度，這雖說是宋人崇尚孔顏樂處之道德修養的展現，然而詩人強烈的情感與坎廩失職的人生際遇，是否因此即得成功化解，終究不免讓人有些匪夷所思。但如果看看陸游的飲酒詩，就會赫然發現，原來困頓的陸游，其發洩生命挫折的出口不在食物而在於酒。對吃飯都已經成問題的陸游，竟是「日日得錢惟買酒」〔註136〕的酒徒！大凡當人在理想追求遭受阻礙時，往往將精神壓力轉移到飲食上，陶淵明與李白轉移到飲酒上，而不善於飲酒的蘇東坡就轉移到食物上。充滿報國熱忱的陸游，這無從發揮的熱情與挫折顯然都是

〔註133〕《全宋詩》冊39，卷二一六九，頁24611。

〔註134〕《太平廣記・菜茹部一》：「庾杲之，字景行，為世祖征虜功曹，清貧，食惟韭葅、瀹韭、生韭雜菜。或戲之曰：『誰言庾郎貧？食鮭常有二十七種韭。』言三九也。」（宋）李昉：《太平廣記》（哈爾濱：哈爾濱出版社，1995年），卷九七六，頁3210。

〔註135〕《全宋詩》冊40，卷二二九八，頁25116。

〔註136〕陸游：〈初夏〉，《全宋詩》冊41，卷二二三三，頁25652。

透過酒精來排遣的，在〈送范舍人還朝〉一詩提到：「平生嗜酒不爲味，聊欲醉中遺萬事。」〔註 137〕換句話說，對陸游而言，極端苦悶的心靈顯然是無法透過食物的飽足而忘懷，他非得靠酒精才足以一醉方休，這也就是極端自我克制而崇尚養生的陸游，在飲酒上卻顯得相當放任，其自號「放翁」，即是在攝知嘉州期間被彈劾宴飲頹放，罷職奉祠後，遂以之爲號。

在中國詩人中，陸游不僅詩歌作品最多，就連書寫飲酒的詩作亦是最多，其在〈詩酒〉一詩自述說：

> 我生寓詩酒，本以全吾眞。酒既工作病，詩亦能窮人。每欲兩忘之，永爲耕樵民。周旋日已久，棄去終無因。齒髮益衰謝，肝膽猶輪囷，吟哦撼四壁，嵬峨頹烏巾。江上處處好，風月年年新。正爾豈不樂？浩歌終此身。〔註 138〕

這首詩說明了陸游對於平生最愛的詩與酒的矛盾心情，酒喝多了讓人致病，詩要做得好每每令人不得志，但酒與詩卻又是陸游最重要的生活重心，而酒更是陸游詩歌創作的重要助力，當然也是排遣一肚子苦悶最重要的抒發管道。因此唯在飲酒中，陸游才能眞正展露自己平日深深潛抑下來的眞實性情，所以在飲酒之中他不再表達蔬食所寄託的那種理性的安貧價值，反而呈現出一種志意無成，壯志難酬的強烈抑鬱，如〈予好把酒，常以小戶爲苦，戲述〉一詩所云：

> 我非惡旨酒，好飲而不能。方其臨觴時，直欲舉斗升。若有物制之，合龠已不勝。豈獨觀者笑？心亦甚自憎。正如疾逆虜，憤切常橫膺。蹭蹬忽衰老，何由效先登？上天無長梯，繫日無長繩。可歎固非一，壯志空飛騰。〔註 139〕

詩一開始談起好飲而不能飲的處境，但臨觴卻又狂飲不止，理性一下子轉變成無法自制的狂放狀態，原因無它，只因年華老去而功業未成，又如〈村飲〉：

> 少年喜任俠，見酒氣已吞。一飲但計日，斗斛何足論？綠草滿雉場，紅旗植毬門。三叫落烏幘，倒瀉黃金盆。銀爐熾獸炭，狐兔紛炮燔。浩歌撼空雲，壯志排帝閽。回首今幾時？去日如車奔。朱顏

〔註 137〕《全宋詩》冊 39，卷二一六一，頁 24420～24421。
〔註 138〕《全宋詩》冊 41，卷二二三三，頁 25654。
〔註 139〕《全宋詩》冊 41，卷二二二八，頁 25577。

辭曉鏡，白髮老孤村。鄰翁勸黍酒，稚子供魚餐。功名信已乎，萬
事付乾坤！〔註140〕

少年充滿理想的豪氣大飲，到年老時只能困頓在村裡小飲。詩中所呈現的無
疑是志業無成的理想失落。只要翻閱陸游有關酒、醉等相關作品，就可以發
現這些詩作當中所要表達的情感不外乎偉大的懷抱與自我實現的失落。有趣
的是，以愛國詩人著稱的陸游在歌詠食物時，很少會去表達愛國的思想內涵，
不過在飲酒時那股強烈的家國意識就會揮灑而出，如〈江上對酒作〉：

把酒不能飲，苦淚滴酒觴。醉酒蜀江中，和淚下荊揚。樓櫓壓溢
口，山川蟠武昌。石頭與鍾阜，南望鬱蒼蒼。戈船破浪飛，鐵騎射
日光。胡來即送死，詎能犯金湯？汴洛我舊都，燕趙我舊疆。請書
一尺檄，為國平胡羌。〔註141〕

這時的陸游或許還年輕而充滿抱負，請纓出征的願望依然濃烈，在酒意之中，
陸游展現出他的豪情與愛國之思。在喝到胡地來的酒時，感發的依舊是強烈
的愛國的意識，〈偶得北虜金泉酒小酌二首〉云：

草草杯盤莫笑貧，朱櫻羊酪也嘗新。燈前耳熱顛狂甚，虜酒誰言不
醉人？

逆胡萬里跨燕秦，志士悲歌淚滿巾。未履胡腸涉胡血，一樽先醉范
陽春。〔註142〕

來自於北地金國的櫻桃和羊酪，陸游也只是抱著嚐鮮的一般態度，不過當飲
到胡酒，那股揮戈驅虜的剛強好義的血性就會油然而生，呈現出濃烈的愛國
情懷，從這裡可以看到陸游在面對食物和酒時有著截然不同的兩種態度。又
如陸游在面對肉食時常會強調戒殺止慾的理性觀念，但如果是為了喝酒當下
酒菜時，就另當別論了，如〈偶得雙鯽二首〉：

今朝溪女留鮮鯽，灑掃茅簷旋置樽。養老不須煩祝鯁，從來楚俗慣
魚餐。

酒興森然不可回，重陽未到菊先開。一雙鱠刺明吾眼，催喚廚人斫
鱠來。〔註143〕

〔註140〕《全宋詩》冊39，卷二一六九，頁24620。
〔註141〕《全宋詩》冊39，卷二一五九，頁24371。
〔註142〕《全宋詩》冊39，卷二一六九，頁24612。
〔註143〕《全宋詩》冊40，卷二二○○，頁25149～25150。

時常要人吃肉前去看看動物垂死痛苦的陸游，在酒興狀態下竟興奮得大呼廚子來殺魚。由此也可以發現陸游生命性格的兩面性，清貧生活中以蔬食自甘，代表的是理性的價值意識；飲酒狀態下的熱烈豪興，代表的是感性血氣的人格面向。因此陸游表現吃肉的快樂，只會出現在飲酒的情境之中，如：

> 冬日鄉閭集，珍烹得遍嘗。蟹供牢九美，（自注：閩人懋德言《餅賦》中所謂牢九，今包子是。）魚煮膾殘香。雞蹠宜菰白，豚肩雜韭黃。一歡君勿惜，豐歉歲何常？（〈與村鄰聚飲‧二首其一〉）〔註144〕

> ……堆盤珍膾似河鯉，入鼎大臠勝胡羊。披綿黃雀麴糝美，斫雪紫蟹椒橙香。老人飽食可無患，摩挲酒甕與飯囊。……（〈村鄰會飲〉）〔註145〕

> 吾少貧賤真臞儒，貪食嗜味老不除。折腰俯版日走趨，歸來聊以醉自娛。長瓶巨榼羅杯盂，不須漁翁勸三閭。牛尾膏美如凝酥，貓頭輪囷欲專車，黃雀萬里行頭顱，白鵝作鮓天下無，潯陽糖蟹徑尺餘，吾州之輝尤嘉蔬，珍盤餖飣百味俱，不但項臠與腹腴。悠然一飽自笑愚，顧為口腹勞形軀。投劾行矣歸園廬，莫厭糲飯嘗黃菹。（〈醉中歌〉）〔註146〕

只有當陸游在書寫飲酒的情境時，才會對於這些如豚、羊、魚、雞蹠、蟹、牛尾貍、黃雀鮓、白鵝等珍饌美食加以描寫，否則在陸游一般的食物吟詠，絕對不會有這種大啖肉食的景象。也只有在飲酒的情境，以蔬荼佐酒才顯得困窘，如〈以荼茹飲酒自嘲〉：

> 山澤有臞儒，殘年病滿軀。拙疏難救藥，貧困不枝梧。海客留苔脯，山僧餉筍枯。（自注：筍枯出仗錫山。）衰顏得村酒，猶解暫時朱。〔註147〕

海苔與筍乾對於喜愛蔬食的陸游而言，根本就算不得是什麼難以忍受的食物，不過當陸游拿它們來佐酒時，似乎在心態上就顯得很不是滋味。從這裡可以也看出陸游必定是將飲酒當作是他生活中暢情肆志的重要享受，因此無論如何都不能把這最後的樂趣犧牲掉，是故為了飲酒可殺生，而養生的實踐

〔註144〕《全宋詩》冊40，卷二二一一，頁25344。
〔註145〕《全宋詩》冊40，卷二一九三，頁25039。
〔註146〕《全宋詩》冊39，卷二一五四，頁24270。
〔註147〕《全宋詩》冊41，卷二二二四，頁25515。

也可暫時棄置，如〈道中病瘧久不飲酒，至魚梁小酌，因賦長句〉一詩云：

> 我行蒲城道，小疾屏杯酌。癬疥何足言？亦復妨作樂。此身會當
> 壞，百歲均電雹。胡爲過自惜，偃臥困鍼焫？未嘗膾鱠鰪，況敢烹
> 郭索？今朝寓空驛，窗戶寒寂寞。悠然忽自笑，頓解貪愛縛。紅燭
> 映綠樽，奇哉萬金藥！〔註148〕

平日因爲疾病而克制不喝酒，然一旦飲酒的興致一來，平日拼命養生的飲食
規範就完全不去管了，還說出小病不足道，何況生命短暫易壞，爲樂當及時
的開脫之辭，並且質疑自己是不是過度自愛了，才讓自己如此困苦？平常爲
了戒殺，連魚都不吃了，如今爲了喝酒連螃蟹都煮了，在長久自我克制之下
的小酌，令身心舒泰，有如服下仙藥一般，讓身心所有的纏縛都解脫了。

　　陸游除了喜愛飲酒，也擅於釀酒，其於〈比作陳下瓜麴，釀成奇絕，屬
病瘧不敢取醉，小啜而已〉提到：

> 翠蔓扶疏采擷忙，麴生系出古淮陽。蹋成明月團團白，釀作新鵝淡
> 淡黃。醅甕秋淒驚凜冽，糟床夜注愛淋浪。西齋幽事新成譜，首爲
> 高人著此方。（自注：酒方昔得之胡基仲。）〔註149〕

這首詩描寫他從友人那裡得到的秘方後，自己親自釀酒的過程。先採瓜，並
加入著名的酒麴之後，一團團的白瓜，釀出鵝黃色的美酒過程。這種以瓜
釀酒的方式，與一般以雜糧或水果釀酒的方式皆不同，因此陸游大概是基於
好奇的心態而爲之，可以說飲酒、釀酒在陸游貧苦的生活中，爲他增加了
許多生活的樂趣與享受。大體而言，酒在陸游生活中的作用，主要有二：一
者是澆愁；二者是享樂。在〈對酒二首〉中，他分別說明這兩種功用，其
詩云：

> 溫如春色爽如秋，一榼燈前自獻酬。百萬愁魔降未得，故應用爾作
> 戈矛。

> 歎息人眞未易知，暮年始覺麴生奇。個中妙趣誰堪語？最是初醺未
> 醉時。〔註150〕

前一首說明以酒當作解愁的工具，後一首則是晚年時所體悟到的飲酒之趣，
亦即微醺未醉時的舒暢之感。在這二者的比較中，陸游認爲後者才是眞正懂

〔註148〕《全宋詩》冊39，卷二一六三，頁24477。
〔註149〕《全宋詩》冊39，卷二一六三，頁24475。
〔註150〕《全宋詩》冊39，卷二一六四，頁24503～24504。

得飲酒的人,其〈對酒〉一詩云:

> 酒非攻愁具,本賴以適意。如接名勝遊,所挹在風味。庸子墮世
> 紛,但欲斲一醉。麴生絕俗人,笑汝非真契。〔註151〕

陸游越到晚年,越認為以酒忘愁乃俗士之道,故飲酒當懂得細細品味以求身心的適意。這樣的說法,當是在不傷身又無需戒酒的情況下,所調和出來的兩全之道吧!

二、茶

陸游的故鄉山陰(今浙江紹興),以及他視為第二故鄉的蜀地,都是著名的茶鄉,甚至於後來擔任茶官的經歷——提舉福建路常平茶鹽公事和提舉江南西路常平茶鹽公事,都讓陸游與茶結下不解之緣。因此,在其《劍南詩稿》中,涉及茶的詩作就多達三百多首,堪稱是中國歷代詩人詠茶之冠〔註152〕。

陸游由於在各地遊歷的經驗相當豐富,因此得以品盡各地名茶,在其茶詩中所述及的名茶有:建溪的北苑、顧渚的紫笋、蒙山的蒙頂、隆興黌源春、蜀州霧中茶、荊州的朱萸茶、台州的桃花茶、丁坑白雪茶、橄欖茶、茶山茶等不下十來種,然而最受到陸游青睞的,卻還是故鄉的日鑄茶,其描寫日鑄茶的詩亦最多,如:

> 苔徑芒鞋滑不妨,潭邊聊得據胡床。巖空倒看峰蠻影,澗遠中含藥
> 草香。汲取滿瓶牛乳白,分流觸石佩聲長。囊中日鑄傳天下,不是
> 名泉不合嘗。(〈三遊洞前巖下小潭水甚奇,取以煎茶〉)〔註153〕

> 蒼爪初驚鷹脫韝,得湯已見玉花浮。睡魔何止避三舍?歡伯直知輸
> 一籌。日鑄焙香懷舊隱,谷簾試水憶西遊。銀缾銅碾俱官樣,恨欠
> 纖纖為捧甌。(〈試茶〉)〔註154〕

> 我是江南桑苧家,汲泉閑品故園茶,只應碧盌蒼鷹爪,可壓紅囊白
> 雪芽。(自注:日鑄貯以小瓶,蠟紙丹印封之。顧渚貯以紅藍縑囊。皆有歲貢。)
> (〈過武連縣北柳池安國院,煮泉,試日鑄、顧渚茶,院有二泉皆甘
> 寒,傳云唐僖宗幸蜀在道不豫,至此飲泉而愈,賜名報國靈泉云‧

〔註151〕《全宋詩》冊 41,卷二二三四,頁 25665。
〔註152〕徐佩霞:《陸游茶詩探究》台北市立教育大學中國語文學系碩士論文,2009年,頁 1。
〔註153〕《全宋詩》冊 39,卷二一五五,頁 24287。
〔註154〕《全宋詩》冊 39,卷二一五九,頁 24385。

三首其三〉〕〔註155〕

日鑄茶，乃中國歷史上的名茶，係產自浙江紹興會稽山麓的日鑄嶺，自宋朝起被列入貢品，據歐陽修《歸田錄》記載：「草茶盛於兩浙，兩浙之品，日鑄第一。」〔註156〕南宋高似孫《剡錄》亦云：「會稽山茶，以日鑄名天下。」〔註157〕也無怪乎，陸游會如此珍視家鄉名茶，在其外出遊歷時，行囊中往往會隨身攜帶日鑄茶與烹茶用具，除非遇到名泉佳水，否則不肯輕易品嚐，如其詩所云：「囊中日鑄傳天下，不是名泉不合嘗。」陸游對於日鑄茶的茶葉形狀也多所描寫，原來日鑄茶是不同於壓成團餅狀的團茶，而是屬於葉形不變的散茶，陸游詩中多所出現的「蒼爪」或「蒼鷹爪」都是用來描寫日鑄茶之形似鷹爪的葉形。對於日鑄茶的茶味則有「汲泉煮日鑄，舌本味方永」〔註158〕的禮讚，甚至在品嚐過官茶之後，仍回憶起當年以谷簾泉水烹煮日鑄茶的隱逸歲月。

　　陸游深諳烹茶之道，對於烹茶過程的火候特別講究，如〈效蜀人煎茶戲作長句〉：「正須山石龍頭鼎，一試風爐蟹眼湯。」〔註159〕是描寫烹茶時水泡如蟹眼般的樣貌，又如〈試茶〉：「山僧剝啄知誰報，正是松風欲動時。」〔註160〕則是描寫水滾時如松濤般的沸鳴聲，其中的蟹眼、松濤即是煎茶時判斷水沸程度的重要依據。此外，陸游對於煎茶的用水亦十分講究，在其詩中經常提到名茶務必以名泉烹煮之道，如「囊中日鑄傳天下，不是名泉不合嘗」〔註161〕、「名泉不負吾兒意，一掬丁坑手自煎」〔註162〕、「建溪官茶天下絕，香味欲全試小雪」〔註163〕、「日鑄焙香懷舊隱，谷簾試水憶西遊」〔註164〕，詩中所提到的「谷簾泉」即陸羽（733～804）《茶經》所盛讚的天

〔註155〕《全宋詩》冊39，卷二一五六，頁24315。
〔註156〕（宋）歐陽修：《歐陽修全集》（台北：世界書局，1991年），頁1017。
〔註157〕（南宋）高似孫：《剡錄》（台北：成文書局，1983年據清道光八年刊本影印），頁10。
〔註158〕陸游：〈信手翻古人詩隨所得次韻・右夜坐〉，《全宋詩》冊40，卷二二○九，頁25286。
〔註159〕《全宋詩》冊40，卷二一八四，頁24889。
〔註160〕《全宋詩》冊40，卷二一九五，頁25061。
〔註161〕陸游：〈三遊洞前岩下小潭水甚奇，取以煎茶〉，《全宋詩》冊39，卷二一五五，頁24286。
〔註162〕陸游：〈北窗〉，《全宋詩》冊40，卷二二一○，頁25303。
〔註163〕陸游：〈建安雪〉，《全宋詩》冊39，卷二一六四，頁24480。
〔註164〕陸游：〈試茶〉，《全宋詩》冊39，卷二一五九，頁24385。

下第一泉〔註165〕，陸游在《入蜀記》亦云：「七日往廬山……十日，史志道饗谷廉水數器，真絕品也。」〔註166〕由此可見，陸游對於泉水的高度鑑別能力。

宋代文人飲茶，主要以煎茶為主，貴真香，重原味，忌添加物，陸游雖然是善於烹茶品茗的高手，卻沒有一般文人的執拗。宋代的民間茶飲流行加入各式香料或藥草，如蔥、椒、薑、鹽、桂、酥、茱萸等，或是為了增香，或是為了養生的療效，在陸游的詩中經常可看見這種加味茶，如「何時一飽與子同？更煎土茗浮甘菊」〔註167〕、「貯藥葫蘆二寸黃，煎茶橄欖一甌香」〔註168〕、「薑宜山茗留閑啜，豉下湖蓴喜共烹」〔註169〕、「牛乳抒酥瀹茗茶」〔註170〕、「峽人住多楚人少，土鐺爭餉茱萸茶」〔註171〕，陸游的茶裡可以加入甘菊、橄欖、薑、酥以及茱萸等，由此可看出陸游隨遇而安，會同世俗，不拘一格的性情。而對於當時流行、能展現巧藝的分茶〔註172〕，一般文人多不願為之，陸游卻有樂於參與的閑情逸致，如〈臨安春雨初霽〉所云：「矮紙斜行閑作草，晴窗細乳戲分茶」〔註173〕。

陸游在詩中屢屢讚揚茶的功效，如「手碾新茶破睡昏」〔註174〕、「毫盞雪濤驅滯思」〔註175〕、「遙想解酲須底物，隆興第一罄源春」〔註176〕、「眼明身健何妨老？飯白茶甘不覺貧」〔註177〕，茶除了可破除昏沉、解宿醉，讓精

〔註165〕（唐）張又新《煎水茶記》述及陸羽所品二十水，是元和九年，在薦福寺得于楚僧，本題作《煮茶記》，乃代宗時李季卿得于陸羽口授的，「廬山康王谷水廉水第一」。（唐）張又新：《煎水茶記》，收於嚴一萍選輯：《百部叢書集成》（台北：藝文印書館，1965年），頁2。

〔註166〕陸游：《入蜀記》（北京：中華書局，1985年），頁29。

〔註167〕陸游：〈冬夜與溥庵主說川食戲作〉，《全宋詩》冊39，卷二一七○，頁24623。

〔註168〕陸游：〈午坐戲詠〉，《全宋詩》冊40，卷二一九七，頁25103。

〔註169〕陸游：〈西窗〉，《全宋詩》冊39，卷二一八二，頁24860。

〔註170〕陸游：〈戲詠山家食品〉，《全宋詩》冊40，卷二一九一，頁25007。

〔註171〕陸游：〈荊州歌〉，《全宋詩》冊39，卷二一七二，頁24683。

〔註172〕所謂的分茶，是指一種能使茶盞面上的湯紋水脈幻化出各種圖案來的沖泡技藝，類似今日在咖啡上拉花的技巧。

〔註173〕《全宋詩》冊39，卷二一七○，頁24638。

〔註174〕陸游：〈飯罷碾茶戲書〉，《全宋詩》冊39，卷二一六○，頁24405。

〔註175〕陸游：〈夢遊山寺，焚香煮茗甚適，既覺悵然以詩記之〉，《全宋詩》冊40，卷二一八五，頁24907。

〔註176〕陸游：〈謝王彥光提刑見訪并送茶〉，《全宋詩》冊39，卷二一五四，頁24265。

〔註177〕陸游：〈書喜〉，《全宋詩》冊39，卷二一五六，頁24300。

神清爽、思路敏捷,還具有養生抗老、祛煩與安貧的神奇效果。此外,對於茶催化文思與詩情之功,陸游亦多所讚揚,如「詩情森欲動,茶鼎煎正熟」〔註178〕、「嫩白半甌嘗日鑄,硬黃一卷學《蘭亭》」〔註179〕、「自置風爐北窗下,勒回睡思賦新詩」〔註180〕等。

至於在品茗的審美情趣上,陸游則著眼在飲茶過程的情境氛圍與主體心靈感受,通常在這個時候,詩人經常會體現一種陶然忘機的審美意境,如〈雪後煎茶〉:

> 雪液清甘涨井泉,自攜茶竈就烹煎。一毫無復關心事,不枉人間住百年。〔註181〕

整首詩無任何茶水滋味的描寫,卻充分體現出一種飲茶時特有的閒適氛圍,茶水的芬馥讓身心的躁動都止息了,此時沒有塵俗與利害得失的掛念,唯有溫熱的火爐伴著雪後的潔清。這種飲茶的描寫,沒有飲酒時的強烈情緒,而是淡淡的透顯著茶一般澄明的體悟。又〈山居〉一詩:

> 平生杜宇最相知,遺我巢山一段奇。茶磑細香供隱几,松風幽韵入哦詩。溪邊拂石同兒釣,竹下開軒喚客棋。幾許放翁新事業,不教虛過太平時。〔註182〕

又如〈夜汲井水煮茶〉云:

> 病起罷觀書,袖手清夜永。四鄰悄無語,燈火正淒冷。山童亦睡熟,汲水自煎茗。鏘然轆轤聲,百尺鳴古井。肺腑凜清寒,毛骨亦蘇省。歸來月滿廊,惜踏疏梅影。〔註183〕

夜深人靜時刻,一個人獨自汲水準備烹茶,聽著清寂的轆轤聲響,踩著月光梅影,全詩雖然沒有描寫到任何一些有關烹茶、飲茶的情境,卻已將飲茶時特有的清逸氛圍充分表現出來。在這情境當中,天地是寂清的,而人的內心也是一片寧靜。

越到晚年,陸游對於茶的喜愛更是大大凌駕在酒之上,如〈試茶〉一

〔註178〕陸游:〈釣臺見送客罷,還舟熟睡至覺度寺〉,《全宋詩》冊39,卷二一七三,頁24701。

〔註179〕陸游:〈山居戲題・二首其一〉,《全宋詩》冊39,卷二一七○,頁24627。

〔註180〕陸游:〈老學庵北窗雜書・七首其四〉,《全宋詩》冊40,卷二二二○,頁25463。

〔註181〕《全宋詩》冊41,卷二二三三,頁25652。

〔註182〕《全宋詩》冊39,卷二一六七,頁24742。

〔註183〕《全宋詩》冊39,卷二一六七,頁24557。

詩：「難從陸羽毀茶論，寧和陶潛止酒詩」〔註184〕，陸游對於茶神陸羽更是有無盡的仰慕之情，陸羽號桑苧翁、竟陵子，陸游除了在詩中一再自稱「桑苧家」、「桑苧家風」〔註185〕，如「我是江南桑苧家，汲泉閒品故園茶」、「身是江南老桑苧，諸君小住共茶盃」〔註186〕外，甚至以陸羽「桑苧翁」的號自名，如「曾著杞菊賦，自名桑苧翁」〔註187〕、「臥石聽松風，蕭然老桑苧」〔註188〕，並認為自己的前世就是茶神，如「桑苧家風君勿笑，它年猶得作茶神」〔註189〕、「《水品》《茶經》常在手，前生疑是竟陵翁」〔註190〕，更一再在詩中提起續寫《茶經》與《水品》的意願，如「遙遙桑苧家風在，重補《茶經》又一編」〔註191〕、「老夫桑苧家，頗欲續《水品》」〔註192〕、「汗青未絕《茶經》筆」〔註193〕等，雖然實際上陸游並未留下什麼茶學著作，但後人從其流傳下來的三百多首茶詩，從其對各地名茶名水的歌詠、宋代特有茶藝的描寫與對茶的功效與審美情趣的歌詠，皆可深切明白其紹承陸羽事業的心志。

從陸游的詩歌中，可以明顯看出他對茶與酒有著截然不同的品鑒態度與書寫方式，酒是疏狂的，是理性與壓抑的釋放者，帶給陸游的是一種身心的釋放，是他不如意的貧困生活中最主要的飲食樂趣。茶則是提神的，沒有煙塵味的，是沉澱非理性情感的明礬，帶給陸游的是一種澄明淡泊的心境，亦反映了宋代文人追求內斂的精神價值。茶與酒對陸游的詩歌創作也都起了一定的催化作用，不過由於這二者在性質上的差異，遂各自扮演了不同的角色，因此陸游在寫酒時著重於內心情感的抒發，而寫茶時則著眼於生活逸趣

〔註184〕《全宋詩》冊40，卷二一九五，頁25060。
〔註185〕「桑苧」一詞又有農桑的意思，在陸游詩中亦有做此意者，如〈村舍雜書・十二首其一〉：「我本杞菊家，桑苧亦吾宗。種藝日成列，喜過萬戶封。」《全宋詩》冊40，卷二一九二，頁25023。
〔註186〕陸游：〈同何元立蔡肩吾至東丁院汲泉煮茶・二首其一〉，《全宋詩》冊39，卷二一五七，頁24326。
〔註187〕陸游：〈自詠〉，《全宋詩》冊40，卷二二一九，頁25438。
〔註188〕陸游：〈幽居即事・九首其四〉，《全宋詩》冊41，卷二二二四，頁25513。
〔註189〕陸游：〈八十三吟〉，《全宋詩》冊41，卷二二二三，頁25502。
〔註190〕陸游：〈戲書燕几・二首其一〉，《全宋詩》冊41，卷二二二四，頁25519。
〔註191〕陸游：〈開東園路，北至山腳，因治路傍隙地，雜植花草・六首其二〉，《全宋詩》冊40，卷二一九七，頁25099。
〔註192〕陸游：〈石井〉，《全宋詩》冊41，卷二二四一，頁25740。
〔註193〕陸游：〈初夏・二首其一〉，《全宋詩》冊41，卷二二二九，頁25590。

的領略。

　　陸游的飲食書寫大致表現出以下的幾個特色：一者，蔬食表現出陸游強烈的價值意識，包括安貧樂道的儒士價值以及養生、戒殺等飲食實踐。二者，陸游對於肉食的態度表現出兩種不同的態度，一個是從養生與殺生的角度來看，因而表現出負面的觀點。但在清貧生活中，尤其是飲酒時卻仍喜歡肉食助興。三者，在酒與茶的書寫上，陸游有著完全不同的態度，顯然這與這兩種飲料對於人的情感的作用有著密切的關係。另外，這兩者在陸游飲食詩歌中的份量，顯然是酒重於茶。

第二節　范成大的飲食書寫

　　范成大（1126～1193），字至能，號石湖居士，吳（今江蘇蘇州）人。高宗紹興二十四年（1154）進士，除徽州司戶參軍。三十二年，入監太平惠民和濟局。孝宗隆興元年（1163），為編類高宗聖政所兼敕令所檢討官。乾道元年（1165），累遷著作佐郎。二年，除吏部員外郎，為言者論罷。三年，起知處州。五年，除禮部員外郎兼崇政殿說書，兼國史院編修官。六年，以起居郎假資政殿大學士使金。使歸，遷中書舍人，同修國史及實錄院同修撰。七年，知靜江府兼廣西經略安撫使。淳熙二年（1175），除四川安撫制置使。四年召對，權禮部尚書。五年，拜參知政事，尋罷。七年，知明州兼沿海制置使。八年，知建康府。十年，以疾奉祠。十五年，起知福州，未赴。光宗紹熙三年（1192）加資政殿大學士知太平州。四年卒，年六十八。有《石湖大全集》一百三十六卷，已佚。今傳《石湖居士詩集》三十四卷，及《吳郡志》、《攬轡錄》、《驂鸞錄》、《桂海虞衡志》、《吳船錄》等。

　　范成大早年家境貧寒，於紹興二十四年中進士後，從此仕途順遂，累官至四川制置使、參知政事、宰相等要職，在南宋詩人中最為顯達。范成大學詩雖從江西詩派入門，但後來則傾向於學習中、晚唐新樂府的現實主義精神，因此他的作品時常反映下層百姓的生活狀態與民俗風情，故一般論者皆認為范成大的詩歌以反映農村社會生活的作品成就最高，其中以〈四時田園雜興六十首〉為重要代表，這一組詩是以描寫農村四季的景色及農民生活為主，並反映農民被剝削及困苦的生活處境。另外范成大的詩文還有一個特色，就是喜歡書寫旅行的相關見聞，在他從政之後，因為公務常有許多異地旅行的經歷，再加上他對於殊方異域、奇風異俗有著強烈的興趣，其曾自

述：「許國無功浪著鞭，天教飽識漢山川。」〔註194〕因而也寫下許多相關的旅行見聞，如《攬轡錄》是他出使金國時的旅行日記；《驂鸞錄》是他由蘇州赴廣南西路桂林任職的旅行記錄；《桂海虞衡志》則是記錄廣南西路風土民俗的著作；《吳船錄》是他自四川制置使召還，取水路赴臨安的旅行日記。范成大的詩歌中更是充斥著旅途景點的描寫，可以說詩歌早已是他記錄生活行跡的旅行日記。也因為他對於外在的風景與民俗的興趣遠大於對自己內心與生活的關注，故飲食在他的詩歌中，似乎並不是一個重要關注的對象，通常都是一種附屬性的描寫，少有針對特定飲食進行品鑒與吟詠的作品，而這也是他與楊萬里及陸游在飲食書寫上最大的差異。雖說飲食在他詩歌中，並不是主要的焦點，但仍反映出他獨特的書寫特色，以下即針對他飲食詩歌的描寫重點分述如下：

壹、宦遊的飲食紀錄

　　由於宋代的官制有經常性的差遣調度與磨勘制度，因此宦遊行旅對於宋代士大夫而言，早就是一件司空見慣的事。雖說范成大旅行經驗豐富，旅行過的地域相當遼闊，但因其仕途顯達，故所遭遇到的艱難，顯然是遠遠是比不上蘇軾的。此外，也由於其性格氣質使然，范成大在宦旅過程中比較少有個人仕途上的心理得失，因此也就沒有傳統謫臣被放逐異域風土的強烈痛苦與個人處境的哀傷。相反地，范成大對異鄉的山川民俗始終有著一股強烈的好奇與關心，因此對於各地的歷史、人文、制度、民情都能夠詳加考察和研究，這也形成范成大旅行書寫的最大特色。正因為如此，范成大在這類旅行記錄中所提到的個人飲食，通常只是一種簡單的描述，其記錄性往往遠大於個人情感的興發，如〈夔門即事〉云：

> 自東川入峽路，至恭州，便有瘴俗，夾岸山悉庳小。入夔界，山皆傑然連三峽。夔
> 水不可飲，取之臥龍十里之外。雲安麴米春，自唐以來稱之，今夔酒乃不佳。
> 峽行風物不堪論，祓暑驕陽雜瘴氛。人入恭南多附贅，山從夔子盡
> 侵雲。竹枝舊曲元無調，麴米新篘但有聞。試覓清泠一杯水，筒泉
> 須自臥龍分。〔註195〕

這首詩記錄夔門這個地區的山川及風物，並特別強調這裡的瘴氣，因而導致

〔註194〕范成大：〈畫工李友直為余作冰天桂海二圖，冰天畫使北虜渡黃河時，桂海畫遊佛子岩道中也。戲題〉，《全宋詩》冊41，卷二二六〇，頁25925。
〔註195〕《全宋詩》冊41，卷二二六〇，頁25931～25932。

水不可飲、酒不佳的風物記錄。這完全是用一種客觀的態度在作記錄，因此也看不到行路難的悲嘆，以及匱乏的飲食渴求，又如〈萬州（自此後登陸，州號南浦郡）〉：

> 晨炊維下巖，晚酌欐南浦。波心照州榜，雲腳響衙鼓。前山如屏牆，得得正當戶。西江朝宗來，循屏復東去。（自注：此萬州形勢也，為親歷者當知此言之工。）官曹倚巖棲，市井喚船渡。瓦屋仄石磴，猿啼閧人語。剔核杏餘酸，連枝茶剩苦。窮鄉固瘠薄，陋俗亦寒寠。（自注：土人賣杏，皆先剔其核，取仁以為藥也。土茶甚苦，不簡枝葉，雜茱萸煎之。）
>
> 營營謀食艱，寂寂懷磚訴。昔聞吏隱名，今識吏隱處。〔註196〕

這首詩在一開頭描寫了范成大一行人早炊晚酌的地點，隨即就開始描寫地理景觀與風物特色，以及人民謀生的艱難。在詩中他介紹了當地取杏仁為藥及土茶的烹煮方式及滋味，其書寫的方式仍是一種客觀的見聞描述，而沒有自我情感的抒發。范成大對於異域的飲食並非沒有不適之感，但他卻沒有傳統謫臣那種處於異域的強烈痛苦，反而能夠用一種新奇感來看待自己與異域飲食的衝突，如〈巴蜀人好食生蒜，臭不可近。頃在嶠南，其人好食檳榔，合蠣灰、扶留藤，一名蔞藤，食之輒昏然，已而醒快。三物合和，唾如膿血可厭，今來蜀道，又為食蒜者所薰，戲題〉一詩：

> 旅食諳殊俗，堆盤駭異聞。南餐灰薦蠣，巴饌菜先葷。幸脫蔞藤醉，還遭胡蒜薰。絲蓴鄉味好，歸夢水連雲。〔註197〕

擁有豐富旅行經驗的范成大，雖然見識過各種奇怪的飲食，但對於巴蜀人吃蒜的臭味，以及對嶠南人吃檳榔如吐血般的樣貌，還是很難忍受。在這種異地的飲食對映之下，更想念起家鄉的蓴菜了。然而面對這種難以忍受的異域飲食習慣，卻沒有激起范成大處身荒域的哀苦之思，反而能夠用「戲題」的輕鬆態度來陳述這類特殊的飲食見聞。

當然旅行之中也不盡然都是一些令人難以忍受的飲食，偶爾也會有自己喜愛的食物，因此也會有一些快意的飲食書寫，如〈竈渚〉：

> 白魚出水臥銀刀，紫筍堆盤脫錦袍。捫腹將軍猶未快，棹船西岸摘蔞蒿。〔註198〕

〔註196〕《全宋詩》冊41，卷二二五七，頁25898。
〔註197〕《全宋詩》冊41，卷二二五七，頁25901。
〔註198〕《全宋詩》冊41，卷二二五六，頁25883。

范成大出生於魚米之鄉的江南，因此對於魚和筍自有一分親切的飲食感受。在飽嚐魚、筍之後仍意猶未盡的再去採蔞蒿，它可是春日美味的野菜，用來與河豚一起煮食更是美味。范成大在這裡遇上了與家鄉相似的風物，暢情之餘，似乎忘了描寫異鄉的景色與風俗了。

貳、節令風俗的飲食描寫

范成大在詩歌中也表現出喜歡記錄節慶的飲食活動，他曾提過：「韶年惜節物，況此霜鬢摧？」〔註199〕由此可知，他從年輕的時候對於節慶活動就一向深感興趣，尤其喜歡描寫吳地的家鄉風俗，如〈臘月村田樂府‧口數粥行〉：

> 家家臘月二十五，淅米如珠和豆煮。大杓鐐鐺分口數，疫鬼聞香走無處。鏤薑屑桂澆蔗糖，滑甘無比勝黃粱。全家團欒罷晚飯，在遠行人亦留分。襁中孩子強教嘗，餘波遍沾獲與臧。新元葉氣調玉燭，天行已過來萬福。物無疵癘年穀熟，長向臘殘分豆粥。〔註200〕

范成大在前序提到「二十五日煮赤豆作糜，暮夜闔家同饗，云能辟瘟氣，雖遠出未歸者，亦留貯口分，至襁褓小兒及僮僕皆預，故名口數粥。」〔註201〕對於「口數粥」的命名由來有詳細的介紹，詩中則記述了臘月二十五日煮赤豆作粥以辟瘟氣的家鄉土俗，並提及了如何製作豆粥的方法、豆粥滑甘香美的滋味，以及家人團圓食豆粥祈福辟邪的過程與意義，是一首客觀的紀實作品。在〈上元紀吳中節物，俳諧體三十二韻〉一詩，也提到寶糖、烏膩糖、糰子等吳地上元節的節慶食物，茲節錄如下：

> 寶糖珍粔籹，（自注：餳拍，吳中謂之寶糖餳，特為脆美。）烏膩美飴餳。（自注：烏膩糖即白餳，俗言能去烏膩。）撚粉團欒意，（自注：糰子。）熬釋膈脃聲。（自注：炒糯穀以卜，俗名字麥，北人號糯米花。）〔註202〕

范成大在原詩每一句下面皆有注解其為何物，所謂寶糖餳是吳中當地的一種油炸麵食〔註203〕，相當脆美，甚至比寒食節吃的粔籹〔註204〕還要珍美；烏膩

〔註199〕范成大：〈立春大雪，招親友共春盤，坐上作〉，《全宋詩》冊41，卷二二六七，頁25996。

〔註200〕《全宋詩》冊41，卷二二七一，頁26030。

〔註201〕同上註，頁26029。

〔註202〕《全宋詩》冊41，卷二二六四，頁25969。

〔註203〕在唐代的市場已出現這種以炸法加工的麵食，且種類繁多，甚至有專門製作的制餳工具及炊具，李昉《太平廣記‧尚食令》即記載了詳細製作油餳的情

糖即白餳，因俗言能去烏膩，故名之；「撚粉團欒意」指的是團子，即北宋時所稱的圓子，是一種實心米圓。「熱稃膈脖聲」是指吳地習俗將糯穀放入鍋子爆米花，發出膈脖的聲響，以為占卜。像這類節慶紀實的詩歌與注解，透顯出范成大這類詩歌創作，是以客觀詳實記錄為主，並排除個人感發的描寫為特色。少數的飲食詩中還是有一些是描寫自己在家裡過節時的飲食情境，如〈立春大雪，招親友共春盤，坐上作〉：

> 積雪錮萬瓦，雲容如死灰。豈惟梅柳寒？小槽冰（自注：去聲。）春醅。東風乃多事，仍將六花來。兒女曉翻餅，呵手把一杯。菘甲剪翠羽，韭黃鑋金釵。齒牙幸牢潔，對案心眼開。華年惜節物，況此霜鬢摧？如何千日病，三見寅杓回。旁人不堪憂，我心猶始孩。衰翁豈知道，癡絕忘形骸？化兒任惡劇，歡伯有奇懷。餘寒會退聽，一笑當安排。〔註205〕

在這首詩中，范成大一反過去對外在客觀的記述，立春時節招集親友食春盤、飲春酒、賞瑞雪等情景都不多去著墨，而是純寫內心所感：立春的大雪看來就像是要把房舍給封錮住一般，天上的雲看起來就像死灰一般毫無生氣，這兩句其實正是詩人在病中愁慘心情的投射，但是兒女破曉做春餅的歡樂氣氛還是感染了詩人的內心，又不由得雀躍起來，端出來的春盤，白菜看上去就像翠綠的羽毛、韭黃就像金燦燦的釵釧，而且最慶幸的是牙齒都還很牢固，可以好好享用眼前的美食。范成大在詩中表明雖然飽經病魔折騰病了三年，但每年立春的過節都能令他興致高昂，忘記造化的作弄。這首詩相較於其他的節令記述，有了更多的感懷，不再只是一種客觀的描寫，更將自己年老過節的開懷心境表達得相當深刻。

　　一般而言，宦旅於外的異鄉客常常在節慶之時，觸動強烈的思鄉情感，例如唐代李中〈客中寒食〉：「旅次經寒食，思鄉淚溼巾。」〔註206〕與朱慶餘〈旅中秋月有懷〉：「久客未還鄉，中秋倍可傷。」〔註207〕不過在范成大的詩

　　　景。參見劉樸冰：《唐宋飲食文化比較研究》（北京：中國社會科學出版社，
　　　2010年），頁125～126。
〔註204〕粔籹，是一種以蜜和米麵，搓成細條，組之成束，扭作環形，用油煎熟的環
　　　形糕餅，又稱寒具。《楚辭·招魂》：「粔籹蜜餌，有餦餭些。」王逸注：「言
　　　以蜜和米麵，熬煎作粔籹。」
〔註205〕《全宋詩》冊41，卷二二六七，頁25996。
〔註206〕《全唐詩》冊21，卷七四九，頁8531。
〔註207〕《全唐詩》冊15，卷五一五，頁5886。

中，卻看不到這種濃烈的思鄉之情，面對與自己家鄉完全不同的節物，沒有任何的傷感，而是以一種平常的心情來看待這種異鄉的節物，如〈南塘寒食書事〉：

> 埂外新陂綠，岡頭宿燒紅。裹魚蒸菜把，饋鴨鎖筠籠。酒侶晨相命，歌場夜不空。土風并節物，不與故鄉同。〔註208〕

在異鄉面對滿桌與故鄉不同的寒食飲食，范成大完全是用一種觀察者的角度來記錄這些異地的節慶活動，點出它們與故鄉的風俗不同，卻沒有興發其他個人的內在情緒，再看〈丙午新正書懷・十首其十〉：

> 殊方節物記吾曾，海北天西一瘦藤。烏欖雞檳嘗老酒，酥花芋葉試新燈。瘴雲度嶺濃如墨，邊雪窺窗冷欲冰。閒展兩鄉圖畫看，臥遊何必減深登？（自注：此篇記桂林、成都元日舊事，檳欖皆椒盤中物，老酒十數年不壞者。滴酥爲花，熬芋爲柳葉，三夕張燈如上元。上下句分記廣、蜀。）〔註209〕

喜歡記錄異地風俗的范成大在面對烏欖、檳榔、老酒、酥花、芋葉這些異鄉的上元節物，並沒有令他思念起久違的故里與節慶的記憶，反而是帶著一種濃厚的興味去記錄當地特殊的節慶飲食，表現出一種強勁的生活適應力，在〈食罷書字〉一詩中就充分透顯出這樣的個性，其詩云：

> 甲子霖涔雨，東南濕蟄風。荔枝梅子綠，豆蔻杏花紅。捫腹蠻茶快，扶頭老酒中。荒陬經歲客，土俗漸相通。（自注：蠻茶出修仁，大治頭風。老酒，數年酒，南人珍之。）〔註210〕

蠻茶和老酒是桂林的特產，亦是當地重要的待客飲食，《桂海虞衡志》提到：「老酒以麥麴釀酒，密封藏之可數年，士人家尤貴重，每歲臘中，家家造鮓，使可爲卒歲計。有貴客，則設老酒冬鮓以示勤。婚娶亦以老酒爲厚禮。」〔註211〕從這裡可以知道當地的人情味一定讓范成大有一種賓至如歸的感受，因此雖處身於完全不同於故鄉的氣候、風土與飲食習慣，但卻能夠充融入當地的生活，充分享受當地的飲食，亦足見范成大是一個勇於適應環境的天生旅行家。

〔註208〕《全宋詩》冊41，卷二二四一，頁25784。
〔註209〕《全宋詩》冊41，卷二二六七，頁25995。
〔註210〕《全宋詩》冊41，卷二二五五，頁25869。
〔註211〕（宋）范成大：《桂海虞衡志》（臺北：藝文出版社，1967年），頁257。

叁、田園飲食的描寫

范成大在孝宗淳熙丙午年間（1186）退隱蘇州老家，曾創作了一組大型的田園詩，分春日、晚春、夏日、秋日、冬日五部分，每部分各十二首，共六十首，此即著名的〈四時田園雜興六十首〉。詩歌描寫了農村春、夏、秋、冬四個季節的田園風光和農村生活的情趣，同時也反映了稼穡維艱、農民生活困苦以及賦稅繁重對百姓的壓迫。這雖然是一系列描寫農村生活的田園詩，其中也有一些是對田園飲食的描寫，如：

老盆初熟杜茅柴，攜向田頭祭社來。巫嫗莫嫌滋味薄，旗亭官酒更多灰。（〈春日田園雜興·十二絕其四〉）〔註212〕

紫青蓴菜卷荷香，玉雪芹芽拔薤長。自擷溪毛充晚供，短篷風雨宿橫塘。（〈晚春田園雜興·十二絕其一〉）〔註213〕

海雨江風浪作堆，時新魚菜逐春回。荻芽抽筍河魨上，楝子開花石首來。（〈晚春田園雜興·十二絕其十一〉）〔註214〕

二麥俱秋斗百錢，田家喚作小豐年。餅爐飯甑無飢色，接到西風熟稻天。（〈夏日田園雜興·十二絕其三〉）〔註215〕

菽粟瓶罌貯滿家，天教將醉作生涯。不知新滴堪篘未？今歲重陽有菊花。（〈秋日田園雜興·十二絕其十〉）〔註216〕

細搗根薑賣膾魚，西風吹上四腮鱸。雪鬆酥膩千絲縷，除卻松江到處無。（〈秋日田園雜興·十二絕其十一〉）〔註217〕

撥雪挑來踏地菘，味如蜜藕更肥醲。朱門肉食無風味，只作尋常菜把供。（〈冬日田園雜興·十二絕其七〉）〔註218〕

榾柮無煙雪夜長，地爐煨酒暖如湯。莫嗔老婦無盤飣，笑指灰中芋栗香。（〈冬日田園雜興·十二絕其八〉）〔註219〕

〔註212〕《全宋詩》冊41，卷二二六八，頁26002。
〔註213〕同上註，頁26003。
〔註214〕同上註。
〔註215〕同上註，頁26004。
〔註216〕同上註，頁26005。
〔註217〕同上註。
〔註218〕同上註。
〔註219〕同上註。

煮酒春前臘後蒸，一年長饗甕頭清。塵居何似山居樂？秫米新來禁
入城。（〈冬日田園雜興・十二絕其九〉）〔註220〕

〈四時田園雜興六十首〉中所描寫的農村飲食，涵蓋了主食、蔬食、魚鮮與
酒等，都是江南常見的風物，充分表現出吳地魚米之鄉的飲食特色。在主食
方面，包含了大麥、小麥、稻米、豆類及穀類等五穀雜糧，因五穀是百姓充
飢果腹與繳納賦稅最重要的糧食作物，故在描寫到有關五穀的詩作時，最能
深刻反映出農家生活的喜與悲，其要不是反映農家豐收的自適與滿足，就是
稼穡維艱與苛吏壓迫的情景。

　　在蔬食方面有蓴、芹、蒪（春日）、荻（晚春）、踏地菘〔註221〕與芋栗
（冬日）等，都是江南常見的菜蔬，在范成大筆下卻饒富季節風物的濃郁氣
息與審美情趣，在「紫青蓴菜卷荷香，玉雪芹芽拔薤長。自擷溪毛充晚供，
短篷風雨宿橫塘。」一詩歌詠了各式青蔥馥郁的園蔬，如果還有不足的，只
要再採些溪邊的野菜就是一頓晚餐了，人生還要忙些什麼呢？「短篷風雨宿
橫塘」，在風雨中乘著小船寄宿在橫塘，是何等的逍遙與自適？而在「榾柮無
煙雪夜長，地爐煨酒暖如湯。莫嗔老婦無盤飣，笑指灰中芋栗香。」一詩，
詩人藉著歌詠農家冬季寒夜煨酒取暖、老婦挑食火灰中的芋頭、栗子，除了
禮讚田園生活的自足與恬適，亦寓有文人煨芋情境的意涵〔註222〕。

　　在魚鮮的方面則有河豚、鱸魚和石首〔註223〕，此部分一方面歌詠了蘇州
家鄉特有的魚產，如對四鰓鱸〔註224〕的歌詠，「雪鬆酥膩千絲縷，除卻松江到
處無。」一方面也將季節與應時風物的關係描寫得密合無間，如「海雨江風
浪作堆，時新魚菜逐春回。荻芽抽筍河魨上，楝子開花石首來。」一詩，便
將晚春時節海面江面興風起浪，卻是荻芽抽筍、河豚溯游而上的季節，此時
苦楝花開了，石首魚也應時回來的情景描寫得十分細膩可喜。

〔註220〕同上註。
〔註221〕踏地菘，今塌棵菜。《辭海》：「塌棵菜，塌地生長的烏塌菜變種。多層葉密集
　　　　排列，平展如盤狀，有小八葉、中八葉、大八葉等品種，是中國上海一帶名
　　　　特產蔬菜之一。」（上海：上海辭書出版社，2009 年）。〈冬日田園雜興・十
　　　　二絕其七〉詩中所謂的「撥雪挑來踏地菘」，是指用刀將塌棵菜的根從雪地裡
　　　　切割下來。
〔註222〕詳見本論文第六章第二節「南宋文學的蔬食吟詠──芋」。
〔註223〕石首，魚名。以頭中有骨兩枚，色白，大如豆，堅如石，故名。產於海中，
　　　　體扁，口闊，鱗細，腹黃，亦稱黃花魚或黃魚。
〔註224〕一般的鱸魚都是二鰓，只有松江鱸魚是四鰓。

在酒的描寫上，則描述了當時的製酒情形與對官酒的評價。從「煮酒春前臘後蒸，一年長饗甕頭清。」可知農家在臘月後忙著蒸酒，立春前煮酒，即可保有一年到頭都有美酒可享。詩中所謂的蒸酒，據《宋史・食貨志》所云應是一種釀製完成後再蒸煮的大酒〔註225〕，且這種蒸法並非後世的蒸餾法，據劉廣定先生的意見，應是加熱以促進發酵之意〔註226〕。至於煮酒，是指將過濾後的酒醅進行加熱煮沸的處理，用以滅菌防腐，延長保存期限。而從「秫米新來禁入城」一語則可了解當時禁止私下釀酒的規定。不過雖然當時酒是由國家統一專賣，但品質似乎相當不良，范成大在「老盆初熟杜茅柴，攜向田頭祭社來。巫媼莫嫌滋味薄，旗亭官酒更多灰。」一詩就說甚至農村自釀的杜茅柴薄酒都比加了太多石灰的官酒要來得好，原來當時為了防止釀酒發生酸敗，官方造酒往往會在發酵成熟的前一天，在醅液中加入適量的石灰，用以降低酸度，並使醅液變清，莊綽《雞肋編》卷上指出：「二浙造酒，皆用石灰。雲天之則不清。」〔註227〕

縱上所述，可看出范成大《四時田園雜興》對田園飲食的描寫與謳歌，充滿著抒情與寫意的情懷，其中雖然不乏對民生疾苦的體察，但更多的是以一種士大夫的審美觀，投射出對理想田園生活的嚮往。

肆、吟詠的飲食類別

范成大有關於旅行與節慶民俗的飲食描寫，通常是用一種觀察者的紀實態度在書寫；至於能透顯他個人飲食興趣的吟詠，主要是一些單獨吟詠的食物，茲依食物類別分述如下：

一、蔬果類

范成大的飲食詩中所反映出來的飲食嗜好，似乎比較是偏愛蔬果，肉食相當的少。這種現象乍看之下雖然和陸游非常像，不過二人在飲食觀與心理態度卻是完全不同的。范成大吟詠的蔬果詩中，並沒有寄寓儒家飯疏食的安貧思想，亦沒有表現出佛教戒殺的觀念，其吟詠蔬果比較是一種個人性的飲

〔註225〕《宋史・食貨志下七》云：「自春至秋，醞成即鬻，謂之小酒。臘釀蒸鬻，候夏而出，謂之大酒。」（元）脫脫等撰：《宋史》（台北：中華書局，1965年），冊7，卷一八五，頁12。

〔註226〕劉廣定：《中國科學史論集》，（台北：國立台灣大學出版中心，2002年），頁322。

〔註227〕（宋）莊季裕：《雞肋編》（北京：中華書局，1985年），頁14。

食嗜好的表現，例如〈素羹〉云：

> 甌芋凝酥敵少城，土諸割玉勝南京。合和二物歸藜糝，新法儂家骨
> 董羹。〔註228〕

所謂的「骨董羹」乃是指取魚肉蔬菜等雜混烹製而成的羹，蘇軾即曾寫過〈仇池筆記‧盤遊飯骨董羹〉。范成大此道素羹乃是以芋頭和山藥同煮，並沒有加其它魚肉類，因而與正統骨董羹內容物略異，故才稱爲「新法儂家骨董羹」。范成大雖然受到佛教很深的影響，但佛教思想並沒有明顯反映在其飲食詩中，這首名爲「素羹」的詩，其內涵與佛教的素食一點關係也沒有。事實上這道以芋頭和山藥煮的菜羹是宋代文人相當喜歡吟詠的菜，它通常寄託了儒士安貧的象徵。不過在這首詩中也沒有這樣的寄託，只是純粹表達他對這道芋薯羹的喜愛。或許范成大在仕途上較爲順遂，因此在心理上就不若窮困的陸游，必須時常對蔬食進行價值賦與，來表達儒者安貧的價值思想。是故范成大在飲食的吟詠之中，其實是少有深刻的情感寄託的，又如：

> 墮地錦襽茁，解衣溫玉姿。來償食竹債，大勝伏雌炊。少日羹藜
> 子，老來煨芋師。盤餐登異味，指動已先知。（〈次韻謝李叔玠追路
> 送筍〉）〔註229〕

> 竹塢撥沙犀頂銳，藥畦粘土玉肌豐。裹芽束縕能分似，政及菜蕪甌
> 釜空。（〈從宗偉乞冬筍、山藥〉）〔註230〕

竹筍是最富有文人價值寄託的蔬菜，不過范成大也沒有賦詠其君子的意涵，只是描寫其喜愛之情，而有所謂的「食竹債」。吃穿不愁的他向友人乞筍和山藥，而友人也會惠筍予他，足見竹筍是他相當喜歡的蔬菜。

　　水果是范成大吟詠最多的食物，包括荔枝、橘子、西瓜、櫻桃、石榴等。其中又以荔枝的吟詠最多。由於范成大待過南方，荔枝又是這些地域最重要的水果，故范成大對這項歷史意涵豐富的物產也作了一番考察，其在〈妃子園〉小序曰：「涪陵荔子，天寶所貢，去州里所有此園。然峽中荔子，不及閩中遠甚，陳紫又閩中之最。」〔註231〕范成大認爲楊貴妃所食乃四川荔枝，因此才能及時送至長安，但四川荔枝的品質實遠不及閩荔中的極品——陳紫，

〔註228〕《全宋詩》冊41，卷二二六九，頁26018。
〔註229〕《全宋詩》冊41，卷二二六一，頁25950。
〔註230〕《全宋詩》冊41，卷二二四七，頁25796。
〔註231〕《全宋詩》冊41，卷二二六○，頁25930。

故此詩之作實有譏笑的意味，其詩曰：

> 露葉風枝驛騎傳，華清天上一嫣然。當時若識陳家紫，何處蠻村更
> 有園？〔註232〕

范成大來到涪陵妃子園，所詠既不是此地的風景，亦不是食荔枝的滋味。雖書寫貴妃與荔枝的歷史，但跳脫「一騎紅塵妃子笑」〔註233〕的歷史諷喻，而是從貴妃不知極品荔枝的寡識來作文章，充分發揮宋人以才學為詩的特色，又如〈新荔枝四絕〉：

> 荔浦園林瘴霧中，戎州沽酒擘輕紅。五年食指無占處，何意相逢萬
> 壑東？

> 海北天西兩鬢蓬，閩山猶欠一枝筇。鄞船荔子如新摘，行腳何須更
> 雪峰？

> 甘露凝成一顆冰，露穠冰厚更芳馨。夜涼將到星河下，擬共嫦娥鬥
> 月明。

> 趠泊飛來不作難，紅塵一騎笑長安。孫郎皺玉無消息，先破潘郎玳
> 瑁盤。（自注：四明海舟自福唐來，順風三數日至，得荔子，色香都未減。大勝
> 戎、涪間所產。莆陽孫使君許寄蜜荔，過期不至。貳車潘進奏餉玳瑁一種，亦佳，
> 并賦之。）〔註234〕

這組詩中分別提到各地的荔枝特色：荔浦位於廣西，以芋頭聞名，詩人無意間竟在此遇到荔枝，滿足了五年未曾食荔的渴望；戎州位於四川，其荔枝雖非第一，但荔枝綠酒卻是天下聞名，黃庭堅於戎州時曾賦〈廖致平送綠荔枝，為戎州第一；王公權荔枝綠酒亦為戎州第一〉，足見其如雷貫耳的名聲；閩荔則是范成大最愛的荔枝，但對於無法親自到閩走訪仍有些遺憾，不過南宋發達的交通運輸，仍讓他享受到新鮮閩荔的滋味。其中第三首詩，是純粹吟詠荔枝的美好滋味。范成大很少針對食物的滋味加以細細吟詠，從這裡足見他對荔枝的喜愛之情。除了吟詠荔枝之外，范成大對於橘子的滋味也表現出少有的喜愛之情，如〈橘園〉：

> 橘中有佳人，招客果下遊。胡床到何許，坐我金碧洲。沉沉剪綵

〔註232〕同上註。
〔註233〕杜牧：〈過華清宮〉，《全唐詩》冊16，卷五二一，頁5954。
〔註234〕《全宋詩》冊41，卷二二六二，頁25953。

　　山，垂垂萬星毬。奇采日中麗，生香風外浮。折贈黃團雙，珍逾桃
　　李投。拆開甘露囊，快吸冰泉甌。熱腦散五濁，豈止沉痾瘳？未知
　　商山樂，能如洞庭不？〔註235〕

這首詩描寫在橘子園宴客的情趣。主客坐在胡床上欣賞著垂掛在枝頭的纍纍
果實，及風中傳來令人神怡的果香。在細心的拆下果皮之後，吸上一口飽滿
的橘汁，令人神清卻病，真是樂如高士隱者。最後愛記地方風物的范成大仍
不忘交待此橘乃洞庭之名產。

　　除此之外，范成大還有一組題畫詩，專詠其所熱愛的蜀地果實，如〈題
蜀果圖四首〉云：

　　沈沈黛色濃，糝糝金沙絢。卻笑宣州房，競作紅粧面。（〈木瓜〉）

　　火齊寶瓔珞，垂於綠繭絲。幽禽都未覺，和露折新枝。（〈櫻桃〉）

　　日烘古錦囊，露泡紅瑪瑙。玉池嚥清肥，三彭跡如掃。（〈石榴〉）

　　夏膚粗已皴，秋蒂熟將脫。不辭抱蔓歸，聊慰相如渴。（〈甘瓜〉）

　　〔註236〕

第一首詩中所說的木瓜，並非後世所熟悉的番木瓜，而是中國原產，係薔薇
科木瓜屬小喬木，暮春時節開深紅色花，九、十月果實成熟，長橢圓形，大
者如瓜，小者似拳，果皮黃中泛紅，可用於聞香與藥用。范成大詩中所說
「卻笑宣州房，競作紅粧面」，應是與安徽宣州花木瓜的典故有關，北宋蘇頌
《圖經本草》云：「宣人種蒔尤謹，遍滿山谷。始實成則鏤紙花黏於上，夜露
日烘，漸變紅，花文如生。本州以充土貢，故有宣城花木瓜之稱。」〔註237〕
宣州人在木瓜結實的時候，就雕鏤紙花貼在果實上，然後任由日曬雨露，果
實成熟時，其表面乃形成深淺不一的紋理，「花木瓜」之名由此而來，並成為
宣州人年年進貢的土產；然而崇尚自然的范成大對此卻頗不以為然，其一反
諸多對宣州花木瓜的讚譽，以蜀地木瓜自然泛金的果色來譏笑宣州木瓜的矯
柔作態。第二首櫻桃，是著眼其美如寶珠瓔珞的外在形色，其隱藏在細密如
繭的枝葉裡，就連躲在其中的禽鳥都未能發覺，直到清晨有人折下那猶帶露
珠的新枝才赫然有所發現。第三首石榴，前二句是從其外在的形貌加以描

〔註235〕《全宋詩》冊41，卷二二六一，頁25940。
〔註236〕《全宋詩》冊41，卷二二七〇，頁26023。
〔註237〕轉引自（明）李時珍：《本草綱目・果之二・木瓜》果部第三十卷（北京：人
　　　　民衛生出版社，1993年），頁2001。

繪，三、四句則是引用道書的典故〔註238〕，認為只要服下石榴，即能讓口中津液湧聚，讓體內的三尸蟲掃蕩一空〔註239〕。第四首甘瓜，前二句，亦是從果實外貌加以形繪，三、四句則分別援引不同的典故，第三句是出自（唐）李賢的〈黃台瓜辭（初，武后殺太子弘，立賢為太子，後賢疑隙浸開，不能保全，無由敢言，乃作是辭。命樂工歌之，冀后聞而感悟。）〉：「種瓜黃台下，瓜熟了離離。一摘使瓜好，再摘令瓜稀，三摘尚自可，摘絕抱蔓歸。」〔註240〕案李賢（後稱章懷太子）乃武則天次子，因有感專擅的武后為了權力，接連誅殺親生骨肉，希望以此感悟高宗及武則天不能再廢太子。原詩是藉摘瓜為喻，希望不要再有趕盡殺絕的情形。但此一「不辭抱蔓歸」的典故在這首詩中，被范成大做了轉化，將原本的戒慎恐懼之心轉為義無反顧之情，那到底為了什麼不辭呢？原因就在第四句的典故，漢代的司馬相如由於患有消渴疾，後世遂用「相如渴」作為患消渴病的典故。因此這首詩的意思是瓜已經成熟了，不辭讓人一摘、二摘、三摘，乃至摘絕抱蔓的一腔無悔之心，目的是為了一解人們的消渴。

這幾首詩，除了木瓜是用來聞香與製藥外，其餘三者都是食用水果，但或許是題畫詩的緣故，這幾首詩都沒有提到滋味，而純粹是就果實外貌與對歷史典故的興發所作的吟詠。

二、魚類

范成大飲食詩中，肉類之中只有幾首詠魚詩。大概是出生於魚產豐富的吳地，故對於魚有著較深的喜愛，如〈從聖集乞黃巖魚鮓〉詩題看來，范成大必然相當喜歡吃黃巖魚鮓，故向友人求之，其詩云：

截玉凝膏膩白，點酥粘粟輕紅。千里來從何處？想看舳浪帆風。

〔註241〕

這首詩前兩句著眼於魚鮓形色樣貌的形容，不過從後兩句，對魚所來處的發

〔註238〕轉引自《本草綱目·果之二·安石榴》：「《酉陽雜俎》言：『榴甜者名天漿。道家書謂榴為三尸酒，言三尸蟲得此果則醉也。』故范成大詩云：玉池咽清肥，三彭跡如掃。」（明）李時珍：《本草綱目》果部第三十卷（北京：人民衛生出版社，1993年），頁2001。

〔註239〕道家認為人身有「三尸」，也叫「三彭」，包括上尸、中尸和下尸，修道必須驅逐三尸，以去除修練的魔障。

〔註240〕（唐）章懷太子：〈黃臺瓜辭〉，《全唐詩》冊1，卷六，頁65。

〔註241〕《全宋詩》冊41，卷二二四七，頁25795。

問與聯想，可見范成大深具乘風破浪的探險家精神。其實從范成大的詩歌中就可以看出，他並不是一個像楊萬里一樣喜歡品嚐美食的美食家，他對於外在世界的興趣是遠遠超過吃到口腹之中的食物，而從他對於美味卻隱藏致命危險的河豚的態度，就可以知道他絕不是一個像蘇軾那種拼死吃河豚的老饕，因此范成大才會寫下兩首完全不同觀點的食河豚的詩，在〈次韻唐子光教授河豚〉他是站在河豚美味的角度在描寫，其詩云：

> 世間尤物美惡并，江鄉未用誇吳羹。清宮洞房寒熱媒，深山大澤龍蛇生。胡夷信美胎殺氣，不奈吳兒苦知味。楊花欲動荻芽肥，汗手死心搖食指。食魚要是□〔註242〕黃粱，古來不必須河魴。君看嗔腹似渾脫，寧肯滑甘隨芥薑。先生法語峻立壁，譏評不使一錢直。膨亨從此跡如掃，坐令梅老詩無力。懸知仙骨有青冥，風香久已滌膻腥。大笑日華解毒法，何如肘後餐霞經？〔註243〕

此詩提到河豚美味與至毒美惡並存的缺憾，但到了楊花動荻芽肥的食河豚季節還是會食指大動，不過最後他還是認為與其研究解河豚之法，還不如去餐霞以超脫世欲。另一首〈河豚歎〉則是從人不應為嗜欲而死的角度來寫，其詩云：

> 鰌生藜莧腸，食事一飽足。腥腐色所難，況乃衷酖毒。膨亨強名魚，殺氣孕慘黷。既非養生具，宜謝砧几酷。吳儂真差事，網索不遺育。捐生決下箸，縮手汗童僕。朝來里中子，饞吻不待熟。濃睡喚不鷹，已落新鬼錄。百年三寸咽，水陸富肴羞。一物不登俎，未負將軍腹。為口忘計身，饕死何足哭？作俑者誰歟？至今走末俗。或云先王意，除惡如藝菽。逆梟與毒獍，歲歲參幣玉。芟夷入薦羞，蓋欲殲種族。生死有定數，斷命烏可續？適丁是時者，未易一理局。鼋鼎子公怒，羊羹華元衄。異味古所珍，無事苦畏縮。駢頭訌此語，戒諭祇取瀆。聾盲死不悟，明知諒已燭。〔註244〕

河豚是范成大故鄉的特產，對其美味當有深刻的理解。不過當士大夫為了口腹而食河豚喪命，在范成大看來是相當可笑而不值得的。況且世間美味豈只有河豚，一味不食並不會有什麼遺憾，為什麼偏偏要去為了一時的口腹而喪

〔註242〕原詩脫字。
〔註243〕《全宋詩》冊41，卷二二四三，頁25759。
〔註244〕《全宋詩》冊41，卷二二四二，頁25748。

命。在范成大看來吃河豚實是違反正道的行爲，從這裡可以看出，他的冒險精神，完全不會用在吃河豚這種事情上。

三、服食類食物

范成大對於美食並沒有多大的興趣，亦不善於飲酒。不過他對於服食長生類的藥物似乎頗有興趣。在士大夫的功名實現上，他不僅有顯赫的政績與經歷，亦當過宰輔，人生的追求大體上已經無憾了。不過當人在現世的追求已經達到某種成就與滿足時，往往也會對於生命流逝感到焦慮，故范成大吟詠這類具有服食延年的藥物，多少也是這種心態的投射，如〈次韻施進之惠紫芝朮〉云：「山精媒長生，仙理信可詰。梨棗本寓言，杞菊亦凡質。」〔註245〕據《抱朴子·仙藥》：「朮，一名山薊，一名山精。故《神藥經》曰：『必欲長生，長服山精。』」〔註246〕從《抱朴子》的記載可知，服食山精能夠成仙。范成大肯定山精成仙的功能，懷疑起梨棗的仙果之說，輕視了宋人最愛用來養生的杞菊。又如〈紫荷車（峽山此藥甚多）〉：

> 綠英吐弱線，翠葉抱修莖。矗如青旄節，草中立亭亭。根有卻老
> 藥，鱗皴友松苓。長生不暇學，聊冀病身輕。〔註247〕

紫荷車又名金錢草，是一種用來辟穀服餌的藥草，前半段主要是描寫其植物形貌，後半段則強調其根部與茯苓一樣具有長生卻老的養生作用，范成大對於長生不抱希望，只求藉此養病。從這裡可知范成大確實是有服食一些延年的藥草。再看〈玉虛觀去宜春二十五里，許君上升時飛白茅數葉以賜王長史，王以宅爲觀，觀旁至今有仙茅極異常，備五味尤辛辣，云久食可仙，道士煮湯以設客〉：

> 白雲堆裏白茅飛，香味芳辛勝五芝。採葉煮泉摩腹去，全勝石髓畏
> 風吹。〔註248〕

從詩題中可知仙茅辛辣、久食可仙，道士以此煮湯設客。范成大說它的味道勝於五芝，《抱朴子·仙藥》提到五芝包括石芝、木芝、草芝、肉芝、菌芝等都是重要的仙藥，石髓乃鐘乳石亦是重要的服餌。范成大認爲仙茅勝於五

〔註245〕《全宋詩》冊41，卷二二五二，頁25844。
〔註246〕（晉）葛洪：《抱朴子》（臺北：新文豐出版社，1998年），〈內篇〉卷十一，頁321。
〔註247〕《全宋詩》冊41，卷二二五七，頁25891～25892。
〔註248〕《全宋詩》冊41，卷二二五四，頁25859。

芝、石髓，其實這也反映出宋人對於草木的仙藥較爲重視，而輕視傳統的金石藥餌。他所題詠的朮、紫荷車及仙茅皆是草木藥，而它們確實也都具有眞實的療效。這也反映出理性的宋人已經將傳統成仙的服食轉變成養生的醫療保健。

四、酒

范成大的詩集中，茶的描寫相當少，亦沒有詠茶之作。在酒方面，范成大曾自述其不善於飲酒，〈雲露〉一詩云：

> 予素不能飲，病又止酒，比得佳釀法，客以雲露名之，取吉雲五露，飲之則老者少、病者除之意也。乃復濡脣，且爲賦詩。
>
> 飲少嘗遭大戶嗤，病中全是獨醒時。三年魯望自憐賦，萬祀淵明眞止詩。破戒忽傳雲露法，賞心仍把雪梅枝。一杯未問長生事，先胃蛛塵藥裏絲。〔註249〕

從序中可知范成大不善飲酒，且因病而戒飲，不過因此雲露酒能回春卻病，所以才破戒少飲。詩中提到自己的飲酒量只是小戶，並以好飲的陸龜蒙因病戒飲而作〈自憐賦〉，以及陶淵明作〈止酒詩〉來附和自己。最後提到得到雲露酒的釀法之後，雖不冀望長生，但渴望身體強健的願望。從這裡可知他並不嗜酒，但對於酒的釀製與保健身體的藥酒則有高度的興趣，其他又如〈松醪〉：

> 松風漱罷讀離騷，翰墨仙翁百代豪。一笑氈裘那辦此，當年嵇阮尚餔糟。〔註250〕

松醪是用松脂釀製的酒，據說爲賈誼曾於長沙飲此酒，杜牧在〈送薛種遊湖南〉提到：「賈傅松醪酒，秋來飲更香。」〔註251〕范成大在這首詩中雖未提及任何與松醪酒有關的內容。此酒以松脂釀製故屬於浸漬類的酒，而這類酒通常是藥酒的釀製方式，加上松原本就與長生的傳說密切〔註252〕，故當有延年保健之用。此詩的焦點不在松醪酒，而是表達一種自適的文人情調。再看〈次韻徐廷獻機宜送自釀石室酒三首〉：

〔註249〕《全宋詩》冊41，卷二二六七，頁25995。
〔註250〕《全宋詩》冊41，卷二二五三，頁25853。
〔註251〕《全唐詩》冊，卷五二三，頁36521。
〔註252〕《神農本草經》卷一：「松脂，味苦溫……安五藏，除熱。久服，輕身不老延年。」（魏）吳普：《神農本草經》（臺北：藝文印書館，1965年），頁12。

元亮折腰嘻已久，故山應有欲蕪田。因君辦作送酒客，憶我北窗清書眠。

清絕仍香如橘露，甘餘小苦似松肪。官糟重濁那知此，付與街頭白麵郎。

一語爲君評石室，三杯便可博涼州。百年兀兀同渠住，何處能生半點愁？〔註253〕

范成大從送酒的朋友開始寫起，描寫友人如陶淵明般灑脫的人格。第二首則描寫其酒的滋味，其香如橘，味甘小苦似松脂。石室酒清絕的滋味，豈是那些只愛官酒的紈綺子弟能夠品賞。第三首則評論其酒飲後的感覺，三杯之後即能醉人，讓人無憂無慮。范成大雖不善飲酒，但它對於酒的文化和品鑒，應是具有相當深厚的研究與心得，故友人才送酒予他品賞。

綜上之論述，茲將范成大的飲食書寫特色歸納如下：一者，范成大的飲食詩，主要是以一種客觀實錄的態度在記述各地的飲食文化，少有個人情感的感發興寄；二者，就其純粹吟詠個人飲食的詩歌則顯示出，他對於果實的吟詠最感興趣；三者，他對於具有服食延年的草木藥亦表現出較強烈的吟詠興趣。

第三節　楊萬里的飲食書寫

楊萬里（1127～1206）字廷秀，號誠齋，吉州吉水（今江西）人。高宗紹興二十四年（1154）進士，調贛州司戶參軍。歷永州零陵丞、知隆興府奉新縣。孝宗乾道六年（1170），召爲國子博士，遷太常博士、將作少監。出知漳州，改常州。淳熙六年（1179），提舉廣東常平茶鹽，尋除本路提點刑獄。召爲尚左郎官。十二年以地震應詔上書，擢東宮侍讀。十四年，遷秘書少監。十五年，因上疏駁洪邁太廟高宗室配饗議，出知筠州。光宗即位，召爲秘書監。紹熙元年（1190），兼實錄院檢討官，會孝宗日曆成，宰臣令他人爲序，遂以失職丐去，出爲江東轉運副使，權總領淮西江東軍馬錢糧。因論江南行鐵錢不便，忤宰相意，改知贛州，未赴。寧宗即位，屢召屢辭。慶元五年致仕。開禧二年卒，年八十，諡文節。有《誠齋集》、《易傳》等傳世。

〔註253〕《全宋詩》冊41，卷二二五二，頁25840。

楊萬里飲食詩歌的創作，主要是在淳熙年間知常州任上，他在《誠齋荊溪集序》提到：

> 戊戌三朝時節，賜告，少公事，是日即作詩，忽若有悟，於是辭謝唐人及王、陳、江西諸君子，皆不敢學，而後欣如也。誠令兒輩操筆，予口占數首，則瀏瀏焉無複前日之軋軋矣。自此，每過午，吏散庭空，即攜一便面，步後園，登古城，採擷杞菊，攀翻花竹，萬象畢來，獻予詩材。〔註254〕

從這段自述的文字當中可知，楊萬里在經過戊戌詩風的轉變之後，一反早期「江西詩派」的生硬枯索，形成了一種富於自然與生活氣息的閒適風格，這也使得他在寫作的題材上轉向了日常生活，因此與飲食相關的題材與詠物詩也多了起來。以下將楊萬里詩歌中的飲食主題分述如下：

壹、宦旅的飲食書寫

從楊萬里的飲食詩中可以發現，其描寫旅行的飲食詩歌相當多，尤其喜歡書寫晨炊的情境，例如：

> 千峰為我旋生妍，我為千峰一灑然。雲掠石崖啼鳥樹，雨添山澗落花泉。心知僮僕多飢色，目斷茅簷半穗煙。只道晨炊食無肉，竹根斤筍兩三錢。（〈晨炊白昇山（俗傳萬仙翁於此白日昇天，故名）〉）〔註255〕

> 泊船光口薦晨炊，野飯匆匆不整齊。新摘柚花熏熟水，旋撈萵苣泡生薑。儘教坡老食無肉，未害山公醉似泥。過了真陽到清遠，好山自足樂人飢。（〈晨炊光口砦〉）〔註256〕

> 屠門深閉底須愁，土銼無煙也莫羞。筍便落林猶勝肉，蕨纔出土更燒油。萬錢下箸今安在？一飯流匙飽即休。吾道藜羹元不慘，至今諱殺古陳州。（自注：陳州人諱「餓殺孔夫子」）（〈晨炊泉水塘村店，無肉只賣筍蕨，嘲亭父〉）〔註257〕

> 金陵竹筍硬如石，石猶有髓筍不及。杜遷市裏筍如酥，筍味清絕酥不如。帶雨斸來和籜煮，中含柘漿雜甘露。可齏可膾最可羹，繞齒

〔註254〕（宋）楊萬里：《誠齋集》（臺北：世界書局，1988年），卷八十，頁254。
〔註255〕《全宋詩》冊42，卷二二八七，頁26243。
〔註256〕《全宋詩》冊42，卷二二八九，頁26272。
〔註257〕《全宋詩》冊42，卷二三〇八，頁26537。

蔌蔌冰雪聲。不須呪筍莫成竹，頓頓食筍莫食肉。(〈晨炊杜遷市煮
筍〉)〔註258〕

一歲官拘守一州，天將行役賜清遊。青山綠水留連客，碧樹丹楓點
綴秋。夜夢晝思都是景，左來右去不勝酬。我無韋偃丹青手，只向
囊中句裏收。(〈晨炊旱塘〉)〔註259〕

這類描寫晨炊的飲食詩主要都是楊萬里在官職轉派的途中所寫，由於一大早
就要趕路，於是晨炊的飲食自然相當簡陋，大多是就地取材的野蔬山荣。雖
說在倉卒間轉徙，飲食之事難以齊備，不過詩人卻沒有流露出行路難的窘迫
之情，反倒是呈現出一種幽默自嘲與曠達自適的心情，其在〈野炊白沙沙
上〉提到：

半日山行底路塗，欲炊無店糴無珠。旋將白石支燃鼎，卻展青油當
野廬。一望平田皆沃壤，只生枯葦與寒蘆。風餐露宿何虧我？玉饌
瓊樓合屬渠。〔註260〕

所謂「一歲官拘守一州，天將行役賜清遊」，行役住食雖然是極端的困頓，但
詩人卻不以爲苦，反倒將這種派遣的行役視作爲一種從官職繫縛解放的清
遊。所以詩中雖然經常提到旅途中的飲食匱乏，卻也能享受這種在自然中隨
意炊煮山蔬的清簡滋味。也由於時常行役，楊萬里對於野地食物的採集與調
理都有相當的研究，其在〈船中蔬飯〉提到：

食蕨食臂莫食拳，食筍食梢莫食根。何曾萬錢方下筯，先生把茱亦
飽去。嶺南風物似江南，筍如束薪蕨作籃。先生食籍知幾卷？千巖
萬壑皆廚傳。〔註261〕

能夠將大自然當作自家廚房，隨時取用所需的食材，透顯出宋人隨遇而安
的精神、豐富的常識以及對於事物的鑽研精神。由於見多識廣，旅行途中
他對於各地的食物滋味也會品評一番，例如他在〈晨炊杜遷市煮筍〉一詩
評論金陵的竹筍堅硬如石非常難吃，而杜遷（今皖北）的竹筍卻如酥一般
美味。到了野店吃飯時，各種食物不免也要評論一番，如〈野店‧二絕句其
二〉：

〔註258〕《全宋詩》冊 42，卷二三〇八，頁 26533。
〔註259〕《全宋詩》冊 42，卷二三〇〇，頁 26421。
〔註260〕《全宋詩》冊 42，卷二二九一，頁 26295。
〔註261〕《全宋詩》冊 42，卷二二八九，頁 26272。

> 山店茅柴強一杯，梨酸藕苦眼慵開。深紅元子輕紅鮓，難得江西鄉
>
> 味來。（自注：江西以木葉汁漬鴨子，皆深紅，曰元子）〔註262〕

在粗陋的野店裡，村釀的薄酒不堪飲、水果酸苦到連眼睛都要睜不開了，突然間卻遇上了富於家鄉味的元子，讓楊萬里喜出望外地得到一種幸福的慰藉。楊萬里的飲食書寫可謂是南宋詩人中懷鄉情感最濃的文人，「鄉味」屢屢出現在他的詩歌之中，為官宦旅雖然遍嚐各地的美食，但家鄉的飲食記憶，卻是其最根深柢固的情感印記。雖說一開始在異地嚐到異鄉飲食時，或許會覺得新奇而感到美味，但當人長期處於異地之中，家鄉味卻反而成為記憶深處最頑強而難以排遣的渴望。其在〈毗陵郡齋追憶鄉味〉一詩提到：

> 坐無黃雀牛尾狸，荊溪日日思江西。若無鵝梨與海錯，江西卻恐思
>
> 荊溪。舊居江西不自惜，到得荊溪卻追憶。明年官滿歸江西，卻憶
>
> 荊溪難再得。江珍海錯各自奇，冬裘何曾羨夏絺？鵝梨黃雀無不可，
>
> 荊溪江西不關我。〔註263〕

這首詩是寫在荊溪（今江蘇常州一帶）任官時思念家鄉的黃雀鮓和牛尾狸，但又擔心真的回到江西故鄉時又會思念荊溪的鵝梨與海錯。楊萬里把他對不同地域的宦旅情感，深刻的印記在飲食之中，呈現出飲食與異鄉宦旅之間的複雜情感。除此之外，旅行中奇特的飲食見聞也是楊萬里常見的書寫題材，如：

> 天公分付水生涯，從小教它踏浪花。煮蟹當糧那識米？緝蕉為布不
>
> 須紗。夜來春漲吞沙觜，急遣兒童劚荻芽。自笑平生老行路，銀山
>
> 堆裡正浮家。（〈蜑戶〉）〔註264〕

> 人人藤葉嚼檳榔，戶戶茅簷覆土床。只有春風不寒乞，隔溪吹度柚
>
> 花香。（〈小泊英洲‧二首其一〉）〔註265〕

自古以來，散居在廣東、福建沿海一帶，有一些以水為地、以船為家、以魚蟹為糧、緝蕉為布的水上人家，稱為「蜑戶」，楊萬里在詩中生動地刻畫其不事耕織等與漢民族截然不同的生活寫照。而在英州（今廣東中部）人人嚼食包了藤葉的檳榔等異地風土食聞，也都是楊萬里筆下常見的描寫對象。

〔註262〕《全宋詩》冊42，卷二三○六，頁26508。
〔註263〕《全宋詩》冊42，卷二二八四，頁26206。
〔註264〕《全宋詩》冊42，卷二二九○，頁26284。
〔註265〕《全宋詩》冊42，卷二二八九，頁26271。

貳、吟詠的飲食類別

一、蔬果類

楊萬里飲食詩關於蔬菜的詠物題材中包括筍、蕨、蕈、蓴菜、瓠、水精
菜等。果類則包含荔枝、櫻桃、葡萄、梨、柿、銀杏、桃、金橘、柑、瓜、
人面子、松子、柏子、蓮子、蓮藕、菱角、雞頭等。這些蔬果之中楊萬里對
於筍、蓮子、蓮藕、菱角、雞頭表現得特別的喜愛。茲分述如下：

竹筍是南宋文人最喜歡的蔬菜，楊萬里亦不例外。楊萬里曾提到：「筍味
清絕酥不如」〔註266〕南宋文人在比喻食物的美味時，最常用酥來作比喻，足
見筍的滋味之美好。另外，在楊萬里詩中筍勝於肉的評價也常出現，如「筍
便落林猶勝肉」〔註267〕、「頓頓食筍莫食肉」〔註268〕。事實上南宋文人喜歡
歌詠竹筍的原因，除了是筍本身的美味外，更是受到傳統文人愛竹的影響，
楊萬里〈謝唐德明惠筍〉云：「高人愛筍如愛玉」〔註269〕，玉是傳統文人比德
的重要象徵，以筍喻玉正是從竹的君子象徵而來的關聯，故文人賞竹食筍自
是一種卓絕不凡的高士情調，所以筍的意涵往往也從口腹感官的滋味，進而
提昇至精神價值的類比，如〈記張定叟煮筍經〉所云：

> 江西猫筍未出尖，雪中土膏養新甜。先生別得煮簀法，丁寧勿用醯
> 與鹽。嚴下清泉須旋汲，熬出霜根生蜜汁。寒芽嚼作冰片聲，餘瀝
> 仍和月光吸。菘羔楮雞浪得名，不如來參玉板僧。醉裡何須酒解醒？
> 此羹一碗爽然醒。大都煮菜皆如此，淡處當知有真味。先生此法未
> 要傳，爲公作經藏名山。〔註270〕

這首詩首先從筍的生長，逐漸描寫到如何烹調，終而闡述出「淡處當知有真
味」之結合人生體悟的況味。詩中用了「雪」、「清泉」、「霜根」、「寒芽」、「冰
片」、「月光」等眾多具有冰清玉潔特質的清物來烘襯筍之清絕，並以「勿用
醯與鹽」的原味烹調法來保存筍原本所具有的美質，終而揭示出真味的核心
價值。大體而言，筍是一般士人最常食用的蔬食，但它不僅僅只是被當作一
種食物來看待，其中更寓含著士大夫自我的存在價值與人生態度。因此楊萬

〔註266〕《全宋詩》冊42，卷二三〇八，頁26533。
〔註267〕《全宋詩》冊42，卷二三〇八，頁26537。
〔註268〕《全宋詩》冊42，卷二三〇八，頁26533。
〔註269〕《全宋詩》冊42，卷二二七五，頁26073。
〔註270〕《全宋詩》冊42，卷二三〇二，頁26453。

里這首詩中的筍，所透顯的正是一種對於精神與人格的審美態度。

對宋人而言，藉躬耕生活來自食其力乃是一種自我肯定的重要價值，因此屏棄肉食之甘腴而安於蔬食清淡的思想就成為蔬食吟詠的重要基調，楊萬里〈春菜〉一詩即表達了這樣的思想：

> 雪白蘆菔非蘆菔，吃來自是辣底玉。花葉蔓菁非蔓菁，吃來自是甜底冰。三館宰夫傅食籍，野人蔬譜渠不識。用醯不用酸，用鹽不用鹹。鹽醯之外別有味，薑牙椒子仍相參。不甗亦不釜，非烝亦非煮。壞盡蔬中腴，乃以煙火故。霜根雪葉細縷來，瓷瓶夕冪朝即開。貴人我知不官樣，肉食我知無骨相。祇合南溪嚼菜根，一尊徑醉溪中雲。此詩莫讀恐饞殺，要讀此詩先捉舌。〔註271〕

詩一開始就說「蘆菔非蘆菔」、「蔓菁非蔓菁」而是「辣底玉」、「甜底冰」，這說明了文人透過價值賦予，將這些蔬菜賦予了冰清玉潔的價值意涵。接著楊萬里開始大談淡味、清簡料理以及味外之味的士大夫飲食觀，可以說蔬食之味不在口腹的感官之味，而是一種人生況味的體會。又如〈病中屏肉味，獨茹菜羹，飯甚美〉：

> 雲子香抄玉色鮮，菜羹新煮翠茸纖。人間膾炙無此味，天上酥陀恐爾甜。渾是土膏含雨露，何須醬豉與醯鹽？茹毛禍首雍巫出，才到熊蹯未屬厭。〔註272〕

宋人在生病時，經常會有一種自覺內省的意識，因此楊萬里在生病時屏除肉味，不僅僅只是出於身體需要清淡飲食的考量，這當中自有一套文人價值觀的思想。菜羹是清貧文人日常飲食中相當重要的菜餚，本身其實是相當清淡而寒酸。但楊萬里卻說它是人間絕無的美味，更說自然界已經給予豐美的滋味，因此完全不需調味。事實上這種不是人間美味的滋味乃是一種安於平淡的生命滋味，可以說此詩的意涵正是附和東坡玉糝羹中的價值觀。詩歌最後以易牙所烹厚味乃禍患之所出，更闡明了楊萬里崇尚清淡蔬食的文人價值。

在楊萬里喜歡吟詠的果實中，水生植物出現的頻率頗高，尤其是蓮子、蓮藕，其次則是菱與雞頭（芡實）。這可能與江南水鄉的物產特色及文人喜歡遊湖賞玩的風氣有關，這些湖沼的植物果實因而成為賞遊常吃的食物，也成

〔註271〕《全宋詩》冊42，卷二三〇三，頁26461。
〔註272〕《全宋詩》冊42，卷二三一二，頁26601。

爲文人喜愛吟詠的對象，如〈大司成顏幾聖率同舍招游裴園，泛舟繞孤山賞
荷，花晚泊玉壺得十絕句・其七〉：「城中擔上買蓮房，未抵西湖泛野航。旋
折荷花剝蓮子，露爲風味月爲香。」〔註273〕由於蓮子生食相當清甜，又容易
取得，再加上剝蓮子時別有一番情趣，故深得楊萬里喜愛，因此其詠蓮子的
詩歌也就特別多，如：

> 白玉蜂兒綠玉房，蜂房未綻已聞香。蜂兒解醒詩人醉，一嚼清冰一
> 嚥霜。城中蓮子買將歸，未問嘗新早與遲。偶憶湧金門外曉，畫船
> 帶露摘來時。戰戰蜂兒出露房，未生翅股及鋒芒。丁寧莫遣他人剝，
> 要染儂家十指香。(〈食蓮子三首〉)〔註274〕

> 綠玉蜂房白玉蜂，折來帶露復含風。玻璨盆面水漿底，醉嚼新蓮一
> 百蓬。(〈食蓮子〉)〔註275〕

> 蜂不禁人采蜜忙，荷花蕊裏作蜂房。不知玉蛹甜於蜜，又被詩人嚼
> 作霜。(〈食蓮子〉)〔註276〕

> 蜂兒來自宛溪中，兩翅雖無已是蟲。不似荷花窠底蜜，方成玉蛹未
> 成蜂。(〈蓮子〉)〔註277〕

這幾首食蓮子詩，楊萬里主要是從蓮蓬類似蜂房的形狀所產生的聯想，蓮蓬
裏的白色蓮子就好像待在蜂房的蜂蛹一般，表現出楊萬里豐富想像的寫作風
格。至於蓮子的滋味，詩人稱其具有如冰似糖的清甜口感，因此一吃就是一
百蓬。楊萬里除了在食物的形狀上有著過人的想像力，在描寫食物的滋味與
口感上，也相當能夠把握食物的特質，如〈小集食藕極嫩〉：

> 比雪猶鬆在，無絲可得飄。輕拈愁欲碎，未嚼已先銷。〔註278〕

在楊萬里筆下，蓮藕不僅比雪還要鬆，無絲無滓入口即化的口感，更具有一
種無煙塵的清味，可謂充分把握住了藕的物質與精神兩方的特質，而不流於
口腹的嗜欲。由於宋人賦予了荷花以君子的德行價值，因此蓮藕的吟詠中也
常會賦予相關的人格意涵，如〈德遠叔坐上賦看核八首・藕〉：

〔註273〕《全宋詩》冊42，卷二二九三，頁26324。
〔註274〕《全宋詩》冊42，卷二三一六，頁26653。
〔註275〕《全宋詩》冊42，卷二二九六，頁26371。
〔註276〕《全宋詩》冊42，卷二二八三，頁26195。
〔註277〕《全宋詩》冊42，卷二三一四，頁26621。
〔註278〕《全宋詩》冊42，卷二二八四，頁26201。

荷衣芰製雪爲容，家住雲煙太華峰。外面看來眞璞玉，胸中琱出許

玲瓏。〔註279〕

「荷衣」的典故本於〈離騷〉：「製芰荷以爲衣兮」〔註280〕，具有人格高潔的象徵。「太華峰」的典故則是根據《華山記》：「山頂有池，池中生千葉蓮花，服之羽化，因名華山。」〔註281〕具有道教神仙的象徵。上述兩句主要是從荷花歷史的意涵來討論。「外面看來眞璞玉，胸中琱出許玲瓏」則是宋人對於藕的價值賦予。蓮藕入於汙泥而藕竅玲瓏如玉，以此喻染汙卻不入於心的修爲。故這首詩既不描寫滋味，亦不表達趣味，純粹是表現南宋文人喜歡比德的特性。又如在描寫食菱角時，同樣也是不著眼於菱角的口感滋味，而是從它的歷史典故與形態所衍生的比德意涵，如：

幸自江湖可避人，懷珠韞玉冷無塵。何須抵死露頭角？荇葉荷花老

此身。（〈食老菱有感〉）〔註282〕

雞頭吾弟藕吾兄，頭角嶄然也不爭。白璧中藏煙水晦，紅裳左袒雪

花明。一生子木非知己，千載靈均是主盟。每到炎官張火傘，西山

未當聖之清。（〈食菱〉）〔註283〕

菱與荷早在屈原時就開始被連用，〈離騷〉中：「製芰荷以爲衣兮」中的「芰」即是菱〔註284〕，故菱角同荷一樣皆有隱逸的象徵。因此這兩首描述食菱的詩，都是以屈原所形成的隱逸典故作基礎，進而將菱角白色的果肉、尖角等形態特徵加以衍生，形塑出菱角隱逸的人格象徵。

除了蓮、菱之外，雞頭也是楊萬里相當喜愛描寫的水生植物果實。所謂的「雞頭」，乃今之睡蓮科芡屬的水生植物，是「芡實」的別稱，亦是「勾芡」所用的「芡粉」的最初來源，之所以名爲雞頭是因其果實形似雞頭所致，最遲在漢代即有相關記載，如（漢）揚雄（前53～18）《方言》：「茷芡，雞頭也。北燕謂之茷，徐、淮、泗之間謂之芡，南楚、江湘之間謂之雞頭，或謂之雁頭，

〔註279〕《全宋詩》冊42，卷二二八八，頁26262。

〔註280〕（漢）王逸注、（宋）洪興祖補注：《楚辭章句補注》（臺北：世界書局，1989年），頁10。

〔註281〕（唐）歐陽詢等撰：《藝文類聚》（上海：上海古籍出版社，1982年），卷八二，頁1401。

〔註282〕《全宋詩》冊42，卷二二八四，頁26203。

〔註283〕《全宋詩》冊42，卷二三一六，頁26654。

〔註284〕《說文》：「芰，菱也。」（東漢）許愼撰、（清）段玉裁注：《說文解字注》（臺北：黎明文化出版社，1993年），頁321。

或謂之鳥頭。」〔註285〕後世文人遂抓住這個特點，加以發揮。楊萬里〈食雞頭〉：「龍宮失曉惱江妃，也養鳴雞報早暉。要啄稻梁無半粒，只教滿頷飽珠璣。」〔註286〕楊萬里這首詩同樣是發揮他過人的幽默想像，他從水生植物的雞頭聯想到報曉的雞，並進而想到這種水裡的雞，乃是江妃養來作為報曉之用的，至於雞頭果內的種仁則是雞下巴中飽食的珠璣。又如〈食雞頭‧二首其一〉：

> 江妃有訣煮真珠，菰飯牛酥軟不如。手擘雞顆金五色，盤傾驪頷琲千餘。夜光明月供朝嚼，水府龍宮恐夕虛。好與藍田餐玉法，編歸辟穀赤松書。〔註287〕

這首主要描寫雞頭酥軟的口感，以及剝開之後有如驪珠一般的果食，最後再提及雞頭的服食功用。雞頭又稱水硫磺。硫磺是服食的藥物之一，不過正如白居易在〈思舊〉一詩所云：「退之服硫黃，一病訖不痊。微之鍊秋石，未老身溘然。」〔註288〕因此宋人對於傳統的丹石藥方已不再信任，而轉向採用具有養生療效的植物作為服食之方，故將生於水中的雞頭稱為水硫磺，蘇軾在〈記子由三法‧食芡法〉中引吳子野的說法：「芡無五味，腴而不膩，足以致玉池之水。故食芡者，能使人華液通流，轉相挹注，積其力，雖過乳石可也。」〔註289〕由此可見，宋人在吟詠飲食時相當喜愛述及食物的療效，故這首詩也針對它的服食效用加以描寫。

楊萬里詩集中也有一些傳統文人較少吟詠的果類，如〈德遠叔坐上賦肴核八首‧銀杏〉：

> 深灰淺火略相遭，小苦微甘韻最高。未必雞頭如鴨腳，不妨銀杏伴金桃。〔註290〕

這首詩先從銀杏的外表寫起，以及苦後回甘的餘韻。緊接著楊萬里又發揮趣味聯想的寫作特色。由於銀杏葉形似鴨掌，故又名鴨腳，楊萬里抓住鴨腳與雞頭名稱對應的趣味加以發揮，因而產生了一種諧趣。晚唐皮日休〈題支山

〔註285〕《方言》卷三，（漢）揚雄撰、（晉）郭璞註：《方言》（北京：中華書局，1985年），頁120。
〔註286〕《全宋詩》冊42，卷二二八三，頁26195。
〔註287〕《全宋詩》冊42，卷二二九四，頁26344。
〔註288〕《全唐詩》冊14，卷四五二，頁2114。
〔註289〕《全宋文》，卷一九八〇，頁168。
〔註290〕《全宋詩》冊42，卷二二八八，頁26262。

南峰僧〉一詩雖有：「雞頭竹上開危徑，鴨腳花中摘廢泉」〔註291〕不過這裡的鴨腳與雞頭乃是實指雞鴨，是眞實寺院風情的描寫，而楊萬里則是在名稱上作文章。

又如〈德遠叔坐上賦肴核八首・人面子〉：「喜時能笑醉能歌，眉映青山眼映波。舊日美如潘騎省，只今瘦似病維摩。」〔註292〕人面子主要生長於中國南方省分的果實，因此北人較難認識，更別說吟詠。據（晉）嵇含《南方草木狀》云：「人面子，樹似含桃，結子如桃實，無味，其核正如人面，故以爲名。」〔註293〕可知其得名的由來，正是因爲其果核類似人臉之故，因此楊萬里抓住這個特點加以發揮，去描寫其美如潘岳與病似維摩詰居士的不同樣貌。

除了描寫蔬果的形貌、滋味與感發之外，楊萬里對於各種食材都頗有研究，常常發揮深入考據的精神，如〈羅仲憲送蓴菜謝以長句〉：

> 學琴自有譜，相鶴自有經。蔬經我繙盡，不見蓴菜名。金華詩裏初
> 相識，玉友尊前每相憶。坐令芥孫薑子芽，一見風流俱避席。取士
> 取名多失眞，向來許靖亦誤人。君不見鄭花不得半山句，卻參魯直
> 稱門生。〔註294〕

「學琴自有譜，相鶴自有經」，說明了宋人對各種專業知識的重視，對事事物物都具有詳加考證與追根究柢的精神。就在翻遍了蔬經，仍不見「蓴菜」之名，楊萬里對此一名不見經傳的蔬菜名提出了合理的懷疑：認爲這有可能就像三國時代善於識辨人才的許靖一樣會看走眼；也有可能像王安石想吟詠鄭花這種野花，卻嫌其名過於俗陋，於是請黃庭堅爲其起一個雅名，但後起之名山礬〔註295〕，卻讓人搞不清楚其意指爲何了。一種人們熟悉的菜，卻冠上一個不相干的名字，也就讓人不知所云。從這裡也可以看出楊萬里飲食詩中知識性與使用典故的寫作特色。

〔註291〕《全唐詩》冊18，卷六一四，頁7088。
〔註292〕《全宋詩》冊42，卷二二八八，頁26262。
〔註293〕（晉）嵇含：《南方草木狀》（上海：上海古籍出版社，1993年），卷下，頁12。
〔註294〕《全宋詩》冊42，卷二二九一，頁26294。
〔註295〕（宋）黃庭堅〈戲詠高節亭邊山礬花二首並序〉，序曰：「江湖南野中，有一種小白花，木高數尺，春開極香，野人號爲鄭花。王荊公嘗欲求此花栽，欲作詩而陋其名，予請名曰山礬。野人采鄭花葉以染黃，不借礬而成色，故名山礬。」《全宋詩》冊17，卷九九七，頁11440。

二、肉食與魚鮮

　　一般而言，士人的日常飲食是以蔬食飯羹爲主，至於肉類食物則是少數
特殊的節日或場合才能嚐到，因此文人對於肉類食物的寫作通常洋溢著嚐鮮
與歡快的情感。不過楊萬里在描寫這類具有濃厚嗜欲色彩的食物時，經常是
用一種清逸之趣來迴避嗜欲的嫌疑，如〈探梅偶李判官饋熊掌〉：

> 小摘梅花篸玉壺，旋糟熊掌削瓊膚。燈前雪衣新醅熟，放卻先生不
> 醉無？〔註296〕

熊掌原本就是極其奢侈的高檔食物，但楊萬里寫來卻帶著一種清雅不俗的氣
息。原因在於他用最「清」的梅花去平衡了熊掌的豪奢，而在描寫熊掌時也
不著眼於其滋味，其是用瑩潔的瓊膚去消解膏粱厚味的世俗氣，並且旋即就
轉移到酒飲的適意，故能營造出一種毫無俗情的雅興。在描寫宋代人視之爲
珍味的牛尾狸，楊萬里也同樣發揮他「望文生義」的過人想像，在「牛尾狸」
這個名字上大作文章，如：

> 狐公韻勝冰玉肌，字則未聞名季狸。誤隨齊相燎牛尾，策勳封作糟
> 丘子。子孫世世襲膏粱，黃雀子魚鴻鴈行。先生試與季狸語，有味
> 其言須聽取。（〈牛尾狸〉）〔註297〕

> 瓊瑤風骨褐衣裘，野果初紅玉露秋。僧孺喚渠登榜尾，季狸只合隱
> 山頭。（〈德遠叔坐上賦肴核八首·牛尾狸〉）〔註298〕

這兩首詩並沒有沿襲北宋人「雪天牛尾狸」的飲食情境。除了著眼於牛尾狸
一身的冰肌玉膚外，前一首詩還不斷的從牛尾和狸之間，去尋找一種有趣的
想像，甚至聯想到田單復國中火燒牛尾的情節。而後一首則從牛尾狸的毛色
寫起，但「登榜尾」之句顯然仍在著眼在牛尾上打轉。

　　其他比較特殊的肉類，則有鷓鴣，南宋文人幾乎沒有任何文人寫過相關
吃鷓鴣的詩作，其〈食鷓鴣〉云：

> 江南厭聽鷓鴣曲，嶺南初嘗鷓鴣肉。年年細雨落花春，鈎輈格磔惱
> 殺人。竹雞泥滑報行客，鷓鴣更道行不得。方兄百蕐買一隻，可惜
> 羽衣錦狼藉。〔註299〕

〔註296〕《全宋詩》冊42，卷二二八一，頁26160。
〔註297〕《全宋詩》冊42，卷二二八六，頁26231。
〔註298〕《全宋詩》冊42，卷二二八八，頁26261。
〔註299〕《全宋詩》冊42，卷二二九一，頁26298。

鷓鴣是中國南方的留鳥，它的鳴叫聲音類似「鉤輈格磔」，又像是「行不得哥哥」。因此古人常借鷓鴣的啼鳴，來抒寫遷客孤寂與思鄉之情，汪誠提到：

> 鷓鴣，鳥名。《埤雅》：「多對啼，志常南向，不思北徂」，它的鳴聲有「自呼」，有「鉤輈格磔」，有「行不得哥哥」。《北戶錄》引《廣志》說它「但南不北」。這是一種特別使南來的北人傷心的鳥。〔註300〕

鷓鴣鳥的滋味相當肥美，（漢）楊孚《異物志》即云：「其肉肥美宜炙，可以飲酒爲諸膳也。」〔註301〕但楊萬里在描寫食鷓鴣時，卻完全沒有朝這個方向去描寫，而是針對鷓鴣啼聲的相關意涵作發揮。從這裡可看出楊萬里在描寫陸生類肉食時，幾乎很少在滋味及享用快感上著墨。

不過楊萬里在寫魚鮮類時的態度就完全不同了，從捕捉、宰割乃至食用的過程，都以一種充滿美感的方式去呈現，如〈垂虹亭觀打魚斫鱠四首〉：

> 橋柱疏疏四寂然，亭前突出八魚船。一聲磔磔鳴榔起，驚出銀刀躍玉泉。
>
> 六隻輕舠攪四旁，兩船不動水中央。網絲一撒還空舉，笑得倚欄人斷腸。
>
> 漁郎妙手絕多機，一網收魚未足奇。剛向人前撰勳績，不教速得只教遲。
>
> 鱸魚小底最爲佳，一白雙腮是當家。旋看水盤堆白雪，急風吹去片銀花。（自注：吳人號鱸鱠白玉鱠。太湖鱸魚四鰓，通白色，肉細，味美不腥。松江鱸三鰓，肉粗，味淡而腥。見圖經。）〔註302〕

從這幾首詩中可以看到，詩人從魚船圍捕的情形、魚兒躍水而出的動人畫面、最後鮮切成如白雪銀花般薄透的生魚片，從捕捉到上餐盤，詩人完全聚焦在魚上頭，甚至還要自注一番說明它的形態與滋味的特色。從這裡明顯可以看出楊萬里在描寫魚鮮類與陸生類的肉食有著截然不同的書寫態度。大概是魚鮮類在一定程度上已經典型化爲宋人喜愛的飲食情境，如蓴鱸之思、持螯快意等等。加上魚鮮在魚米之鄉的南方，相較而言則是較爲普通的食材，不若

〔註300〕汪誠：《稼軒詞選析》（臺北：臺灣商務印書館，1993年），頁583。
〔註301〕（漢）楊孚：《異物志》，收於《叢書集成初編》（北京：中華書局，1985年），頁4。
〔註302〕《全宋詩》冊42，卷二三〇二，頁26449。

陸生肉類珍貴。在南方有些地區甚至將魚視為菜，如林洪在《山家清供・酒煮菜》所云：

> 鄱江士友命飲，供以酒煮菜。非菜也，純以酒煮鯽魚也。且云：「鯽，稷所化，以酒煮之，甚有益。」以魚名菜，私竊疑之，及觀趙與時《賓退錄》所載，靖州風俗，居喪不食肉，惟以魚為蔬，湖北謂之魚菜。杜陵小白詩亦云：「細微霑水族，風族當園蔬。」始信魚即菜也。〔註303〕

在南宋文人重蔬食、尚簡、清淡的飲食態度底下，陸生肉食一向具有嗜欲豪奢的負面意涵，「肉食者鄙」的觀念更是經常出現在南宋的詩歌中。然這類「以魚為蔬」的觀念，卻將魚鮮與陸生肉食劃分開來，從楊萬里描寫食魚的詩歌，即可清楚發現這樣的差異，如〈舟中買雙鱖魚〉：

> 金陵城中無纖鱗，一魚往往重六鈞。脊樑專車尾梢雲，肉如大武千秋筋。小港阻風泊烏舫，舫前漁艇晨收網。一雙白錦跳銀刀，玉質黑章大如掌。洞庭橙子青欲黃，香膚作線醋作漿。供儂朝吃復晚喫，禿尾槎頭俱避席。可憐秋浦好秋山，儂眼未飽即北還。江神挈月作團扇，一夜揮風卷波面。留儂看山仍看江，更薦鮮魚庖玉霜。江神好意那可忘，江神惡劇那可當。〔註304〕

楊萬里將漁船捕撈的情境與鮮魚活蹦亂跳的樣貌描寫得相當生動。接著用洞庭最著名的橙與醋作為蘸醬，並寫出自己餐餐食鱖的嗜吃樣貌。最後再回歸到江上風景的賞玩與食魚的樂境。楊萬里將吃魚與遊賞的情境彼此交融，形成一種文人快意的生活寫照。

除了寫河鮮外，楊萬里對於各式海鮮也相當喜愛，舉凡烏賊、車螯、蛤蜊、牡蠣都曾描寫過，試舉兩首：

> 珠宮新沐淨瓊沙，石鼎初燃瀹井花。紫殼旋開微滴酒，玉膚莫熟要鳴牙。槇拖金線成雙美，薑擘糟丘併一家。老子宿醒無解處，半杯羹後半甌茶。（〈食車螯〉）〔註305〕

> 傾來百顆恰盈奩，剝作杯羹未屬厭。莫遣下鹽傷正味，不曾著蜜若為甜。雪揩玉質全身瑩，金緣冰鈿半縷纖。更淅香粳輕糝卻，發揮

〔註303〕（宋）林洪：《山家清供》，頁17。

〔註304〕《全宋詩》冊42，卷二三〇七，頁26517。

〔註305〕《全宋詩》冊42，卷二二九二，頁26307。

風韻十分添。(〈食蛤蜊米脯羹〉)〔註306〕
從這兩首描寫食車螯與蛤蜊的詩歌中可以看到,即使是描寫魚鮮,詩人仍是用一種欣賞藝品般的態度來描寫它們雪膚玉質的瑩淨美感,並說明要如何烹飪調味才能不傷正味而品嚐到真正的風韻,展現出一種懂得品嚐與烹調的美食家樣貌。

三、加工類食物

在楊萬里所詠的食物中,加工類的食品相當豐富,〈晚晴獨酌‧二首其一〉提到:「冷落杯盤下箸稀,今年淮白較來遲。異鄉黃雀真無價,稍暖瓊酥不得時。」〔註307〕在這首詩中,他提到三種在他食之無味時非常想吃的食物,其中包括:淮白魚、黃雀鮓、瓊酥等,這三樣食品都不是新鮮的食物,而是經過特殊加工之後的食品。由於古代沒辦法有效保存食物的新鮮度,因此各種醃漬、加工的食物也就特別多。楊萬里的飲食詩中也反映出這樣的現象,包括茱蕒、櫻桃煎、糟蟹、淮白魚、銀魚乾、鱟醬、黃雀鮓、臘肉、兔耙、酥、糖霜等。其中又以魚鮮之類的醃漬品特別多,如楊萬里所詠的食蟹作品,幾乎全都是「糟蟹」,所謂「糟蟹」基本上是使用糟、鹽、醋、酒等醬料醃漬螃蟹〔註308〕,其於〈德遠叔坐上賦肴核八首‧糟蟹〉提到:

> 橫行湖海浪生花,糟粕招邀到酒家。酥片滿螯凝作玉,金穰鎔腹未
>
> 成沙。〔註309〕

這首詩簡略描寫了蟹在經過了酒糟的醃漬之後,頓時成為一種充滿美質的食物。最後一句「金穰鎔腹未成沙」,所謂的「沙」是指糟蟹的口感變成鬆散無味,糟蟹儲於甕時,忌照燈否則就會變沙,另外久放也會變沙。又如〈糟蟹六言二首〉:

> 霜前不落第二,糟餘也復無雙。一腹金相玉質,兩螯明月秋江。
>
> 別業拋離水國,失身墮在糟丘。莫笑草泥郭索,策勳作醉鄉侯。
>
> 〔註310〕

〔註306〕《全宋詩》冊42,卷二二九二,頁26307。
〔註307〕《全宋詩》冊42,卷二二八五,頁26217。
〔註308〕謝宜蓁:《中國古代食蟹文化研究》(國立中山大學中國文學系碩士論文,2009年1月),頁99。
〔註309〕《全宋詩》冊42,卷二二八八,頁26261。
〔註310〕《全宋詩》冊42,卷二二八八,頁26261。

前一首詩強調螃蟹是秋天最美的食物，即使漬蟹的糟餘都是無比的美味，飽滿的蟹黃與蟹肉，是持螯賞景不可或缺之物。後一首則是以戲謔的手法，將蟹從水澤草泥爬行的小人物，一旦入了糟甕，馬上成為功勳顯赫的醉鄉侯。古人將蟹之美味當成它的功勳，得封功爵。楊萬里除了詩歌吟詠糟蟹外，亦寫過一篇〈糟蟹賦（江西趙漕子直餉，糟蟹風味勝絕，作此賦以謝之）〉：

> 楊子疇昔之夜，夢有異物入我茅屋。其背規而黝，其臍小而白。以為龜又無尾，以為蛙又有足。八趾而雙形，端立而旁行。唾雜下而成珠，臂雙怒而成兵。寤而驚焉曰：「是何祥也？」召巫咸卦之，遇坤之解曰：「黃中通理，彼其韞者歟？雷雨作解，彼其名者歟？蓋海若之黔首，馮夷之黃丁者歟？今日之獲，不羽不鱗。奏刀而玉明，披腹而金生。使營糟丘，義不獨醒，是能納夫子于醉鄉，脫夫子于愁城。夫子能親釋其堂阜之縛，俎豆于儀狄之朋乎？」……〔註311〕

這篇賦的內容主要是借夢蟹而開展出來，有螃蟹之形態、傳說、種類、產地、肉質等由表及裏的內容，並透過《易經》的卦理與擬人化的想像，寫出了一篇充滿神異想像，不同於傳統詠物賦書寫方式的作品，富有幽默恢諧與妙趣橫生的特色。從中也可以明瞭楊萬里對於糟蟹的喜愛之情。

另一項楊萬里喜愛的糟製品則是淮白魚。淮白魚產於淮水，在唐代以前默默無聞，但到了宋代卻成為文人歌詠的美食，如蘇軾〈贈孫莘老·七絕其五〉：「三年京國厭藜蒿，長羨淮魚壓楚糟。」〔註312〕梅堯臣〈和楊秘校得糟鮊〉：「淮浦霜鱗更腴美，誰憐按酒敵庖羊？」〔註313〕由於淮水在南宋時已經為金人所竊，故南宋人所食乃糟製的醃製魚，且被南宋人視為珍貴的食物，故楊萬里初次吃到它時，也不得不詠讚一番，〈初食淮白〉提到：

> 淮白須將淮水煮，江南水煮正相違。霜吹柳葉落都盡，魚喫雪花方解肥。醉臥糟丘名不惡，下來鹽豉味全非。饕人且莫供羊酪，更買銀刀三尺圍。〔註314〕

楊萬里從產地開始寫起，次而寫到淮白魚食雪乃肥的食用季節。緊接著描寫

〔註311〕楊萬里：〈糟蟹賦（江西趙漕子直餉，糟蟹風味勝絕，作此賦以謝之）〉，《誠齋集》卷四十四（台北：世界書局，1988年景印《摛藻堂四庫全書薈要》），頁1。

〔註312〕《全宋詩》冊14，卷七九一，頁9168。

〔註313〕《全宋詩》冊5，卷二四九，頁2982。

〔註314〕《全宋詩》冊42，卷二三○○，頁26438。

以糟醃漬以及鹽豉調味的不宜，最後再用同樣來自北地美味的乳酪來凸出淮白魚的美味。楊萬里一開始用「淮白須將淮水煮」破題，似乎有一點與北地遭竊的國家意識有關，但縱觀全詩卻沒有這樣的意味，只是純粹將焦點放在烹飪與享用一種珍貴的食物的角度上。事實上楊萬里的飲食詩很少會去表達嚴肅的主題，常是以一種戲謔的態度去創造一些不同的趣味，如〈白魚羹戲題〉：

> 秋水寒魚白錦鱗，薑花橙實獻芳辛。東坡玉糝眞窮相，得似先生此
> 味珍。〔註315〕

詩一開始歌詠淮白魚的肥美以及用薑橙調味的芳馨，但話鋒一轉就開始調侃起蘇東坡。原來蘇軾寫過〈過子忽出新意，以山芋作玉糝羹，色香味奇絕，天上酥陀則不可知，人間決無此味也〉一詩，其詩曰：「莫作北海金虀鱠，輕比東坡玉糝羹。」原來楊萬里前兩句詩正是衝著蘇軾「莫作北海金虀鱠」而來，並嘲笑東坡自以為天上人間、美味無霜的玉糝羹（芋頭羹）的窮酸，哪能拿來和白魚羹比呢？有趣的是，一般文人總是喜歡附庸蘇軾，楊萬里卻愛和他大唱反調，又如〈吳春卿郎中餉臘豬肉，戲作古句〉：

> 老夫畏熱飯不能，先生饋肉香傾城。霜刀削下黃水精，月斧斫出紅
> 松明。君家豬紅臘前作，是時雪沒吳山腳。公子彭生初解縛，糟丘
> 挽上凌煙閣。卻將一蠻配兩螯，世間眞有揚州鶴。〔註316〕

整首詩表面上看來是在歌詠友人所送臘肉的色香味俱美，但其實是在反駁蘇軾曾說過的：「世間那有揚州鶴？」〔註317〕這句話。「揚州鶴」典故的由來，據傳曾有四人暢談人生快意之事：第一個人期望多財；第二個人渴望騎鶴當神仙；第三個人願當揚州太守；最後一人則狂妄的說出：「腰纏十萬貫，騎鶴下揚州。」得兼三者之美。蘇軾原詩是強調清雅與俗情難以並存之理，雅士豈能對竹大快朵頤？故曰「世間那有揚州鶴？」不過楊萬里卻用持螯的雅興與食肉的暢意，用「世間眞有揚州鶴」來反駁蘇軾。從此不難發現楊萬里的飲食詩，具有出人意表與戲謔幽默的書寫特色。

　　除了魚鮮類的醃漬品深獲楊萬里喜愛外，他最喜歡的醃漬物就是黃雀鮓

〔註315〕《全宋詩》冊42，卷二二八八，頁26258。

〔註316〕《全宋詩》冊42，卷二二九三，頁26324。

〔註317〕蘇軾〈於潛僧綠筠軒〉：「寧可食無肉，不可居無竹。無肉令人瘦，無竹令人俗。人瘦尚可肥，士俗不可醫。傍人笑此言，似高還似癡。若對此君仍大嚼，世間那有揚州鶴？」《全宋詩》冊14，卷七九二，頁9176。

這道具有家鄉風味的醃漬品。這道菜的製法，據浦江吳氏《中饋錄》載：

> 每只治淨，用酒洗，拭乾，不犯水。用麥黃、紅麴、鹽椒、蔥絲，
> 嘗味和爲止。卻將雀入區壇內，鋪一層，上料一層，裝實，以箬葉
> 蓋，篾片竿定。候鹵出，傾去，加酒浸，密封。久用。〔註318〕

是一道宋人相當喜愛的食物，楊萬里也不例外，他曾寫到「黃雀初肥入口銷」
〔註319〕，足見黃雀鮓肥甘的美妙滋味。黃雀鮓也是他最思念的家鄉味，其於
〈謝親戚寄黃雀〉提到：

> 萬金家書寄中庭，牘背仍題雙掩並。不知千里寄底物，白泥紅印三
> 十瓶。瓷瓶淺染茱萸紫，心知親賓寄鄉味。印泥未開出饞水，印
> 泥一開香撲鼻。江西山間黃羽衣，純綿被體白如脂。偶然一念墮
> 世網，身插兩翼那能飛？誤蒙諸公相俎豆，月裡花邊一杯酒。先
> 生與渠元不疎，兩年眼底不見渠。端能訪我荊溪曲，願借前籌酌鄘
> 涤。〔註320〕

家人寄來的黃雀鮓，體白多脂、香味撲鼻，讓兩年未食的楊萬里在尙未開封
就口水直流，這是他在描寫飲食時少見的饞樣，可謂至情至性的寫照。楊萬
里不僅嗜食黃雀鮓，更善於醃製，他的友人就曾向他要製作的方法，其於〈李
聖俞郎中求吾家江西黃雀醃法，戲作醃經遣之〉提到：

> 江夏無雙小道士，一丘一壑長避世。裁雲縫霧作羽衣，蘆花柳綿當
> 裘袂。身騎鴻鵠太液池，腳蹈金蟆攀桂枝。渴飲南陽菊潭水，飢啄
> 藍田栗玉芝。今年天田秋大熟，紫皇遣刈神倉穀。一雙鼻鳥墮雲
> 羅，夜隨弋人臥茅屋。賣身不直程將軍，卻與彭越俱策勳。解衣戲
> 入玉壺底，壺中別是一乾坤。水精鹽山兩岐麥，身在椒蘭眾香國。
> 玉條脫下澡凝脂，金巨羅中酌瓊液。平生學仙不學禪，刳心洗髓糟
> 床邊。諸公俎豆驚四筵，猶得留侯借箸前。昔爲飛仙今酒仙，更入
> 太史滑稽篇。〔註321〕

此詩以戲謔而充滿想像的方式，將黃雀鮓的製法，借由一個道士的修行歷程
來開展，宛若莊子筆下的神人或眞人，並將其入甕醃製的情形寫成歷劫而解

〔註318〕（宋）浦江吳氏：《中饋錄》，收入（元）陶宗儀：《說郛三種》（上海：上海
　　　　古籍出版社，1988 年），頁 2540。
〔註319〕楊萬里：〈廷弼弟座上絕句〉，《誠齋集》卷二十，頁 125。
〔註320〕《全宋詩》冊 42，卷二二八六，頁 26230。
〔註321〕《全宋詩》冊 42，卷二二九三，頁 26329。

衣入壺，將各種醃漬的配料寫成一個馥鬱芳香的仙境，更將黃雀去內臟的清理寫成「剖心洗髓」的修鍊，成為醉臥酒糟的酒仙。楊萬里在寫到〈糟蟹賦〉、〈謝陳希顏惠兔䏑〉時亦同樣發揮這種天馬行空的聯想。這首詩巧妙的將食物的製作過程，化作一個充滿文人逸趣的故事情境，這種書寫食物的方式在南宋文人中相當特別而少見，可謂具有顯著的個人特色。

蔬菜類的醃漬或加工品乃是一般人家最常食用的副食品之一，不過楊萬里的詩集中卻相當的少，僅以一首〈詠虀〉為例：

> 庾郎晚菘翡翠茸，金城土酥玉雪容。如何俱墮瑤甕中，卻與醯雞同閟宮？金井銀床水清泚，雪山冰穀鹽輕脆。秋風一月釀得成，字曰受辛非麴生。太學儒生朝復暮，茹冷啜寒那可度。十年雪汁凍蔬腸，一夜飢雷聽更鼓。不如甕頭吏部甕頭醒，一逢受辛還一醒，畢卓與爾同死生。〔註322〕

這首詩乃借物詠懷。楊萬里借菘（白菜）與土酥（蘿蔔）之清，卻不得不與甕中的小蟲（醯雞）〔註323〕同處一處，似乎頗有自喻的意味。更表達出太學儒生食虀菜忍飢以求功名，還不如那醉臥甕頭的吏部畢卓來得灑脫肆志。畢卓，晉代名士，據《晉書‧畢卓列傳》記載：「畢卓字茂世，新蔡銅陽人也。……卓少希放達，為胡毋輔之所知。太興末，為吏部郎，常飲酒廢職。比舍郎釀熟，卓因醉夜至其甕間盜飲之，為掌酒者所縛，明旦視之，乃畢吏部也，遽釋其縛。卓遂引主人宴於甕側，致醉而去。」〔註324〕此詩乃楊萬里飲食詩中，少見的藉物抒懷之作。

楊萬里詩集中的果類加工品，僅有〈櫻桃煎〉。今人所謂「蜜餞」即古人所謂「蜜煎」，櫻桃煎乃櫻桃蜜餞。其詩云：

> 含桃丹更圜，輕質觸必碎。外看千粒珠，中藏半泓水。何人弄好手？萬顆搗虛脆。印成花鈿薄，染作冰澌紫。北果非不多，此味良獨美。〔註325〕

顏色鮮艷美麗、滋味甜美的櫻桃是少數南宋文人喜歡吟詠的北果。此詩從鮮果開始寫起，描寫其又圓又紅的形色、脆弱易碎的質地以及飽滿的汁液，緊

〔註322〕《全宋詩》冊42，卷二二八四，頁26211。
〔註323〕即蟻蠓。古人以為是酒醋上的白黴變成，見《列子‧天瑞》：「醯雞生乎酒。」
〔註324〕（唐）房玄齡：《晉書》（臺北：中華書局，1965年），卷四十九，頁12。
〔註325〕《全宋詩》冊42，卷二二八五，頁26224。

接著讚嘆製作櫻桃煎的高超技藝：是誰有這樣精湛的手藝？可以將萬顆櫻桃搗得又細又脆，製成像花鈿一般有著美麗花紋、又像晶瑩紫色雪花般的薄餅。這首詩沒有一字言及滋味，完全就外在的形色來刻劃櫻桃煎製做的精巧，乃是純粹的詠物之作。事實上這類蜜餞的興起與南宋蔗糖大量生產與普及化有著密切關係，這個現象說明了南宋時期糖業製作的興盛，歷史學者陳偉明先生提出這是中國古代飲食文化高度發展的表徵，其言：

> 古人多以蜜糖爲甜食的主要來源，而這裡已明確的以糖爲甜源，説明了南宋時期，蔗糖已成爲普通的甜食來源。顯然，當時甘蔗種植業與製糖業已有較大的發展。而西歐國家，在十六世紀以前，食糖還做爲一種奢侈品，表現了我國古代飲食文化的發展高度。〔註326〕

在此之前人們醃漬食物主要是用鹽，在蔗糖大量普及之後，糖漬也就成爲保存食物的重要方式，糖也就成爲人們相當喜愛的食物，楊萬里曾云：「南烹北果聚君家，象著冰盤物物佳。只有蔗霜分不得，老夫自要嚼梅花。」〔註327〕足見在楊萬里心中任何珍饌都比不上糖，才表現出一副嗜糖如命的樣貌，其在〈德遠叔坐上賦肴核八首・糖霜〉又云：

> 亦非崖蜜亦非餳，青女吹霜凍作冰。透骨清寒輕著齒，嚼成人跡板橋聲。〔註328〕

這首詩以打啞謎的方式呈現，一開始說它有別於傳統的蜂蜜與麥芽糖的甜味，接著將其宛若霜冰的形貌形容成降霜女神〔註329〕的傑作，接著更生動的將吃糖霜時的清脆口感，形容成踏橋板的音響，楊萬里相當具體地描寫出糖霜在這個時期在人們心中的新奇與美味。

楊萬里所詠的加工食品多數都是南食，僅酥是唯一的胡食。酥在唐代時已受到文人廣泛的吟詠，到了宋代，酥被接納的程度更高了，成了公認的美食，宋代政府甚至設立了專門的機構製造來供應酥，如《宋史・職官志四》記載：「乳酪院掌供造酥酪」〔註330〕，民間也流行製酥，如周邦彥詩曰：「高

〔註326〕陳偉明：《唐宋飲食文化發展史》（臺北：學生書局，1995年），頁214。
〔註327〕《全宋詩》冊42，卷二二八八，頁26260。
〔註328〕《全宋詩》冊42，卷二二八八，頁26262。
〔註329〕《淮南子・天文》：「青女乃出，以降霜雪。」（漢）劉安撰、高誘注：《淮南子》（臺北：世界書局，1991年），頁210。
〔註330〕（元）脫脫等撰：《宋史》（台北：中華書局，1965年），冊6，卷一六四，頁164。

陽太守有遺書，新教齊民煉玉酥。」〔註331〕江端友詩亦曰：「牛酥百斤親自煎。」〔註332〕相較於乳酪是一種從乳清中分離出的凝乳，再加工製作的食品；酥則是取奶類的上層皮膜所熬製出來的奶油〔註333〕，如（元）陰時夫《韻府群玉》云：「用乳中取浮凝，熬而為酥。」〔註334〕至於詳細的製法，則可見《本草綱目》引（明）朱權《臞仙神隱書》所云：「以牛乳入鍋煮二三沸，傾入盆內冷定，待面結皮，取皮再煎，油出去渣，入在鍋內，即成酥油。」〔註335〕楊萬里的〈詠酥〉一詩即針對酥的特性與口感來加以吟詠，其詩云：

> 似膩還成爽，纔凝又欲飄。玉來盤底碎，雪到口邊銷。〔註336〕

「似膩還成爽」說明了酥乍看油膩實則清爽的風味，「纔凝又欲飄」說明了酥剛剛熬成，初有凝結之形，卻又仍有液體的漂流之性，挖一點到盤子，那如玉一般白潤光潔的質地馬上就碎了，入口即化就好比雪一樣消融在嘴邊。這首詩精準地掌握住酥的特殊口感，並傳神地表達了酥的美妙滋味。在這首詩當中，已完全看不到異地飲食的新鮮性，亦可見在南宋時期在南北飲食進一步的融合當中，酥的胡食色彩已逐漸消失。楊萬里還在〈除夜小飲，歎都下酥乳不至〉云：「雪韭霜菘酌歲除，也無牛乳也無酥。」〔註337〕抱怨在除夕這樣的佳節竟然沒有牛奶也沒有酥，更可見對南宋人而言，酥早已是重要的節物食品之一，不再只是偶爾嚐鮮的異國風味。

四、花饌

在楊萬里的飲食詩中最特別的就是食花。文人食花雖然早在〈離騷〉就已經提過：「夕餐秋菊之落英」〔註338〕，不過，屈原的食花往往是一種象徵性

〔註331〕周邦彥：〈天啓惠酥・四首其四〉，《全宋詩》冊20，卷一一八八，頁13427。

〔註332〕江端友：〈牛酥行〉，《全宋詩》冊24，卷一三七〇，頁15741。

〔註333〕張和平：〈中國古代的乳製品〉，《中國乳品工業》第22卷第4期（1994年8月），頁164。

〔註334〕（元）陰勁弦、陰復春編：《韻府群玉》（台北：台灣商務印書館，1983年），頁120。

〔註335〕《本草綱目・獸之一・酥》，（明）李時珍：《本草綱目》獸部第五十卷（北京：人民衛生出版社，1993年），頁3001。此條有關「酥」的專業知識，承蒙初審委員傅錫壬教授所提供的寶貴意見，特此銘謝。

〔註336〕《全宋詩》冊42，卷二二八五，頁26222。

〔註337〕《全宋詩》冊42，卷二三一三，頁26616。

〔註338〕（漢）王逸注、（宋）洪興祖補注：《楚辭章句補注》（臺北：世界書局，1989年），頁7。

意涵，意在表達芳潔的心志。後世文學中食菊花的描寫雖然也相當普遍，但多半是重陽的節物與服食的意涵。一直要到宋代，文人食花才蔚為風潮，蘇軾在〈浣溪沙〉有「清香細細嚼梅須」〔註339〕之嚼食梅蕊的句子，到了楊萬里則集中心力為之。一般而言，除了少數可當蔬菜的花卉如金針花，或具有療效如菊花這類花卉外，多數花朵由於不耐烹調且滋味不佳，故多數花卉人們平時是很少拿來當作食材的。從楊萬里的詩歌中可以發現，他最喜歡食用的花主要是梅花。不過梅花除了略具杏仁味及苦味外，稱不上好吃，故楊萬里餐梅詩歌的書寫，應是與當時尊崇梅花的文化風氣有著密切的關係。

自從宋真宗朝著名的隱士林逋隱居西湖孤山二十載，以梅妻鶴子的傳說與幾首清幽雅致的詠梅詩聞名於世以來，梅就被賦予上超然物外、充滿清韻意境的審美特質。之後的蘇軾又進一步賦予梅花以孤瘦傲雪的精神品格，使其獨樹一幟，傲視群芳。到了南宋，因政治、經濟、文化與理學思潮的影響，梅花審美進一步發展成雅俗共賞的境地，不只是文人士大夫、山林僧隱，就連販夫走卒也趨之若鶩，梅花一躍而為群芳之首、花品至尊。賞梅一時間成為流行的時尚風潮，文人以之自我標榜、俗人以之附庸風雅，在此集體梅花熱的風潮底下，文學藝術深受影響自不在話下。流風所及，甚至還出現了文人園藝專著，如范成大的《梅譜》，這是中國第一本談梅花品種及品賞的專著，將原本林逋詩中出現的梅花意境，落實成為實際賞梅的美感範式；又如張鎡的《梅品》，更制定了各種符合賞梅的情境要求，從氣候、景物、人事情境等各方面列出合適與不合適的賞梅事宜，以規範賞梅事宜，防止庸俗不雅的情事發生。

由於梅花在南宋時已經成為當時雅文化中最重要的象徵物，任何人事物只要與梅花沾上邊，就具有清雅獨特的清韻，故在這種文化氛圍中，楊萬里詩歌中描寫的餐芳，就不是像對待一般食物的心態，而是一種透過梅花來薰染清質無煙火氣的美感心理，如〈昌英知縣叔作歲坐上賦瓶裏梅花時坐上九人・七首其四〉：

> 寒盡春生夜未央，酒狂狂似醒時狂。吾人何用餐煙火？揉碎梅花和
> 蜜霜。（自注：予取糖霜，芼以梅花食之，其香味如蜜漬青梅，小苦而甘。）
> 〔註340〕

〔註339〕唐圭璋編：《全宋詞》（北京：中華書局，1965年），冊1，頁314。
〔註340〕《全宋詩》冊42，卷二二七九，頁26128。

道士修鍊時常透過辟穀的方式，以去除人間五穀的煙火氣，可以說飲食本身就是一種世俗嗜慾的具體表現，餐煙火正是俗人的表徵。所以楊萬里的餐梅並非爲了滋味，亦非追求養生的效用，而純粹是一種超脫世俗飲食的清雅行徑。楊萬里甚至認爲食梅所襲得的清雅，也能影響作詩的氣韻，如〈蜜漬梅花〉云：

> 甕澄雪水釀春寒，蜜點梅花帶露餐。句裏略無煙火氣，更教誰上少
> 陵壇？〔註341〕

楊萬里說只要食用了這一道沒有人間煙火氣的梅花，寫出來的文章自然就清俊脫俗，沒有塵俗之氣，就不用刻意去學詩了。足見楊萬里餐梅的意義，正是一種從食梅的物質薰染，進而將梅之清韻內化成爲一種人格與創作的基砥。除此之外，楊萬里描寫餐芳的詩歌亦體現出一種文士清雅的生活寫照，其〈夜飲以白糖嚼梅花〉云：

> 剪雪作梅只堪嗅，點蜜如霜新可口。一花自可嚌一杯，嚼盡寒花幾
> 杯酒。先生清貧似飢蚊，饞涎流到瘦脛根。贛江壓糖白於玉，好伴
> 梅花聊當肉。〔註342〕

原本只能欣賞、嗅聞的梅花，一經點蜜而成爲可食的美食，飲酒的氛圍亦因餐梅而顯得風雅。因此雖然是描寫自己饞嘴的樣貌，但吃著白於玉的糖，佐著其清如冰的梅花，自是一種再清雅不過的文士生活方式。

除了嗜食梅花外，酴醾和牡丹也是楊萬里喜愛食用的花卉，如〈張功父送牡丹續送酴醾，且示酴醾長篇，和以謝之〉：「老夫最愛嚼香雪，不但解醒仍滌熱。牡丹未要煎牛酥，酴醾相領入冰壺。」〔註343〕〈夜飲周同年權府家〉：「春風吹酒不肯醒，嚼盡酴醾一架花。」〔註344〕牡丹花國色天香，且有別於一般花卉的單薄，其花瓣厚實又耐煮，因此經常被用來油煎，既有清雅馥鬱之意，又有口腹上的享受，然而楊萬里卻摒棄一般以膏油厚味的烹調方式，獨獨要以清嚼的方式來細細品嚐，由此可見花饌對於詩人的意義實有別於一般的飲食。酴醾花香味非常濃鬱，投入酒壺更能增加酒的芳馨，且酴醾花是花季盛開的最後一種花，嚼盡一架酴醾，不啻有品盡一季花卉的文人情調〔註345〕。大

〔註341〕《全宋詩》冊 42，卷二二八二，頁 26180。
〔註342〕《全宋詩》冊 42，卷二二八一，頁 26162。
〔註343〕《全宋詩》冊 42，卷二二九八，頁 26393。
〔註344〕《全宋詩》冊 42，卷二二八七，頁 26241。
〔註345〕酴醾，乃薔薇科懸鉤子屬植物，其花開於春末夏初，宋人喜愛吟詠酴醾，常

體而言，這些食花的描寫主要都在呈現出一種脫俗的生活逸趣，而不是著眼在花卉的食用滋味。

五、茶酒

楊萬里相當喜歡飲茶，甚至因而失眠也在所不辭，〈秋圃〉一詩提到：「連宵眠不著，猶自愛新茶。」〔註346〕由於他曾擔任提舉廣大茶鹽一職，管轄過廣東地區的茶政，這也使得他對於茶的瞭解相當深入，故不同地區的名茶也都成爲他品論吟詠的對象，如雙井茶、建茶、中洲茶等。由於對於茶的關注，楊萬里也深刻地描寫到當時流行的「分茶」之特殊技藝，如〈澹庵坐上觀顯上人分茶〉一詩提到：

> 分茶何似煎茶好，煎茶不似分茶巧。蒸水老禪弄泉手，隆興元春新玉爪。二者相遭兔甌面，怪怪奇奇真善幻。紛如擘絮行太空，影落寒江能萬變。銀瓶首下仍尻高，注湯作字勢嫖姚。不須更師屋漏法，只問此瓶當響答。紫微仙人烏角巾，喚我起看清風生。京塵滿袖思一洗，病眼生花得再明。漢鼎難調要公理，策動茗椀非公事。
> 不如回施與寒儒，歸續茶經傳衲子。〔註347〕

由「分茶何似煎茶好，煎茶不似分茶巧」一句，道出了分茶與煎茶的差異，文人品茗向來是以煎茶爲主，然而若要談到新奇巧妙，則宋代開始流行的分茶，其花樣自是比較勝出。所謂煎茶就是直接將茶末置入茶釜中烹煮；而分茶是將茶碾爲細末，再將水注入盞中以成膏狀，再透過手部控制注水的技術，使得茶湯表面形成各種圖樣（類似今日人們在咖啡上拉花的技巧）。這首詩生動的描述了顯上人的巧手如何展現分茶的高超技巧，茶湯上除了不斷變化出各種奇幻的情景外，甚至能夠形成氣韻磅礴的文字，令人嘆爲觀止。

除了這類紀實的描寫外，茶也寄託著楊萬里懷鄉的情感，如〈以六一泉煮雙井茶〉：

> 鷹爪新茶蟹眼湯，松風鳴雪免毫霜。細參六一泉中味，故有涪翁句子香。日鑄建溪當退舍，落霞秋水夢還鄉。何時歸上滕王閣，自看

認爲酴醾花開是一年花季的終結，如（南宋）王淇〈春暮遊小園〉：「一從梅粉褪殘粧，塗抹新紅上海棠。開到荼蘼花事了，絲絲天棘出莓牆。」《全宋詩》冊67，卷三五二一，頁42054。

〔註346〕《全宋詩》冊42，卷二三一一，頁26578。

〔註347〕《全宋詩》冊42，卷二二七六，頁26085。

風爐自煮嘗。〔註348〕

詩中首先細膩地描寫了如鷹爪般被揉撚的茶葉、如蟹眼般的煮水氣泡以及如
松濤般的滾水聲響，進而從品味雙井茶而領略出黃山谷的詩中之味。涪翁詩
句之味為何呢？正是雙井茶所寄寓的家鄉味。因為雙井茶的產地是黃山谷的
故里，而楊萬里也是江西人。因此品雙井茶所產生的感受無疑是一種最濃厚
的懷鄉之情。

　　除此之外，楊萬里亦常用茶來形容人格之清，如〈謝木韞之舍人分送講
筵賜茶〉所云：

> ……老夫平生愛煮茗，十年燒穿折腳鼎。下山汲井得甘冷，上山摘
> 芽得苦硬。何曾夢到龍遊窠？何曾夢喫龍芽茶？故人分送玉川子，
> 春風來自玉皇家。鍛圭椎璧調冰水，烹龍庖鳳搜肝髓。石花紫筍可
> 衙官，赤印白泥牛走爾。故人氣味茶樣清，故人風骨茶樣明。開緘
> 不但似見面，叩之咳唾金石聲。麴生勸人隨巾幘，睡魔遣我拋書冊。
> 老夫七碗病未能，一啜猶堪坐秋夕。〔註349〕

這首詩從對於故人所送之茶的讚美，進而用來形容朋友如茶一般清雅的氣
質，以及明澈潔淨的節操。茶到了宋代，已經不只是解渴提神，而進一步進
入怡情養性的境地，換句話說，已經從物質層次進入精神的境界，甚至具有
「清」這種人格美質的重要象徵。這首詩正是以茶喻人，見茶如見人，茶味
之清，寄寓著人格灑落，不溺於俗情；茶質之明，則透顯心志澹泊而神爽。
這種對於茶的喜愛，無疑是宋人崇尚精神清明的理性特質的流露。

　　也正因為這種崇尚理性的特質，故宋人對於酒的態度上已經有所改變，不
再像前朝那麼欣賞由飲酒所釋放的疏狂人格與失序情態。由此再來看楊萬里
詩歌中的酒，就可以發現這種用理性來看待傷生失序的態度，如〈晚飲〉：

> 大醉或傷生，不醉又傷情。此事兩難處，後先有重輕。醉後失天
> 地，餘生底浮萍。愁城不須攻，醉鄉無此城。〔註350〕

在渴望大醉忘愁之際，竟然還需要自我辯證一番，這絕對不是魏晉名士的行
徑，亦不會是唐人醉臥沙場的豪興，從這裡也可以看到宋人理性自製的生命
態度。因此在飲酒的態度上，楊萬里基本上是抱持著淺嚐不醉的態度，如：

〔註348〕《全宋詩》冊42，卷二二九四，頁26339。
〔註349〕《全宋詩》冊42，卷二二九一，頁26293。
〔註350〕《全宋詩》冊42，卷二三一四，頁26621。

飲酒無奇訣，且斟三四分。初頭只嫌淺，忽地有餘春。(〈夜飲・二首其二〉) [註351]

飲酒定不醉，嘗酒方有味。清濁與醇醨，雜酌注愁肺。偶爾遇眞趣，頹然得佳寐。醒人作醉語，語好終不是。(〈嘗諸店酒醉吟・二首其一〉) [註352]

淺嚐三四分的微醺是楊萬里覺得最恰到好處的狀態，這種既能享受飲酒之妙，又不致於傷生亂智的合宜態度，充分表現出其適可而止的自製態度。楊萬里甚至還寫過好幾首止酒詩，如〈病中止酒〉：

平生萬事輕，惟以酒自娛。當其愛酒時，一日不可無。老來因屬疾，不飲五月餘。客飲我不羨，而況逢麴車？見杯不思斟，見樽不思酤。終日但清坐，此心長泊如。只悟世人情，逐物非一途。仕者嫣貂蟬，貨者珍金珠。賜泰嗤原貧，由勇誚孔迂。何物其樂憂？何人定巧愚？病後得反身，曠然同太虛。其餘君莫問，麴生尚可疎。 [註353]

原本喝酒自娛的樂事，卻因老病而戒，後來甚至見到酒也不再想喝了。在這首詩的後半部分則開始描寫清坐觀心，因而有所領悟，從逐物的世情，返歸自性的清明，終而有酒可疏之論。又如〈舟中新暑止酒〉：

新暑酒不宜，作熱妨夜睡。不如看人飲，亦自有醉意。彼飲吾爲嚥，所美過於味。同舟笑吾癡，吾不羨渠醉。安知醉與醒，誰似誰不似？ [註354]

楊萬里因新暑不宜飲而只能看人飲酒，但卻沒有表現出一種無法參與飲樂的掃興，反而更理智的看待世間的醒與醉。酒精長久以來就是一種人們藉以逃避世間痛苦的自我麻醉方式，但宋代文人在面對人生痛苦的現實時，卻往往用理性的態度去參透物理，以體道的高度來解構小我不遂志的苦悶，故宋人飲酒不在澆愁、不用忘世，反而能顯現出一種安然於生活的閑情，如〈月下果飲〉：

酒邊無物伴長瓶，一顆新蓮一段冰。月下不風終是爽，燭光何罪也

[註351]《全宋詩》冊 42，卷二三一四，頁 26623。
[註352]《全宋詩》冊 42，卷二六四二，頁 26420。
[註353]《全宋詩》冊 42，卷二三一六，頁 26662。
[註354]《全宋詩》冊 42，卷二二九八，頁 26399。

堪憎。(〈月下果飲・七首其二〉)〔註355〕

楊萬里這首月下飲酒詩很能夠表現宋人喜愛的飲酒氛圍。這當中沒有爲樂當及時的狂縱，也沒有借酒澆愁的憂悶，月下剝蓮飲酒體現的是一種清淡閒逸的雅興，可以說宋人飲酒所追求的不在解消自我在現實的羈縛之感，而是體現出吾安往而不適的諧和美感。

叁、飲食與詩歌品鑒

　　唐宋以來日益精緻的飲食文化與趨於成熟的詩歌創作，二者之間的品鑒與欣賞逐漸形成了一種相互影響與滲透的現象。晚唐司空圖云：「味在鹹酸之外」正是用食物的滋味來比喻詩味，這種以食喻詩的思維也影響宋人論詩的方式，如歐陽修《六一詩話》提到：「近詩尤古硬，咀嚼苦難最。又如食橄欖，眞味久愈在。」〔註356〕不僅將詩的難讀用咀嚼來表達，亦用食橄欖之味來比喻詩之眞味。又如蘇軾評論黃庭堅的詩文：「黃魯直詩文如蝤蛑、江瑤柱，格韻高潔，盤飧盡廢。然不可多食，多食則發風動氣。」〔註357〕蘇軾將黃庭堅詩文的高妙比喻爲有如蝤蛑、江瑤柱一般的海中至味，這等風華絕味，足以令其他食物（詩文）都食之無味。同樣的論詩模式，楊萬里亦曾提出，其於〈頤庵詩稿序〉云：

　　　　嘗食夫飴與茶乎？人孰不飴之嗜也？初而甘，卒而酸；至於茶也，

　　　　人病其苦也，然若未既而不勝其甘。詩亦如是而已矣。〔註358〕

楊萬里以糖和茶來說明作詩之道，吃糖時初覺甜美，但隨即變酸而令人不快。茶開始嚐覺得很苦，但苦後回甘而有餘韻。這段文字以飲食的滋味變化來闡明作詩的要旨，又如〈和李天麟・二首其一〉：

　　　　學詩須透脫，信手自孤高。衣缽無千古，丘山只一毛。句中池有

　　　　草，子外目俱蒿。可口端何似？霜螯略帶糟。〔註359〕

抽象的詩味卻以糟蟹霜螯的飲食滋味來形容，顯見兩種不同範疇的品鑒，彼

〔註355〕《全宋詩》冊42，卷二二八三，頁26196。

〔註356〕（宋）歐陽修：《六一詩話》，收入（宋）何煥編訂：《歷代詩話》（臺北：漢京文化，1983年），頁268。

〔註357〕（宋）蘇軾：〈書黃魯直詩後〉，顧之川校點：《蘇軾文集・序跋送別文》（上海：上海古籍出版社，1987年），頁809。

〔註358〕（宋）楊萬里：〈頤庵詩稿序〉，（宋）劉應時：《頤庵居士集》，收於嚴一萍選輯：《百部叢書集成》（臺北：藝文印書館，1966年），頁1。

〔註359〕《全宋詩》冊42，卷二二七八，頁26112。

此之間卻具有相互形容類比的密切關係。這種以食喻詩的方式，也影響到宋人在詩歌中的飲食品鑒，因此宋人在描寫食物滋味時，往往已從感官五味的具體描寫變成藝術品鑑的詩味闡發，故經常以詩學評賞的專門術語，如韻、清等意境來品鑑飲食，遂成為重要的特點，如蘇軾〈書煮魚羹〉：「客皆云：『此羹超然有高韻，非世俗庖人所能彷彿。』」〔註360〕又如林洪《山家清供・持螯供》：「此物（指蟹）風韻也，但橙醋自足以發揮其所蘊也。」〔註361〕這種飲食與詩歌品賞及創作相互滲透，甚至相通的現象，在楊萬里飲食詩中相當多，如〈春菜〉：「用醯不用酸，用鹽不用鹹。鹽醯之外別有味，薑牙棖子仍相參。」〔註362〕「鹽醯之外別有味」明顯與詩論「味外之味」有關；又如〈以六一泉煮雙井茶〉：「細參六一泉中味，故有涪翁句子香。」〔註363〕從杭州六一泉的滋味卻能領略到黃庭堅詩句的詩意。

此外，在楊萬里詩中，有時甚至連所煮之物都已經是食物與文字同混在一起煮，如「時挑野菜煮一字，兒輩不須來染指。」〔註364〕、「文字借令眞可煮，吾曹從古不應貧。」〔註365〕、「不是老夫朝不食，半山絕句當朝餐。」〔註366〕讀王安石的一首絕句也可以拿來當早餐。而食與詩交融達致極致的，莫過於〈蜜漬梅花〉這首詩，其詩云：

甕澄雪水釀春寒，蜜點梅花帶露餐。句裏略無煙火氣，更教誰上少陵壇？〔註367〕

食梅花可以令寫出來的詩句清逸絕塵，沒有人間煙火之氣，因此再不用像杜甫一樣苦心孤詣，撚斷數根鬚只為求得一句好詩。從食之清而達致詩之清。這種食與詩幾乎不分的現象，正顯示出宋人以食喻詩與以詩論食混然莫分的品賞特色。

從上所述可知，楊萬里飲食詩歌的內容相當豐富、表現手法及風格亦相當多樣，茲將楊萬里飲食書寫的特色歸納如下：

〔註360〕《全宋文》卷一九八三，頁250。

〔註361〕（宋）林洪：《山家清供》，頁17。

〔註362〕《全宋詩》冊42，卷二三○三，頁26461。

〔註363〕《全宋詩》冊42，卷二二九四，頁26339。

〔註364〕楊萬里：〈題王子宜主簿青山讀書堂〉，《全宋詩》冊42，卷二三一三，頁26617。

〔註365〕楊萬里：〈次乞米韻〉，《全宋詩》冊42，卷二二七七，頁26101。

〔註366〕楊萬里：〈讀詩〉，《全宋詩》冊42，卷二三○五，頁26489。

〔註367〕《全宋詩》冊42，卷二二八二，頁26180。

　　一、幽默風趣的想像趣味。其寫作方式有二：一者，從食物的名稱上發揮聯想，形成趣味，如從牛尾狸、雞頭（芡實）、銀杏（鴨腳）這類奇怪名稱加以聯想發揮。二者，從食物形狀發揮想像，如將蓮蓬想像成蜂房，人面子想像成各種人物的容貌。

　　二、描寫食物時喜歡擬人化與故事化。如〈李聖俞郎中求吾家江西黃雀醃法戲作醃經遺之〉一詩，即是將醃漬黃雀的料理想像是道士入壺中仙境的情景。又如〈糟蟹賦〉一文，透過夢蟹，而以《易經》的卦理與擬人化的想像，寫出了一篇充滿神異想像，不同於傳統詠物賦的作品。

　　三、好古博學與重議論的傾向。楊萬里飲食詩喜歡書寫相關的食物知識與典故，例如對於蓴菜之名，楊萬里就充分發揮研究考證的精神。此外，針對眾人所喜愛的東坡的飲食典故，楊萬里則發揮其幽默調侃的本色，開開坡老的玩笑。

　　四、詩歌與飲食的品鑒有相互融涉的現象。此外，楊萬里特別喜愛將飲食藝術化，經常以冰清玉潔、晶瑩剔透之美來形容食物，或是從精神的層面的來書寫其清質不染的出塵氣質，如筍、藕、梅、茶；或是從外在的形色來描述其雪膚玉質的美感，這方面特別用在陸生類肉食與魚鮮上，如牛尾狸、熊掌、蛤蜊等魚鮮。總之，這類書寫特點，特別能形塑出文人雅食的特色。

　　五、飲食描寫種類多元化，幾乎觸及各個面向，甚至連餐花這類的特殊飲食書寫，這些都是其他南宋文人所罕見的。

　　如果說蘇軾是北宋的飲食詩歌創作的代表；那麼南宋文人的飲食書寫代表則非楊萬里莫屬。

第四節　結　語

　　陸游、范成大與楊萬里是南宋時期最重要的詩人，他們分別表現出完全不同的飲食風格。三人之中以陸游的仕途最爲偃蹇，其生活也最爲窮困，故在飲食上也呈現出寒士的特色，其所歌詠的食物主要是以蔬菜爲主，肉食極少。這種因窮困令生命熱情無處施展的困頓，使得陸游必須透過儒家安貧樂道的價值才能夠貞定於如此惡劣的飲食生活之中，這與滿腹憂國憂民的杜甫，無論在處境，還是心態上都頗爲類似。在陸游眾多頌詠蔬食之樂的飲食

　　詩歌中，可發現他試圖要去建立儒家安貧價值的心理意圖。不過人最難處理的還是內在潛伏的憤激不平的情緒，故酒就成為他最重要的消解工具。故在陸游的飲食書寫中，蔬食是一種透過理性的方式來建立自我價值的飲食之道，而飲酒則是一種銷憂解悶的排遣之方。

　　楊萬里在仕途上的發展與經濟比陸游好上許多，所以更有餘裕去追求一種士大夫優雅的生活情趣。從楊萬里的飲食詩可以發現，其中較少嚴肅的價值義理，也沒有怨憤不平的情感抒發，而是充滿著士大夫的審美情趣。三人之中以楊萬里詠飲食的詩最多，除了各種清味的蔬果外，各式奇珍異味無不嚐盡。更特別的是他亦食雪、餐芳，追求一種無煙火的飲食意境，體現出一種脫俗的雅食文化，可以說楊萬里是一個能夠充分享受各種美食，又懂得領略生活的雅士。事實上這種追求閒適雅致的生活態度與崇尚中隱的白居易頗為類似，亦即有官位可保障生活無虞，又不用過度忙於公事而有充分的閒暇能夠享受生活樂趣，表現出中階官員追求閒適與美感的生活態度。

　　范成大在三人之中仕途最順、官位最高。對國家有功，對人民有德澤，傳統士大夫所追求的外在價值幾乎都實現了。因此在某種程度上已經有了實現的滿足感，因而也比較不會將內心的不滿足轉移到口腹之欲上，也因為如此，在三人之中，其對飲食的描寫最少。由於內在沒有強烈的匱乏，所以他將生命的焦點完全轉移到對於外在山水人情的好奇上，以記錄各地的風土民情為樂。不過人還是不可能完全滿足，他的飲食中還是透露出一些對於延年的渴望，因此對於服食的藥草及卻病養生的藥酒展現出較大的書寫興趣。

　　這三個南宋重要的詩人，正好呈現出三種截然不同的現實處境與生命性格，因而也反映出三種不同面向的飲食態度與書寫興趣。